마하시 사야도의

12연기 ^{十二緣起}

마하시 사야도의 12연기 _마하시 시리즈 ③

2014년 2월 15일 1판 1쇄 인쇄
2014년 2월 25일 1판 1쇄 발행

지은이   마하시 아가 마하 빤디따
옮긴이   김한상
감수자   황영채
펴낸이   곽준

디자인   스튜디오 기글스
펴낸곳   (주)행복한숲
출판등록   2004년 2월 10일 제16-3243호
주 소   서울시 강남구 논현동 98-12 청호불교문화원 나동 3층 306호
전 화   (02) 512-5255, 512-5258 | 팩스 (02)512-5856
E-mail   sukha5255@hanmail.net | http://cafe.daum.net/vipassanacenter
팩스   02-2561-3401

ISBN   978-89-93613-36-0 (03220)
ISBN   978-89-93613-02-5 (세트)

값 15,000원

잘못된 책은 바꾸어 드립니다.

마하시 시리즈 ❸

마하시 사야도의
12연기 十二緣起

Paṭiccasamuppāda

A Discourse by The Venerable Mahāsi Sayādaw

마하시 아가 마하 빤디따 지음

김한상 옮김 · 황영채 감수

행복한숲

마하시 사야도의 생애와 업적

●

마하시 사야도Mahāsi Sayādaw로 더 잘 알려진 우 소바나U sobhaṇa 대장
로는 1904년 7월 29일 농민 우 칸 토U Kan Htaw와 도 쉐 옥Daw Shwe Ok
의 아들로 태어났다. 그는 미얀마 북부의 쉐보에서 서쪽으로 7마일
가량 떨어진 곳에 있는 세익쿤이라는 마을에서 태어났다.

마하시 사야도는 6세 때 마을의 사원학교에서 공부를 시작했고, 12세
때 소바나라는 법명으로 사미계를 받았다. 20세가 되던 1923년 11월
26일 비구계를 받고, 이후 3년 동안 미얀마 정부의 초 · 중 · 고급 빨
리어 시험을 모두 통과했다. 비구계를 받고 4년이 지나 불교학의 중
심지로 알려진 만달레이Mandalay로 가서 명망 있는 여러 학인 스님 밑
에서 공부를 계속했다. 5년째 되는 해에는 몰라먀잉Mawlamyaing으로
가서 따웅와잉 갈라이 따익 캬웅Taungwaing-galay Taik Kyaung 사원에서 경
전을 가르치는 임무를 맡았다.

비구가 되고 8년이 되자, 사야도는 동료 비구 한 명과 함께 비구에게
허락된 최소한의 소지품인 발우와 가사 세 벌만 지니고 정확하고 효
과적인 명상 수행 방법을 찾기 위해 몰라먀잉을 떠났다. 타똔Thaton에

서는 밍군 제타완Mingun Jetawun 사야도 1세로 알려진, 이름난 명상 스승 우 나라다U Nārada 스님을 뵙고, 그의 지도하에 곧바로 강도 높은 수행을 시작했다. 수행에서 뛰어난 진전을 보게 된 마하시 사야도는 1938년 세익쿤을 방문하여 3명의 첫 제자들에게 명상법을 훌륭하게 지도했다. 3명의 제자들은 수행에서 놀라운 진전을 이루었고, 이 제자들을 본 마을 사람 50여 명도 크게 고무되어 함께 강도 높은 수행 코스에 참여했다.

그러나 마하시 사야도는 몰라먀잉 사원으로 긴급히 돌아와 달라는 요청을 받아 더 이상 그곳에 머무를 수가 없었다. 와병 중이던 연로한 주지 스님은 마하시 사야도가 돌아오고 얼마 지나지 않아 입적했고, 사야도는 몰라먀잉의 사원을 맡아 비구들을 가르치는 일을 시작했다. 이때 그는 처음으로 미얀마 정부가 주관하는 빨리어 경전 시험을 준비했고, 1941년에는 단번에 이 시험에 합격하여 사사나다자 스리빠와라 담마짜리야Sāsanadhaja Sripavara Dhammacariya라는 칭호를 받았다.

그런데 일본의 미얀마 침공으로 비행장과 가까운 곳에 위치한 몰라먀잉의 따웅와잉 갈라이 따익 캬웅 사원이 공습을 받을 우려가 있다고 해서 정부당국에서는 주변 사람들에게 피난 명령을 내렸다. 이 일은 마하시 사야도에게 매우 좋은 기회가 되어 고향 마을 세익쿤으로 돌아가 위빠사나 명상에 전념하면서 다른 사람들을 가르칠 수 있었다. 당시 마하시 사야도는 마하시 키야웅Mahā-Sī Kyaung이라는 사원에 머물렀다. 이곳에는 유별나게 큰Mahā 북sī이 소장되어 있었는데, 이 큰 북에서 그의 마하시Mahāsi라는 이름을 얻게 되었다.

1945년, 바로 이 시기에 마하시 사야도는 위대한 저술인 『위빠사나 수행 입문서*Manual of Vipassana Meditation*』를 썼다. 이 책은 사념처 수행 방법론에 대한 이론과 실제를 상세하게 설명한 정통 입문서로서, 모두 두 권, 858쪽이나 되는 대작이다. 이 책을 쓰는 동안 근처 쉐보에서는 매일 공습이 있었다고 한다. 현재까지 이 책 중 한 단원만 영어로 번역되었는데, 『실용 위빠사나, 그 기초와 진행 단계*Practical Insight Meditation: Basic and Progressive Stages*』라는 제목으로 스리랑카 불교출판협회BPS에서 출판하였다.

마하시 사야도는 수행지도를 시작한 지 얼마 되지 않아 쉐보와 사가잉 지역 전역에 위빠사나 명상을 뛰어나게 지도하는 스승이라는 명성을 얻었다. 이는 미얀마의 원로 정치가이며 독실한 불교 신자인 우 트윈U Thwin 경의 주목을 받았다. 우 트윈 경은 덕망과 능력을 갖춘 명상 스승이 지도하는 수행 센터를 지어 미얀마에 참된 불교를 육성하고자 하는 뜻을 품고 있었다. 마하시 사야도를 친견하고 그의 법문과 사가잉의 틸라신Thilashin[1]에게 주는 명상의 지침을 들은 우 트윈 경은 마침내 자신이 찾던 이상적인 분이라는 확신을 얻었다.

1947년에 양곤에는 우 트윈 경을 초대 원장으로 교학과 수행의 진흥을 목표로 한 불교 진흥원Buddha Sāsana Nuggaha Organization이 세워졌다.

1948년 우 트윈 경은 수행 센터를 설립하기 위해서 양곤의 꼬까인 Kokine 지역에 있는 5에이커 규모의 대지를 불교 진흥원에 내놓았다. 이곳이 바로 싸사나 에익타Sāsana Yeikthā, 즉 불교 수련원이 있는 곳으로 현재 약 20에이커 규모에 수많은 건물이 들어서 있다.

1949년, 당시 미얀마의 총리인 우 누U Nu와 우 트윈 경은 마하시 사야도에게 양곤으로 와서 수행지도를 해달라는 요청을 했고, 그해 12월 4일 사야도는 양곤에서 25명의 수행자에게 처음으로 위빠사나 수행법을 지도했다. 사야도가 양곤에 도착한 이후로 미얀마 전역에는 유사한 명상 센터가 100여 군데나 생겼고, 새로 설립된 센터에서도 같은 명상법을 가르쳤다. 1972년의 조사에 따르면, 미얀마 및 해외의 수행 센터에서 지도를 받은 수행자 수가 70만 명을 넘었으며 동서양에 걸쳐 위빠사나 코스는 계속해서 확산되고 있다.

불기 2500년(서력 1956년)을 기리는 역사적인 6차 결집Chaṭṭha Sanghāyāna이 2년간 양곤에서 열리자, 마하시 사야도는 삼장Ti-Pitaka의 합송合誦을 승인하는 최종 편집자로 중요한 역할을 하였다. 그뿐 아니라 사야도는 합송된 경전 내용에 대해 질의하는 질문자pucchaka의 역할도 맡

---

1   부처님 당시에는 비구니 승가가 있었지만, 오래전에 전란과 기근 등으로 상좌부 불교의 종주국 스리랑카에서 비구니 계맥이 단절되었기 때문에 상좌부 불교에는 더 이상 비구니 승가가 존재하지 않는다. 현재 미얀마를 비롯한 상좌부 불교 국가에는 삭발염의하고 8계를 지키는 틸라신(Thilashin)이 있다. 다만 최근 태국이나 스리랑카에서 대만과 같은 대승불교 국가에서 비구니계를 수계하고 돌아와 단절된 비구니 법맥을 이으려는 이들이 있지만 정통 상좌부 교단에서 인정받지 못하고 있다.

왔다. 그리고 이에 대한 답변은 뛰어난 기억력을 가진 박학다식한 위짯따사라왐사Vicittasārābhivamsa 스님[2]이 했다. 부처님께서 열반하신 후 100일 만에 열린 첫 번째 결집 때는 마하 까삿빠Maha Kasappa가 질문자 역할을 하였고, 우빨리와 아난다 존자가 답변자 역할을 하였다. 경전 암송이 끝나고 삼장이 완성되면, 고대 주석서와 복주석서에 대한 합송이 결정되고 편집에 대한 비판이 면밀히 검토되는데 이 일에도 마하시 사야도는 큰 역할을 하였다.

이러한 여러 가지 임무를 하면서도 마하시 사야도는 학문적으로 깊이 있고 뛰어난 저서를 여러 권 남겼다. 사야도가 저술하거나 번역한 70권 이상의 책 대부분은 미얀마어로 되어 있고, 몇 권은 빨리어로 되어 있다. 그중에서도 특히 돋보이는 것은 빨리어 원저原著를 미얀마어로 번역하고 주석을 달아 편찬한 『청정도론』의 대주석서인 『마하띠까Mahāhṭhīā』[3]이다. 모두 두 권으로 된 빨리어 원전은 언어학적으로 해석하기가 어려운 책이다. 이 책을 편찬한 공로로 사야도는 1957년 아가 마하 빤디따Agga-Mahā-pandita란 칭호를 받았다.

그 외에도 불법을 전파하기 위한 마하시 사야도의 놀라운 활약은 그

---

2   위짯따사라왐사(Vicittasārābhivamsa)는 삼장법사인 밍군 사야도(Mingun Sayādaw)를 말한다.

3   이 『마하띠까(Mahā-ṭīkā)』는 빨리어로 쓰인 지 거의 1400여 년 만에 다른 나라 말로 완전하게 번역된 최초의 책이다. 아직 태국과 스리랑카에는 이 『마하띠까』의 자국어 번역이 없다. 이 책으로 마하시 사야도의 명성이 전 미얀마에 퍼지게 되었다고 한다. (Ashin sīāandā, *Mahasi Biography*, Buddha-sāana Nuggaha Organization, Yangon, 1981.)

침이 없었다. 6차 결집을 준비하기 위해 다녀온 두 차례의 해외 순방 이후에도 그는 위빠사나 수행을 지도하고 설법을 하기 위해 많은 국가를 방문했다. 활발한 활동을 펼치면서도 사야도는 자기 수행을 게을리 하지 않았기 때문에 날카로운 수행 지도력이 결코 무뎌진 적이 없었으며, 1982년 8월 14일, 78세에 심장마비로 열반에 들기 바로 전까지 원기 왕성한 몸과 마음으로 법을 위해 깊은 헌신을 하였다. 바로 돌아가시기 전날 저녁에도 초보 수행자들에게 입문 지도를 하였다고 한다.

마하시 사야도는 날카로운 지성과 심오한 학문과 깊은 명상 체험을 균형 있게 두루 갖춘, 아주 보기 드문 스승이었다. 한평생 저서와 법문을 통해 동서양의 수많은 사람에게 커다란 이익을 주었고, 개인적인 성취와 업적으로 당대 불교계는 물론 오늘날까지 매우 높은 평가를 받고 있다.

Namo tassa bhagavato arahato sammāsambuddhassa.
존귀하신 분, 공양 받아 마땅한 분, 바른 깨달음을 얻으신 부처님께 경배 올립니다.

— 1982년 3월 미얀마에서 출판되다

차례

1

연기緣起의 중요성

●

불교에서 연기는 매우 중요한 가르침입니다. 보살[1]은 연기를 통해 존재의 속성에 대해 깊이 숙고하기 시작했고 이로써 깨달음을 얻었습니다. 보살은 붓다가 되기 직전인 마지막 생에, 다른 모든 보살이 그랬던 것처럼 먼저 늙음과 죽음에 대해 깊이 생각했습니다. 왜냐하면 보살은 늙은이와 병든 사람, 그리고 죽은 시체를 보고 나서 사문[2]을 만나게 되었고, 늙지도 죽지도 않는 법을 구하기 위해 세상과 인연을 끊고 출가했기 때문입니다. 보살은 늙음과 질병과 죽음에서 삶의 괴로움을 본 것입니다.

모든 중생은 이러한 삶의 괴로움에서 벗어나고자 하지만, 한 존재에

---

1   보살(菩薩)은 빨리어로 bodhi(覺, 깨달음)와 satta(有情, 존재)의 합성어인 보디삿따(Bodhisatta)로서, '깨달음을 추구하는 자'라는 의미가 있다. 경전에서는 부처님이 깨달음을 성취하기 위해 바라밀 공덕을 쌓고 있을 때의 상태를 보살이라고 한다. 이에 따라 『본생경(本生經)』에 나오는 부처님의 모든 전생을 다 보살이라고 한다. 보살이 부처가 되기 위해서는 이루 헤아릴 수 없는 겁(劫) 동안 윤회를 반복하며 십바라밀(dasa-pāramī)을 닦아야 한다. 이 십바라밀에는 ① 보시(布施, dāna) ② 지계(持戒, sīla) ③ 출리(出離, nekkhamma) ④ 지혜(智慧, paññā) ⑤ 정진(精進, viriya) ⑥ 인욕(忍辱, khanti) ⑦ 진실(眞實, sacca) ⑧ 결의(決意, adhiṭṭhāna) ⑨ 자애(慈愛, mettā) ⑩ 평온(平穩, upekkhā)이 있다. 주석서에 따르면 보살에는 지혜의 보살, 믿음의 보살, 정진의 보살 등 세 가지 유형이 있다.

2   사문(沙門, sāmañña)은 부처님 당시 인도의 일반적인 수행자라는 의미지만 바라문들과는 다른 수행생활을 하였다. 청년기부터 집을 버리고 걸식생활을 하며 곧바로 유행기(流行期)로 들어가 숲속에서 요가를 하거나 혹독한 고행을 하며 불사의 진리를 추구했다. 부처님도 처음에는 사문의 길을 걸었다.

서 다른 존재로 이어지는 이 괴로움에는 끝이 없습니다. 이런 끝없는 삶의 과정에 비추어볼 때 모든 생명은 속박에 얽매여 괴로움을 겪을 수밖에 없을 것입니다. 실제로 삶이란 태어남과 죽음의 무한한 연속 과정입니다.

닭과 오리의 운명은 참으로 비참합니다. 어떤 것은 아직 부화되기도 전에 잡아먹혀버립니다. 알에서 부화하더라도 얼마 살지 못하고 조금 자라면 도살당합니다. 그들은 오직 인간의 먹을거리로 도살당하기 위해 태어났을 뿐입니다. 한 생명이 이렇게 계속해서 도살될 운명이라면 참으로 암울하고 소름끼치는 일입니다. 하지만 닭과 오리들은 이런 삶에 꽤나 만족하고 있는 듯합니다. 꽥꽥거리며 목청 높여 울기도 하고 서로 싸우면서 모이를 줍는 것을 보면 분명히 삶을 즐기는 것 같습니다. 그들은 살아갈 날이 많이 남았다고 생각할지 모르지만, 실제로는 즐길 시간이 거의 없습니다. 그들의 삶은 며칠이나 몇 달에 지나지 않고, 심지어 태어나서 얼마 되지 않아 바로 죽기도 합니다.

사람의 수명 또한 그다지 긴 것이 아닙니다. 사람의 나이 50~60세가 되어 과거의 일을 돌이켜보면 마치 어제의 일 같을 것입니다. 지상의 60~70년은 천인[3]의 하루에 불과하지만, 겁劫[4] 단위로 사는 범천梵天의 눈으로 볼 때는 천인의 수명도 짧은 것입니다. 하지만 수백 겁 이상을 사는 범천일지라도 영원한 윤회[5]에 비추어볼 때는 대수롭지 않습니다. 천인과 범천도 언젠가는 늙어 죽습니다. 비록 질병이나 노화의 징후는 나타나지 않더라도 시간이 지나면 불현듯 나이가 들어갑니다. 그래서 모든 중생은 늙음과 죽음을 겪어야 하고, 이러한 삶의 괴로움은 누구도 피해갈 수 없습니다.

보살의 숙고

늙음의 원인을 숙고하면서 보살은 끝을 시작으로 연기의 사슬을 거슬러 올라갔습니다. 늙음과 죽음[老死]의 원인은 태어남[生]이 있기 때문이고, 태어남은 다시 업의 생성[業有. kamm-bhava)[6]이 있기 때문이며, 업의

---

3   천인 혹은 천신이라고 번역하는 데와(deva)는 '유희한다, 빛난다'는 뜻으로, 주석서에서는 왕과 그 가족을 지칭하는 인습적인 천인, 사대 천왕을 비롯한 천상세계의 천인, 번뇌가 다한 아라한과 같은 청정한 천인 등 세 가지로 지칭한다. 일반적으로는 두 번째에 해당하는 태생적인 천인으로서 여섯 가지 욕계 천상과 열여섯 가지 색계 천상, 네 가지 무색계 천상에 거주하는 천인들을 가리킨다.

4   겁(劫)으로 번역되는 깝빠(kappa)는 고대 인도에서 우주의 시간을 재는 단위이다. 이 겁에는 ① 중간겁(中間劫) ② 아승지겁(阿僧祇劫) ③ 대겁(大劫)이 있다. 인간의 수명이 열 살에서 8만 4000년으로 증가했다가 다시 열 살로 감소하는 데 걸리는 시간을 중간겁이라 한다. 이 중간겁의 20배에 해당하는 기간이 아승지겁이고, 아승지겁의 4배가 대겁이다. 한 대겁의 기간을 부처님께서는 가로세로 높이가 각각 한 유순(由旬)인 큰 바위를 사람이 100년에 한 번씩 비단 옷자락으로 스치고 지나가 다 닳아없어지는 시간이라고 비유하셨다.

5   윤회(輪廻)는 빨리어로 삼사라(samsāra)라고 하는데, '함께 움직이는 것, 함께 흘러가는 것'이라는 의미가 있다. 불교에서 말하는 윤회란 주체가 없는 연기적 흐름을 가리키는 것으로, 매 순간 일어나고 사라지는 찰나의 윤회가 있고, 한 생의 마지막 사몰심(死沒心)에서 다음 생의 재생연결식으로 이어지는 한 생의 윤회가 있다. 불교의 윤회는 힌두교 등에서 말하는 윤회설과는 다르게 불변하는 아뜨만[自我]이 금생에서 내생으로 전이되는 재육화(再肉化)나 환생의 개념이 아니라 갈애를 근본 원인으로 한 결과로서의 재생(再生)이다.

마하시 사야도의 12연기

생성은 집착[取, upādāna]에서 비롯하고, 집착은 갈애[渴愛, taṇhā]를 원인으로 합니다. 갈애는 느낌[受, vedanā]을 원인으로 하고, 느낌은 눈[眼], 형상[色][7] 등 육입[六入][8]에 의해 일어납니다. 육입은 정신과 물질[名色][9]에 의해서 생긴 것이고, 정신과 물질은 식識이 일어난 결과입니다. 식은 다시 정신과 물질의 원인이 됩니다.

12연기에 관해 상세하게 설명하고 있는 빨리어 경전에 의하면, 식의 원인은 행行에 있고 행의 원인은 무명無明에 있습니다. 그러나 보살은 현생의 정신과 물질 그리고 식의 상호 관계에 대해서만 숙고하고 있습니다. 바꿔 말하면 보살은 과거 생에 관한 것은 남겨둔 채 식과 정신과 물질[名色] 간의 상호관계에 대해서만 숙고했습니다. 그러므로 수

---

6   업의 생성으로 번역한 kamm-bhava에서 바와(bhava)는 존재, 생성이라는 의미가 있는데 여기에는 업으로서의 생성(業有, kāmā-bhava)과 재생으로서의 생성(生有, upapatti-bhava) 두 가지가 있다. 업으로서의 생성은 의도, 의도와 관계있는 갈애에서 비롯한 업을 말하고, 재생으로서의 생성은 업에서 생긴 무더기, 즉 오온(五蘊)을 말한다. 다시 말하면 업유로서의 특징은 업(業)이고, 생유로서의 특징은 업에서 생긴 무더기[蘊]로서 중생이라는 존재와 개체에 해당한다.

7   빨리어 루빠(rūpa)는 한문으로 색(色)이라고 하지만 문맥에 따라서 다른 의미로 사용된다. 먼저 오온에서 색온(色蘊)이라고 하는 경우는 논장에서 말하는 28가지 물질을 의미하고, 안이비설신의에 대응하는 색성향미촉법의 경우에는 눈에 대응하는 시각 대상으로서 형상이나 색깔로서의 의미가 있다.

8   감각장소로 옮긴 아야따나(āyatana)는 '이쪽으로 온다'는 입(入)으로 쓰이기도 하고 장소란 의미의 처(處)로 쓰이기도 한다. 보통 12연기에서는 육입(六入)으로, 12처와 공무변처 등의 4처는 처(處)로 쓰인다. 12가지 감각장소[十二處]로는 눈, 귀, 코, 혀, 몸, 마음의 여섯 개의 감각장소[六内處]와 형상, 소리, 냄새, 맛, 접촉, 대상 등 육외처(六外處)가 있다.

9   정신과 물질[名色]을 빨리어로 나마-루빠(nāma-rūpa)라고 하는데, 정신(名, nāma)은 수온(受蘊), 상온(想蘊), 행온(行蘊) 등 사온(四蘊)을 의미하고 물질(色, rūpa)은 색온(色蘊)을 의미한다. 그러나 연기법의 12각지에서는 수상행(受想行)의 삼온만을 정신의 범주에 포함하고 식(識)은 따로 언급한다.

행자는 현생에 대해 숙고하는 것만으로도 충분히 위빠사나 수행을 성공적으로 이행할 수 있을 것입니다.

순관順觀으로 추론하다

보살은 식과 정신과 물질과의 상호관계를 다음과 같이 추론해 들어갔습니다.

"이 식은 정신과 물질 외에 다른 원인이 없다. 정신과 물질에서 식이 생기고, 식에서 정신과 물질이 생겨난다. 그래서 식과 정신과 물질 사이의 상호관계에서 태어남이 일어나고 늙음과 죽음이 일어난다. 그래서 태어남과 죽음은 연속될 것이다."

또한 식은 정신과 물질의 원인이 되고, 정신과 물질은 육입의 원인이 됩니다. 육입으로부터 접촉[觸]이 일어납니다. 접촉이 있으면 느낌이 일어나고, 느낌이 갈애[愛]를 일으킵니다. 갈애는 집착[取]을 일으키고, 집착은 업을 생성해서 태어남의 원인이 되며, 태어남은 또 늙음, 죽음, 불안, 슬픔 및 정신적 · 육체적 고통을 일으키게 합니다.

그러고 나서 보살은 연기를 역관逆觀으로 숙고했습니다. 만약 식이 없다면 정신과 물질도 없을 것이고, 정신과 물질이 없다면 육입도 없을

마하시 사야도의 12연기

것이라는 식으로 부정해나갔습니다. 인과의 사슬에서 첫 번째 고리를 부정한다는 것은 무한이 계속되는 윤회의 삶에서 끊임없이 겪어야 하는 괴로움의 종식으로 인도하는 것입니다.

이렇게 연기를 순관과 역관으로 숙고한 후 보살은 오취온五取蘊의 성품을 지켜보았습니다. 이렇게 그는 연속해서 통찰지혜와 성스러운 길에 이르는 도과를 얻고 마침내 완전한 깨달음을 얻은 부처님이 되었습니다. 모든 보살은 이런 알아차림을 통해서 위없는 깨달음을 얻었습니다. 모든 보살은 무엇을 그리고 어떻게 알아차릴 것인가를 다른 사람들로부터 배워서가 아니라 이루 헤아릴 수 없는 윤회를 거치면서 쌓아온 바라밀 공덕pāramī[10]으로 스스로 알았습니다. 보살들은 앞서 설명한 바와 같이 알아차림을 함으로써 깨달음을 얻었습니다.

추론과 사유를 뛰어넘다

법문을 해야 할 때가 오자 부처님은 이렇게 생각하셨습니다.

---

10   바라밀의 원어인 파라미(pāramī)는 '중생을 피안에 이르게 하는 것'이라는 뜻으로, 부처가 되겠다고 서원을 세운 보살은 수기를 받은 후 무수한 세월 동안 부처가 되겠다는 마음과 말과 행동으로 바라밀 공덕을 쌓는다. 보살은 이루 헤아릴 수 없는 윤회의 과정을 거치면서 열 가지의 공덕을 쌓아 그 공덕으로 부처의 조건을 완성시킨다.

"내가 깨달은 이 법은 아주 심오하다. 이 법은 매우 숭고하고 내적인 평화에 많은 도움을 주지만 이해하기 어렵다. 지성과 논리만으로는 접근하기 어렵다. 이것은 미묘하여 오직 지혜 있는 자만이 깨달을 수 있다."

전 세계의 철학자들은 늙음, 질병, 죽음으로부터 벗어나기 위해 온갖 고민을 다했습니다. 그러나 이런 괴로움에서 벗어난다는 것은 열반을 의미하는 것입니다. 열반이란 사유와 지식을 뛰어넘는 것입니다. 그리고 이 열반은 오직 중도[11]와 위빠사나 수행을 통해서만 얻을 수 있습니다. 철학자들이 중생들의 행복을 위해 내놓은 다양한 고안들은 대부분 지식과 논리를 근거로 한 것입니다. 그러나 이렇게 사유에 기반을 둔 교리는 열반이라는 지고의 목표는 고사하고 위빠사나 통찰지혜를 얻는 데도 도움을 주지 못합니다. 지적知的 접근으로는 위빠사나 지혜의 가장 낮은 단계인 '정신과 물질을 구분하는 지혜'조차도 얻을 수가 없습니다.

이 지혜는 수행자가 집중을 계발하고, 정신과 물질 현상을 지켜보는 사념처 수행방법을 통해서 얻습니다. 예를 들어 손을 구부리려는 의도와 손을 구부리는 동작이 있음을 알고 귀와 소리가 있어서 그것을

---

11   중도(中道)로 번역되는 맛지마 빠띠빠다(majjhima-patipadā)는 majjhima(가운데, 중간의)와 patipadā(道)의 합성어다. patipadā와 magga는 같은 뜻으로 취급되지만, magga는 주로 출세간의 도를 뜻하고 patipadā는 일반적인 수행의 길을 의미한다. 경전에서는 팔정도의 계발을 중도라고 한다.

아는 마음인 이식耳識이 있음을 아는 것과 같이, 정신과 물질을 구별할 수 있을 때 나타나기 시작합니다. 이렇게 얻은 지식은 모호하거나 추론적이지 않고, 분명하며, 체험으로 아는 것입니다.

경전에서는 이러한 정신과 물질은 연속적인 흐름 속에 있기 때문에 그것의 일어남, 사라짐을 지켜보아야 알 수 있다고 말합니다. 그러나 초보자는 이것을 말로 하기는 쉬워도 실천하기가 어렵습니다. 초보자는 온 힘을 다해서 장애[五蓋]12)를 극복해야 합니다. 그러나 장애로부터 벗어났더라도 정신과 물질을 구별하는 정도의 도움은 되겠지만, 일어나고 사라지는 것을 아는 지혜까지는 보장하지 못합니다.

이 지혜는 오직 집중이 계발되고 알아차리는 수행을 통해 예리한 직관력을 가질 때에만 얻을 수 있습니다. 일어남, 사라짐에 대한 지속적인 알아차림13)만이 모든 현상에 대한 무상. 고. 무아를 아는 통찰지혜로 인도합니다. 그러나 이는 위빠사나의 초보 단계에 불과하기 때문에 이런 지혜로는 도과道果에 접근할 수가 없습니다. 그래서 법은 논리와 사유에서 벗어난 것이라고 말하는 것입니다.

---

12   장애의 원어는 니와라나(nīvaraṇa)로 '덮어버림'이란 뜻을 갖고 있다. 주석서에서는 장애를 "아직 일어나지 않은 선법을 일어나지 못하게 하고, 이미 일어난 선법을 지속하게 하는 정신적 요인"이라고 설명한다. 경에서는 ① 감각적 욕망(kāmāchanda) ② 악의(vyāpāda) ③ 해태와 혼침(thīna-middha) ④ 들뜸과 후회(uddhacca-kukucca) ⑤ 회의적 의심(vicikichā) 등 다섯 가지 장애[五蓋]를 말하는데, 논장(아비담마)에서는 여기에 ⑥ 무명(avijjā)을 더하여, 처음 다섯 가지는 선(禪)을 방해하는 요인으로, 무명은 통찰지가 일어나는 것을 방해하는 요인으로 언급하고 있다.

법은 지혜로운 사람만 이해한다

법은 미묘합니다. 그래서 오직 지혜로운 사람들만이 깨달을 수 있습니다. 여기서 말하는 지혜로운 사람이란 위빠사나의 도道와 과果에 관한 통찰지혜[慧. paññā]를 가진 사람을 뜻합니다. 세계적인 철학자, 종교적 창시자, 작가 또는 원자를 분해할 수 있는 위대한 과학자들이 지닌 세속적인 지식과는 아무런 관련이 없습니다. 그러나 이 법은 성별, 나이, 교육에 상관없이 정신과 물질에서 일어나고 사라지는 순간을 지켜본다면 누구나 위빠사나 통찰지혜의 향상을 거쳐 점진적으로 성스러운 도과를 얻을 수 있습니다.

모든 중생의 본성을 찬찬히 살펴본 부처님은 그들 대부분이 감각적 쾌락에 빠져 헤어나지 못하고 있음을 아셨습니다. 물론 일찍이 싯닷타 태자와 숲 속에서 정진을 같이 한 다섯 비구들[14]이나 나중에 부처님의 상수제자가 된 두 명의 바라문과 같은 약간의 예외는 있습니다.

---

13   알아차림, 마음 챙김, 주시 등으로 번역되는 사띠(sati)는 기억[念]이라는 의미도 있다. 정념(正念), 염처경(念處經)이라는 용어는 여기서 비롯한 것인데, 실수행에서는 기억의 활용도가 없어 보일 수 있다. 그러나 알아차림은 행(行)의 범주에 속하는 적극적인 행위로서 알아차림을 하거나 또는 알아차림을 지속하려면 먼저 기억에 의해서 알아차려야겠다고 마음을 새로 내는 것이기 때문에 알아차림과 기억은 서로 연관성이 없는 것이 아니다.

14   비구(比丘, Bhikkhu)는 걸식하는 사람이라는 의미가 있는데, 『청정도론』에서는 "윤회에서 두려움을 보기 때문에 비구라 한다"고 정의하고, 『디가니까야』 주석서에서는 "도를 닦는 자는 누구나 비구라고 이름한다. 도를 닦는 자는 신이든 인간이든 모두 비구라는 명칭을 가진다"고 설명하고 있다. 상좌부 비구의 경우는 227계를 받는다.

마하시 사야도의 12연기

그러나 대부분의 사람은 쾌락을 즐기는 것이 삶의 최고선最高善이라고 생각합니다.

그들은 하루 종일 장난감을 가지고 놀며 즐거워하는 어린아이와 같습니다. 어른들은 아이들의 장난감과 놀이에는 관심이 없겠지만, 감각의 세계라는 장난감, 즉 자녀와 손자들에게서 즐거움을 찾습니다. 부처님과 아라한들에게는 이러한 감각적 즐거움이 아무 의미가 없겠지만 범부[15]나 천인들에게는 아주 높은 평가를 받고 있습니다. 왜냐하면 그들은 선정[禪][16]이나 위빠사나 혹은 열반과 같은 더 높은 단계의 가치를 모르기 때문입니다.

감각적 즐거움을 좋아하는 사람은 외딴 벽지에 사는 농부에 비유할수 있습니다. 도시 사람에게는 이런 곳이 생활의 편리함이란 전혀 없고, 나쁜 음식, 초라한 옷, 더러운 주거지, 진흙길 등 매우 불편한 곳

---

15 범부(凡夫)로 번역되는 뿌뚜자나(puthujjana)는 '개개의 인간들'이란 뜻이며 천인과 인간, 출가자와 재가자를 막론하고 아직 번뇌와 족쇄를 끊지 못하고 윤회의 굴레에서 맴도는 자를 지칭하는 말이다. 또한 수다원, 사다함, 아나함, 아라한 등 성자의 경지에 들지 못한 모든 중생을 지칭하는 말이기도 하다. 미얀마에서는 범부를 어디로 튈지 모르는 존재라고 한다.

16 선정[禪]을 빨리어로는 쟈나(jhāna)라고 한다. 선정은 다섯 가지 장애가 나타났을 때 대상에 몰입하여 장애를 억누르는 사마타 수행을 통해 얻는다. 그래서 색계선정과 무색계 선정을 이루는데 경전에서 말하는 색계선은 ① 초선(初禪) ② 이선(二禪) ③ 삼선(三禪) ④ 사선(四禪)의 네 가지가 있고, 무색계선은 ⑤ 공무변처(空無邊處) ⑥ 식무변처(識無邊處) ⑦ 무소유처(無所有處) ⑧ 비상비비상처(非想非非想處)의 네 가지가 있다. 그러나 선정을 통해서 장애를 억누를 수는 있어도 완전 소멸시킬 수 없기 때문에 출세간의 지혜는 얻을 수 없다. 깨달음을 얻기 위한 토대는 되지만 이를 통해서 번뇌를 해결하지는 못한다. 번뇌의 완전 소멸은 무상 · 고 · 무아를 꿰뚫어보는 위빠사나 수행을 통해서 얻는다.

일 뿐입니다. 그러나 시골 사람들은 행복해 할 뿐만 아니라 고향을 떠날 생각이 전혀 없습니다. 이와 마찬가지로 범부와 천인은 감각대상을 즐깁니다. 부처님과 아라한들이 아무리 가르침을 주어도 그들은 즐기는 것을 좋아하고 쾌락에 빠져서 모든 시간을 보냅니다. 또 감각적 대상이 없으면 쉽게 불안해집니다. 그들은 자신의 가족과 아랫사람들과 소유재산에 매우 만족하고 있기 때문에 감각적 쾌락 이상의 수준 높은 것에 대해서는 생각도 하지 못합니다. 즐거움에 대한 집착이 깊이 뿌리박혀 있기 때문에 미묘하고 심오한 12연기와 열반을 제대로 이해하기가 참으로 어렵습니다.

이해하기 어려운 가르침

부처님의 법은 일반 대중들이 추구하는 감각적 욕망과는 상반되는 것이기 때문에 대중의 관심을 받지 못합니다. 사람들은 감각적인 것이 아니라면 열반에 관한 법문은 말할 것도 없고 일반적인 법문조차도 좋아하지 않습니다. 그들이 가르침에 관심이 없는 것은 놀라운 일이 아닙니다. 운율이 아름다운 시를 낭독하는 것도 아니고, 감상적인 이야기나 유쾌한 농담을 하는 것도 아니며, 흥미로운 것도 아니기 때문입니다. 부처님 법문은 위빠사나 수행을 하는 사람이나 혹은 명상법에 의지하여 번뇌[17]의 소멸을 추구하는 사람들만이 받아들일 수 있습니다.

그렇다고 이야기나 유머가 섞인 법문을 경전 법문이라고 비하하는 것은 잘못입니다. 『무아상경』이나 『대념처경』 등에서 보는 바와 같이 경전은 심오하기 때문에 대중적인 법문과는 근본적으로 다릅니다. 연기법은 경장經藏에 속하지만, 논장論藏[18]의 형식으로 설해졌기 때문에 논장으로 분류되고 있습니다.

이 가르침은 다른 것과 섞이지 않은 순수한 법이기 때문에 일부에서는 이것을 논장과 혼동하고 있고 여기서 강조하는 도와 열반을 이해하기는커녕 따라오지도 못합니다. 연기는 원인과 결과의 상호관계에 관한 것이기 때문에 이해하기가 어렵습니다. 연기법에는 독자적으로

17　번뇌로 옮긴 낄레사(kilesa)는 주석서에 의하면 그 자체가 오염되어 있으면서 그것과 관계된 마음의 작용들을 오염시키는 오염원이라고 한다. 이 번뇌는 마음속의 더러운 것이 외부로 누출되어 나타나는 것이므로 아사와(āsava, 漏)라고도 한다. 번뇌에는 다음과 같이 열 가지가 있다. ① 탐욕(lobha) ② 성냄(dosa) ③ 어리석음(moha) ④ 자만(māna) ⑤ 사견(diṭṭhi) ⑥ 회의적 의심(vicikicchā) ⑦ 해태(thīna) ⑧ 들뜸(uddhacca) ⑨ 양심 없음(ahiri) ⑩ 수치심 없음(anotta) 등이다. 번뇌(kilesa)는 정도와 세기에 따라 다음과 같은 세 가지로 제거할 수 있다. 첫째, 말과 행동으로 표출되는 거친 번뇌는 계율로 제거할 수 있다. 둘째, 마음에 일어나는 감각적 욕망, 성냄, 악의 등과 같은 '중간 번뇌'는 집중으로 제거된다. 셋째, 내면에 숨어 있는 잠재 성향의 미세한 번뇌는 성스러운 도의 지혜인 통찰지의 계발로 제거된다.

18　논장으로 번역되는 아비담마(abhidhamma)는 대법(對法)이라고도 하고, 법을 체계화한 궁극적이고 수승한 가르침이라는 의미에서 승법(勝法)이라고도 한다. 원래 부처님의 가르침은 듣는 사람의 근기에 맞게 설해진 방편설이다. 처음부터 법을 잘 이해할 수 없는 재가자들에게는 보시, 지계와 천상에 관한 것을 설하셨고, 법을 잘 이해해도 근기에 맞도록 다양하게 설하셨으므로 방편설(方便說) 또는 대기설법(大機說法)이라 한다. 이에 비해 논장은 듣거나 배우는 사람의 성향이나 근기를 고려하지 않고 마야 부인을 위시한 삼십삼천의 천인들을 위해 설하신 것으로 지혜 제일인 상수제자 사리뿟따에게 전하셨다. 이후 논장은 붓다고사, 붓다닷따, 아누룻다, 담마빨라와 같은 뛰어난 장로들과 근세기의 레디 사야도 등에 이르기까지 수많은 스님의 탁마와 이해를 거쳐 정착되어가고 있다.

존재하는 자아라는 실체가 없습니다. 그래서 부처님이 법을 선포하시기 전까지는 이 사실을 받아들이기 어려웠습니다.

주석서에도 역시 연기법은 난해한 특성이 있다고 지적하고 있습니다. 이에 따르면 이해하기 어려운 네 가지 법이 있으니, 바로 사성제에 관한 것, 생명을 가진 존재의 본성에 관한 것, 재생과 연기의 본성에 관한 것 등입니다. 이 네 가지 법은 다음과 같습니다.

첫째, 괴로움의 진리[苦諦]와 괴로움의 일어남의 진리[集諦], 괴로움의 소멸의 진리[滅諦], 괴로움의 소멸에 이르는 도의 진리[道諦]는 이해하기 어렵습니다. 이러한 사성제[四聖諦19)]의 깊은 뜻을 파악하기는 어렵고 남에게 가르치기는 더 어렵습니다.

둘째, 한 생명(중생)은 독자적인 자아를 가진 것이 아니라 정신과 물질

---

19   불교의 가르침은 모두 고집멸도 사성제[四聖諦]로 집약되고 종합된다. 그래서 『맛지마니까야』 「상적유대경(象跡喩大經, Mahahatthipadopama Sutta)」에서 사리뿟따 존자는 움직이는 모든 생명의 발자국 크기가 코끼리 발자국을 따를 수 없듯이 사성제야말로 어떤 유익한 법과도 비유할 수 없는 최상의 법이라고 하셨다. 이처럼 사성제는 불교의 초석이라 할 수 있고 깨달음이란 바로 사성제를 깨닫는 것이다. 그래서 부처님 스스로도 "나는 알아야 할 바를 알았고[苦聖諦], 닦아야 할 바를 닦았고[道聖諦], 버려야 할 것[滅聖諦]을 버렸노라. 바라문이여, 그래서 나는 붓다, 즉 깨달은 사람이노라"라고 말씀하셨다. 그러므로 사성제는 괴로움(현실)을 철저하게 알고(pariññā) 그 원인인 갈애를 제거하며(padhāna) 괴로움의 소멸[涅槃]을 실현하기(sacchikiriya) 위해 팔정도[八正道]를 수행하는 것(bhāvanā)이라고 요약할 수 있다. 고성제와 집성제는 12연기의 순관(順觀)에 해당하고 멸성제와 도성제는 12연기의 역관(逆觀)에 해당한다.

의 진행 과정이라는 것을 이해하기 어렵고, 그러한 정신과 물질의 복합체는 업의 법칙에 의해서, 그리고 자신이 지은 선행과 악행에 따라 내생이 결정된다는 사실을 이해하기 어렵습니다.

셋째, 태어남[再生]은 정신과 물질이 전생으로부터 이동한 것이 아니라 번뇌와 업의 과보로 나타났다는 것을 이해하기 어렵습니다.

넷째, 연기를 이해하는 것 역시 어렵습니다. 연기는 앞의 세 가지 난해한 법을 다 포함하고 있습니다. 앞서 언급한 성스러운 두 진리인 고제와 집제에 관한 것, 그리고 한 생명체의 본성과 태어남에 관한 것은 연기의 부정적인 면이고, 나머지 두 진리인 멸제와 도제에 관한 것은 긍정적인 면입니다. 그래서 이 연기법을 이해하고 가르치는 것은 가장 어려운 일입니다. 도와 열반을 성취한 사람이거나 삼장三藏을 공부한 사람에게는 설명하기 쉬울 수도 있지만, 경전에 대한 아무런 지식도 계몽도 없는 사람에게는 별 의미가 없는 일입니다.

연기법에 관한 주석서를 쓴 저자(『청정도론』의 저자 붓다고사)도 도의 가장 낮은 단계인 수다원과를 얻었거나 아니면 삼장에 대한 방대한 지식을 갖추었기 때문에 이렇게 해석할 능력이 있었을 것입니다. 그는 후대 사람들이 그 해설을 진지하게 공부하도록 하기 위해 연기의 어려움을 언급했을 수도 있습니다. 그는 이 어려움을 바다에 뛰어들었으나 그 밑바닥까지 이르지 못해 곤경에 빠진 사람에 비유하고 있습니다. 그는 또한 구전에 의해 전해 내려온 삼장과 옛 주석서를 근거로 주해를 썼음을 인정하고 있습니다. 나의 가르침도 또한 이와 같을 것입니다. 이 원리는 설명하기 어렵기 때문에 수행자는 특별히 주의를 기울여야 합니다. 이 가르침을 피상적으로만 받아들이면 아무것도 이해하지 못하고, 연기법에 관한 제대로 된 지식을 얻지 못한 채 윤회의 황야 속에서 괴로움을 겪어야 할 것입니다.

연기를 요약하면 다음과 같습니다.

무명無明을 원인으로 업의 형성력인 행[行]이 일어납니다.
행을 원인으로 재생연결식[識]이 일어납니다.
재생연결식을 원인으로 정신과 물질[名色]이 일어납니다.
정신과 물질을 원인으로 육입[六入]이 일어납니다.
육입을 원인으로 접촉[觸]이 일어납니다.
접촉을 원인으로 느낌[受]이 일어납니다.
느낌을 원인으로 갈애[愛]가 일어납니다.
갈애를 원인으로 집착[取]이 일어납니다.
집착을 원인으로 업의 생성[業有]이 일어납니다.
업의 생성을 원인으로 태어남[生]이 일어나고
태어남은 늙음, 죽음, 슬픔, 비탄, 한탄으로 이어집니다.
괴로움의 총체적인 무더기는 이렇게 생겨납니다.

·
2

무명無明이란
무엇인가

●

부처님의 가르침에 의하면 무명은 괴로움과 괴로움의 원인, 괴로움의 소멸, 괴로움을 소멸하는 길인 사성제를 모르는 것입니다. 정확한 의미에서 무명은 잘못된 생각이고 환상(착각)입니다. 무명이 있으면 틀린 것을 진실이라고, 환상을 사실이라고 믿는 과오를 범합니다. 그것은 우리를 나쁜 길로 인도하기 때문에 '그릇된 길로 가는 무지'라고 합니다.

그런 의미에서 무명은 보통 말하는 무지와는 다릅니다. 사람이나 마을 이름을 모른다고 해서 반드시 잘못되는 것은 아니지만 12연기를 모르면 단순히 모르는 것으로 그치지 않습니다. 그것은 마치 무지한 사람이 방향감각을 잃어서 동쪽을 서쪽으로, 북쪽을 남쪽으로 잘못 인도하는 것과 같습니다. 괴로움의 진리를 알지 못하는 사람은 삶이 괴로움으로 가득 차 있는데도 낙관적인 시각으로 봅니다.

괴로움의 진리는 책에서 찾는 것이 아닙니다. 자신의 몸과 마음에서 찾아야 합니다. 보고 듣는 등의 여섯 가지 감각장소에서 일어나는 모든 정신과 물질은 괴로움입니다. 왜냐하면 존재의 현상들은 영원하지 않고, 불만족이며, 즐거운 것이 아니기 때문입니다. 어느 때라도 끝날 수 있기 때문에 모든 것이 고통과 괴로움으로 가득 차 있습니다. 그러나 자신의 존재를 축복받은 것이며 좋은 것이라고 생각하는 사람들

마하시 사야도의 12연기

은 이런 괴로움을 깨닫지 못합니다.

그렇기 때문에 그들은 좋은 형상, 좋은 소리, 좋은 맛과 같은 즐거운 감각대상을 추구합니다. 살아가는 데 좋다고 생각되는 것을 얻기 위해 끊임없이 노력하는 것은 그 삶이 좋은 것이라는 환상(무명)을 갖고 있기 때문입니다. 여기서 무명은 말에게 초록색 안경을 씌워 마른 풀을 푸른 풀이라고 착각하게 하여 먹이는 것과 같습니다. 사람들은 장밋빛 안경을 통해서 모든 것을 보기 때문에 감각적 즐거움에 빠져 있습니다. 그들은 이런 감각대상과 정신과 물질의 성품을 보지 못하고 환상에 젖어 있습니다.

앞을 못 보는 장님에게 싸구려 옷을 건네주면서 비싸고 품질 좋은 옷이라고 말하면 쉽게 속아 넘어갈 것입니다. 장님은 그 사람을 믿고 그 옷을 아주 좋아할 것입니다. 하지만 그가 시력을 회복하고 나면 환멸을 느끼고 즉시 그 옷을 내던져버릴 것입니다. 이와 마찬가지로 무명으로 덮인 사람은 무상 · 고 · 무아를 보지 못하기 때문에 삶을 즐깁니다. 그러나 정신과 물질에 대한 내면의 성찰(內觀)을 하면 그 삶이 좋은 것이 아니라는 것을 깨닫고 환멸을 느끼게 됩니다.

정신과 물질에 대한 내면의 성찰이나 혹은 위빠사나의 알아차림은 책 속의 지식과는 무관한 것입니다. 그것은 감각대상과 그에 상응하는 식(識, 아는 마음)으로 구성된 정신적 · 물질적 현상을 통찰하여 지켜보는 것이고 지속해서 알아차리는 것을 의미합니다. 수행[1]은 정신과 물질의 본성을 완전하게 모두 알도록 해줍니다. 집중이 계발됨에 따라 수행자는 정신과 물질이 끊임없이 일어나고 사라진다는 것을 알게 되고, 이로써 무상·고·무아에 대한 통찰지혜를 얻습니다.

무명은 알아차림이 없으면 실재하는 것을 보지 못하게 합니다. 알아차리지 못하면 습관적으로 사용하는 용어인 남자, 여자, 손, 다리 등으로 착각해서 봅니다. 본다는 것을 예를 들면, 그것은 단지 정신과 물질 또는 그 과정에 불과하다는 것을 알지 못하고, 그 현상은 일어났다 사라진다는 것을 알지 못하며, 그것은 영원하지 않고, 불만족이며, 실체가 없다는 사실을 알지 못합니다.

알아차림을 해본 적이 없는 사람은 정신과 물질에 대해 아무것도 모른 채 죽습니다. 정신적·물질적 과정의 본성은 알아차리는 사람만이 아는 것입니다. 그러나 통찰지혜도 처음에는 집중이 계발되지 않으면 일어나지 않습니다. 알아차리기 전까지는 환상으로 보거나 평소 습관대로 인식하기 때문에 초보 수행자는 정신과 물질의 본성을 분명히 아는 통찰지혜를 얻을 수 없습니다. 꾸준한 수행을 통해서만 집중력과 지각력이 계발되어 통찰지에 이릅니다.

---

1   수행으로 옮긴 바와나(bhāvanā)는 마음 계발, 수행, 명상을 뜻한다. 바와나는 고요한 집중인 삼매(samādhi)를 계발하는 사마타 수행과 통찰지혜를 계발하는 위빠사나 수행의 두 가지로 구분된다.

마하시 사야도의 12연기

예를 들어 수행자가 알아차리는 수행을 하는 동안 가려움을 느낀다면 그는 단지 가렵다는 것을 알 뿐입니다. 그는 가려운 것이 손이나 다리, 몸의 어느 부분이라고 생각하지 않고 '내가 가려움을 느낀다'고 해서 가려움의 주체를 자신이라고 생각합니다. 거기서는 단지 지속적으로 가려운 감각이 일어날 뿐입니다. 이 감각은 영원히 지속되는 것이 아니라 알고 보면 사라지는 것입니다. 모든 정신적·물질적 현상이 일어날 때마다 지켜보는 마음으로 빠르게 알아차리면 손이나 다리라고 착각할 틈이 없습니다. 알아차림이 없는 사람은 무명의 지배를 받아서 감각대상은 모두 불만족이라는 괴로움의 성품을 보지 못합니다. 그래서 괴로움이 즐거움이 되어버립니다. 무명의 참뜻은 무엇이 진실인지를 모르는 것이고 진실을 왜곡하고 있다는 사실조차도 모르고 있다는 것입니다.

사람들은 '괴로움의 진리'를 알지 못하기 때문에 즐거운 감각대상을 추구합니다. 이렇게 무명은 노력과 행의 원인이 됩니다. 경전에 따르면 무명을 원인으로 행이 일어나지만 그 사이에는 갈애와 집착이라는 두 개의 연결고리가 있습니다. 무명은 갈애를 일으키고 갈애는 다시 집착으로 발전합니다. 갈애와 집착은 감각적 욕망에서 비롯하는데, 이는 연기법의 중간 부분에 명시되어 있습니다. 연기의 과거에 관한 부분을 모두 설명하면 무명, 갈애, 집착, 업, 행으로 되어 있습니다.

괴로움의 원인을 모르는 것

사람들은 갈애가 괴로움의 원인이라는 것을 모릅니다. 오히려 집착이 자신들을 행복하게 하는 것이고, 집착이 없으면 삶의 재미가 없다고 생각합니다. 그래서 사람들은 끊임없이 즐거운 감각대상인 음식, 의복, 가까운 친구 등을 추구합니다. 집착할 대상이 없으면 불안해져서 사는 것이 따분하다고 합니다. 삶에서 집착할 것이 없다면 범부들은 사는 재미가 없을 것입니다. 삶은 즐거운 것이 아닌데도 이를 숨기고 즐거운 것으로 만드는 것이 갈애입니다. 그러나 이미 갈애를 제거한 아라한에게는 삶을 즐기는 것이 불가능합니다. 아라한은 항상 조건 지어진 괴로움이 소멸된 열반에만 마음을 기울이고 있습니다.

위빠사나 수행에 매진하고 있는 수행자에게는 갈애가 큰 영향력을 발휘하지 못합니다. 그래서 일부 수행자들은 전처럼 삶을 즐기지 않습니다. 그런 사람들은 집중 수행처에서 집으로 돌아가면 가정생활에 재미를 느끼지 못하고 가족들과 함께 지내는 것이 불안합니다. 다른 사람들에게는 수행자가 잘난 체하는 것처럼 보이겠지만 사실 그의 행동은 일상생활에 흥미를 잃었다는 표시입니다.

그러나 그가 감각적 욕망을 극복할 수 없다면 그의 따분함도 일시적이고, 대개는 머지않아 가정생활에 다시 적응합니다. 가족들은 이런 그의 기분이나 행동을 보고 걱정할 필요가 없습니다. 사람이 가정생활에 완전히 환멸을 느끼는 것은 쉽지 않기 때문입니다. 그러므로 수행자는 자신을 조사해보고 얼마나 진정으로 삶에 환멸을 느끼고 있는지 가늠해보아야 합니다. 즐거움을 바라는 마음에서 좀처럼 벗어날 수 없다면 그는 여전히 갈애에 집착하고 있다는 것을 알아야 합니다.

갈애가 없으면 우리는 난감할 것입니다. 무명과 갈애가 있으면 우리는 눈이 멀어서 괴로움을 행복이라고 착각합니다. 그래서 미친 듯이 즐길 거리를 찾습니다. 사람들이 영화나 연극을 즐기는 것을 예로 생각해봅시다. 이런 종류의 오락은 시간과 돈이 들지만 갈애가 있으면 마다하지 않습니다. 하지만 갈애가 없는 사람에게는 그것들이 괴로움의 원천일 뿐입니다. 더 분명한 예는 흡연입니다. 흡연자는 담배연기 들이마시는 것을 좋아하지만 비흡연자에게는 그것이 일종의 자학적 괴로움입니다. 비흡연자는 흡연자를 둘러싼 여러 가지 번거로운 문제점들을 겪지 않아도 됩니다. 담배에 대한 갈애가 없기 때문에 비교적 걱정거리 없이 살아갑니다. 갈애가 괴로움의 원인이라는 것은 베텔잎을 씹는 습관에서도 분명히 드러납니다. 사실 이런 습관은 귀찮은 것인데도 많은 사람이 베텔을 즐깁니다.

흡연자나 베텔 씹는 사람과 같이 사람들은 갈애를 충족시키고자 하고, 이 갈애는 노력[行]을 부추겨서 늙음, 질병, 죽음으로 이어지는 태어남의 근본 원인이 됩니다. 괴로움과 괴로움의 원인인 바라는 마음은 일상생활에서도 분명히 알 수 있지만 거기서 진리를 보기는 어렵습니다. 왜냐하면 진리는 심오한 것이고, 사유로 아는 것이 아니라 위빠사나 수행을 통해서만 깨달을 수 있기 때문입니다.

괴로움의 소멸과 소멸에 이르는 길을 모르는 것

무명은 또한 괴로움의 소멸의 진리[滅聖諦]와 소멸로 가는 길에 대한 진리[道聖諦]를 모르는 것을 의미합니다. 이 두 가지 진리도 역시 심오하여 이해하기 어렵습니다. 왜냐하면 괴로움의 소멸의 진리는 오직 성자의 성스러운 도를 통해 실현되는 열반에 관한 것이고, 또한 소멸로 가는 길에 대한 진리는 도를 얻은 수행자만이 분명하게 알 수 있기 때문입니다. 많은 사람이 이 진리를 모르는 것은 놀라운 일이 아닙니다.

대부분의 사람들은 괴로움의 소멸에 대해 알지 못합니다. 모르기 때문에 이 세상 종교들은 다양한 방법으로 궁극의 목적을 설명하고 있습니다. 어떤 사람은 시간이 지나면 괴로움이 저절로 사라진다고 말하고, 어떤 사람은 감각적 쾌락이 최선이라고 생각하여 내생을 부정합니다. 이렇게 다양한 견해가 있는 것은 진정한 열반이 무엇인지 모르기 때문입니다. 심지어 일부 불교 신자들조차도 열반을 어떤 거처나 극락세계로 여기는 등 열반에 대한 이론이 분분합니다. 이런 모든 것은 열반을 이해하기가 얼마나 어려운지를 보여주는 것입니다.

실제로 열반이란 조건에 의해 끊임없이 일어나는 정신과 물질 과정이 완전히 소멸하는 것입니다. 연기법에 의하면 무명과 행 등이 정신과 물질 등을 일으키고, 이런 원인과 결과의 과정으로 인해 늙음, 죽음 등 기타 삶의 괴로움이 따라오는 것입니다. 성스러운 도에 의해 무명이 소멸하면 그 결과로 모든 괴로움이 소멸하게 되고, 괴로움의 완전 소멸이 바로 열반입니다.

예를 들어 등잔에 기름을 부어주면 계속해서 타겠지만 기름을 붓지 않으면 불이 완전히 꺼질 것입니다. 마찬가지로 성스러운 도를 닦아 열반을 증득한 수행자는 무명 등 모든 원인이 꺼져버렸기 때문에 태어남이라는 결과가 없습니다. 이것이 괴로움의 완전한 소멸인 열반을 의미하는 것으로, 수행자는 실제로 열반을 실현하기 전이라도 반드시 이것을 이해하고 알아두어야 합니다.

이러한 열반의 개념은 삶에 대한 강렬한 갈애를 가진 사람들에게는 납득이 가지 않습니다. 정신과 물질 과정이 소멸한다는 것은 이들에게 있어서 영원한 죽음 말고는 다른 의미가 없을 것입니다. 그럼에도 불구하고 지식으로라도 열반을 이해하고 받아들일 필요가 있습니다. 왜냐하면 수행자의 최고 목표 달성은 온 정성을 다하여 끊임없이 노력하기에 달렸기 때문입니다.

네 번째 진리인, 괴로움의 소멸에 이르는 도의 진리[道聖諦]를 아는 것

역시 매우 중요합니다. 오직 부처님들만이 바른 도를 선언할 수 있습니다. 천인이나 범천, 인간 등 그 어떤 존재도 도를 선언할 수 없습니다. 그러나 도에 대한 갖가지 추론과 가르침은 있습니다. 어떤 사람은 사랑, 박애, 인욕, 보시 등과 같은 일반적인 도덕을 주장하는가 하면, 또 어떤 사람들은 세속적인 선정 수행을 강조합니다. 이런 수행들은 모두 훌륭한 것들입니다. 불교의 가르침에 의하면, 이런 것들은 상대적으로 행복한 세계인 천인이나 범천인으로 태어나는 원인은 되지만, 늙음 등 윤회의 괴로움으로부터 벗어나는 것을 보장하지는 못합니다. 그러므로 이런 수행은 열반을 성취하는 데 도움은 되겠지만 열반을 향한 정도正道는 아닙니다.

어떤 사람들은 단식을 하거나 원시 상태로 사는 것과 같은 고행에 의지합니다. 어떤 사람들은 천인이나 동물을 숭배하고, 또 어떤 사람들은 동물처럼 삽니다. 불교적 관점에서는 이 모든 것이 계율과 의식에 대한 집착[戒禁取]2)을 나타내는 것으로, 팔정도八正道와는 아무런 관계가 없는 수행입니다. 팔정도는 바른 견해[正見], 바른 사유[正思惟], 바른 말[正語], 바른 행위[正業], 바른 생계[正命], 바른 노력[正精進], 바른 알아차림[正念], 바른 집중[正定]입니다.

2　　　계율과 의식에 대한 집착[戒禁取]으로 옮긴 실라밧따빠라마사(sīlabbata-parāmāsa)는 종교적인 금계와 의례 의식을 지킴으로써 청정해지고 해탈할 수 있다고 믿으며, 자신이 속한 집단의 의례 의식만 옳다고 집착하는 것이다. 이는 중생을 삼계(三界)에 붙들어 매는 열 가지 족쇄 중 세 번째 족쇄이며, 네 가지 집착 중의 하나다. 수다원의 도과에 들면 유신견, 의심과 함께 계금취견은 뿌리 뽑힌다.

　　　　　　　　　　　　　　　　마하시 사야도의 12연기

도에는 근본 도, 예비단계의 도, 성스러운 도의 세 가지가 있습니다. 이 중에서 가장 중요한 것은 성스러운 도지만, 이것이 수행자의 일차적 목적이 되어서는 안 되고 또 그것에 지나치게 많은 시간과 정력을 쏟으라고 요구해서도 안 됩니다. 왜냐하면 위빠사나 수행에서는 예비단계의 도가 계발되면서 한 순간[心刹那]에 성자의 수준에서 통찰지혜가 일어나기 때문입니다. 예를 들어 나무를 비벼서 불을 얻으려면 많은 시간과 노력이 필요하지만 불이 붙는 것은 한 순간인 것과 마찬가지로 성스러운 도에서 통찰지혜가 생기는 것은 눈 깜짝할 사이지만 예비단계의 도에서 이미 위빠사나 수행이 준비되어 있어야 합니다.

바른 견해[正見]

위빠사나의 통찰지혜는 알아차리는 매 순간 일어나는 지혜입니다. 정신과 물질 현상이 일어나는 매 순간마다 알아차리는 수행자는 그것의 실재하는 성품을 알게 됩니다. 이렇게 수행자가 팔과 다리의 구부림을 겨냥하여 주의를 집중하면 단단함의 요소와 움직임의 요소를 알게 됩니다. 이것이 바로 바람의 요소[風大]에 대한 바른 견해[正見]입니다. 알아차림이 없으면 '이것은 손이다', '이것은 사람이다'라는 환상에 사로잡히게 됩니다. 오직 알아차림이 있는 수행자만이 현상을 있는 그대로 봅니다.

마찬가지로 화끈거림, 통증과 같은 몸의 감각에 대해서나 생각, 의도와 같은 정신적 행위에 대해서도 바른 견해가 있습니다. 마음을 고정시켜 고요해지면 수행자는 정신과 물질의 일어나고 사라지는 현상을 알게 되고, 이로써 그것들이 무상, 고, 무아라는 통찰지혜를 얻게 됩니다.

바른 견해란 바른 사유[正思惟]를 비롯한 도와 관련된 법을 의미합니다. 도에 대한 통찰지혜는 알아차리는 매 순간 일어납니다. 수행자는 존재의 세 가지 특상3)에 대한 완전한 통찰지혜를 얻음으로써 열반을 성취합니다. 그러므로 지금 이 자리에서 열반을 실현하려면 위빠사나 수행을 하는 것이 중요합니다. 아직 위빠사나 수행을 할 수 없는 수행자라면 위빠사나 수행의 기본이 되는 근본도根本道에 초점을 맞춰야 합니다. 이 근본도는 업에 대한 믿음에서 비롯한 선행善行을 의미합니다. 다른 의미로는 열반을 성취하겠다는 소망을 가지고 보시와 지계 등을 실천한다는 것입니다.

---

3   세 가지 특상[三特相]으로 옮긴 띠락카나(ti-lakkhaṇa)는 세 가지 보편적 속성을 말한다. 구체적으로는 오온과 모든 유위법의 보편적 속성인 무상, 고, 무아를 의미한다. 빨리어 경전은 오온의 개념적 존재를 분석하고 분해해서 드러나는 무상, 고, 무아를 철견할 때 열반을 실현한다고 되어 있다. 그래서 유위법의 무상을 꿰뚫는 것을 무상해탈(無相解脫)이라 하고, 고를 꿰뚫어 실현하는 것을 무원해탈(無願解脫)이라 하며, 무아를 꿰뚫어서 실현한 것을 공해탈(空解脫)이라 한다. 우리에게 익숙한 삼법인(三法印)이라는 용어는 경전과 주석서에 없는 용어다. 법인(法印)이라는 말은 산스크리트어 다르마무드라(dharma-mudra)의 번역어로 설일체유부(設一切有部)의 율장(律藏)에서 사용하다가 나중에 대승불교에서 그대로 받아들인 것으로 추측된다.

근본도, 예비단계의 도, 성스러운 도는 열반에 이르는 세 가지 도입니다. 특히 수행자는 이 성스러운 도가 바람직하고 소중한 것이며 잘 받들어야 할 법이라는 사실을 알고 있어야 합니다. 이런 인식을 갖고 있어야 위빠사나 수행을 위해 부단한 노력을 할 수 있습니다. 또한 수행자는 위빠사나의 도를 고귀한 법으로 받아들이고 그 수행법을 알고 있어야 합니다.

어떤 사람들은 열반으로 가는 방법을 모릅니다. 더구나 그들은 열반을 성취하기 위한 다른 사람들의 선한 행위를 대수롭지 않게 봅니다. 또 어떤 사람들은 위빠사나 수행을 제대로 해본 적도 없으면서 다른 사람의 가르침과 수행을 헐뜯습니다. 어떤 이들은 잘못된 방법에 집착하여 바른 수행법을 비난합니다. 이 사람들은 모두 무명을 가지고 있기 때문에 바른 도를 알지 못하고 잘못된 생각을 하고 있습니다. 보시, 지계, 수행[4]이 열반으로 인도한다는 것을 모르는 것이 무명이고, 보시 등의 선한 행위가 자신의 이익에 도움이 되지 않는다는 생각도 무명입니다. 그중에서도 더 부정적인 것은 바른 명상 수행법에 대한 무지와 환상입니다.

---

4   경전에서는 보시(布施, dāna), 지계(持戒, sīla), 수행(修行, bhāvanā)을 공덕행의 토대라고 한다. 『앗타살리니(Atthasālinī)』는 이를 좀 더 세분하여 이 세 가지 외에 공경(恭敬), 가까이 섬김[奉仕], 회향(廻向), 타인의 덕을 따라 기뻐함[隨喜], 법을 가르침[說法], 법을 들음[聞法], 자기의 견해를 바로 잡음 등 열 가지를 들고 있다.

바른 도를 모른다는 것은 가장 지독한 무명입니다. 왜냐하면 이 무명은 선한 행위를 보는 눈과 판단력도 제대로 가질 수 없게 하고, 성스러운 도와 열반은 말할 것도 없고 인간의 행복이나 천상의 지복조차 얻지 못하도록 폐해를 주기 때문입니다. 그러나 대부분의 사람은 무명에서 헤어나지 못하고 있기 때문에 보시, 지계, 수행에 헌신해야 할 필요성을 모르고 있습니다.

마하시 사야도의 12연기

·
3

무명을 원인으로
행行이 일어난다

●

사람들에게 있어서 감각적 쾌락은 행복의 원천이고, 정신과 물질이 소멸한 열반은 바람직하지 못하며, 열반에 이르는 길은 험난하고 고통스럽기만 합니다. 그래서 생각과 말과 몸으로 하는 세 가지 행위를 통해 욕망을 채우려고만 합니다. 이런 행위 중에서 어떤 것은 도덕적으로 선할 수도 있고 어떤 것은 선하지 못할 수도 있습니다. 또 어떤 사람은 내생의 행복을 위해 보시 등을 행하는 반면에 어떤 사람은 부자가 되기 위해 남을 속이고 강도짓을 할 것입니다.

빨리어로 업(kamma[1])은 행(saṅkhāra[2])과 같은 뜻입니다. 행에도 생각으로 짓는 행, 입으로 짓는 행, 몸으로 짓는 행의 세 가지가 있습니다. 그리

---

1   업(業)으로 번역되는 깜마(kamma)는 일반적 의미의 행위 중에서 의도(cetanā)가 개입된 행위를 말한다. 부처님께서는 증지부에서 "비구들이여, 나는 의도적인 행위를 업이라고 말한다. 몸과 말과 마음으로 의도하고 나서 업을 짓는다"라고 하셨다.

2   행(行)으로 번역되는 상카라(saṅkhāra)는 의도적 행위, 마음의 형성력, 업의 형성력, 형성된 것[有爲法]이라는 의미를 가진다. 경전에는 행은 다음 네 가지 의미로 나타난다. 첫째, 제행무상(諸行無常)이라고 할 경우의 제행은 열반을 제외한 모든 물질적 · 정신적 유위법을 의미한다. 이때는 '형성된 것', 즉 유위법에 가까운 뜻이 있다. 둘째, 오온인 색수상행식(色受想行識) 중에서 행온(行蘊)은 논장에서 말하는 52가지 마음의 작용[心所法] 중에서 수와 상을 제외한 나머지 50가지 행을 모두 포함한다. 이 경우의 행은 선하거나 불선한 심리현상인 정신적 작용으로 이해해야 한다. 셋째, 12연기의 두 번째 구성 요소인, 무명을 원인으로 행이 일어난다[無明緣行]라고 할 때의 행은 공덕행, 비공덕행, 부동행과 같이 업의 형성력이라는 의미가 있다. 이 경우의 상카라는 업(kamma)이라는 뜻으로 쓰이고 의도(cetanā)와 동의어로 간주한다. 넷째, 몸과 말과 마음으로 짓는 세 가지 행위인 신행(身行), 구행(口行), 의행(意行)은 12연기에서 말하는 업의 형성력, 의도적 행위로 볼 수 있다. 이는 각각 신업, 구업, 의업의 삼업(三業)과 같은 의미다.

고 행은 먼저 의도cetanā가 있어야 이루어집니다. 의도는 무언가를 생각하고, 충동하거나 자극하는 기능이 있기 때문에 모든 행위의 주요 동기가 됩니다. 살생을 하거나 보시를 하는 경우에도 의도가 작용합니다. 수행자는 알아차림을 통해서 그 의도의 본성을 경험으로 알게 됩니다.

다른 의미에서 행은 세 가지가 있습니다. 선업의 과보를 만드는 공덕행功德行과 불선과보를 만드는 비공덕행非功德行, 그리고 선한 무색계선정으로 인도하는 부동행不動行이 있습니다. 이 부동행은 한마디로 흔들림이 없는 무색계선정無色界禪定을 의미합니다. 색계선정色界禪定과 욕계의 선과보를 만드는 모든 선행을 공덕행이라고 합니다. 여기서 공덕이라는 의미인 뿐냐puñña는 깨끗이 하다 또는 정화한다는 의미가 있습니다. 비누로 몸에 있는 때를 씻어내는 것처럼 우리는 보시, 지계, 수행을 통해 업의 더러움을 제거해야 합니다. 이러한 선행은 현생과 내생에 행복과 번영을 가져다줍니다. 공덕은 또 다른 의미로 선행을 한 사람의 소원을 성취시켜줄 가능성이 있다는 뜻이 있습니다. 선행은 건강, 장수, 부귀 등 다양한 소원을 이룰 수 있도록 도와줍니다. 만약 열반을 성취하겠다는 목적에서 이런 선행을 한다면 그 목표를 이룰 수 있는 삶을 살게 될 것이며, 마지막 생에 이르기까지 행복과 안녕을 보장받을 것입니다.

실행實行한다는 의미의 아비상카라abhisaṅkhāra는 자신의 행복을 위해

무언가 노력한다는 것입니다. 이는 선과보를 가져올 수도 있고 불선
과보를 가져올 수도 있습니다. 그러므로 공덕행은 선과보를 가져오는
선행입니다. 욕계 선행에는 여덟 가지가 있고, 색계 선행에는 다섯 가
지가 있습니다. 이러한 모든 선행은 보시, 지계, 수행의 세 가지로 요
약할 수 있습니다.

즐겁게 보시하는 것은 선한 마음을 의미하는 것으로, 선업의 과보가
아주 큽니다. 그러므로 보시자는 보시를 하기 전에도, 하는 동안에도,
하고 난 후에도 기뻐해야 합니다. 경전에서도 이렇게 한 보시는 대단
한 선업의 과보를 받는다고 알려져 있습니다. 또한 이때 보시자의 마
음이 덤덤한 평정upekkhā[3]의 상태일 수도 있는데, 이때 그 마음이 청
정하다면 이 보시행은 선과보를 받을 가능성이 높습니다. 업에 대한
믿음을 가지고 보시 행위를 하는 것은 잘한 일입니다. 그 결과로 탐
욕, 악의, 어리석음의 성향[4]이 없는 재생을 하게 될 것입니다. 도덕적

3 　평정으로 옮긴 우뻭카(upekkhā)는 위에서 내려다본다는 의미가 있다. 선입견이나 편견에 흔들
리지 않는 평온하고 공평무사하며 고결한 정신적 특성을 가진다. 선과 악, 좋아하고 싫어함, 있음과 없
음, 즐거움과 괴로움 등에 흔들리지 않고 이것들을 여읜 마음이라고 해서 버릴 사(捨) 자를 쓴다. 경전
에서 우뻭카는 크게 두 가지로 쓰이는데, 삼선정과 사선정의 경지를 표현하는 경우가 있고 자애, 연민,
더불어 기뻐함, 평온의 사무량심(四無量心)을 말할 때 네 번째 마음가짐으로 쓰이는 경우가 있다.

4 　성향으로 옮긴 짜리따(carita)는 '행동, 성향, 처신, 기질' 등의 의미가 있다. 여기서는 중생이 가
지는 성벽이나 기질을 뜻한다. 중생의 기질은 전생의 업에 따라 각기 다르다. 주석가들은 재생연결식
의 생산업(janaka-kamma)에 따라 기질이 결정된다고 한다. 『청정도론』에서는 ① 탐하는 기질 ② 성내
는 기질 ③ 어리석은 기질 ④ 믿는 기질 ⑤ 지적 기질 ⑥ 사색하는 기질 등 여섯 가지로 분류하고, 이렇
게 다양한 근기에 맞게 설해진 부처님의 법문을 방편설 또는 대기설법이라 한다.

가치에 대한 인식도 없고 업의 과보에 대한 믿음도 없이 보시행을 한다면, 선하기는 하지만 지혜가 없기 때문에 높은 지혜를 갖고 태어나지 못합니다. 이런 보시로는 살아가면서 선과보는 받겠지만 다음 생에 도道를 얻을 수 있을 만큼의 지혜를 갖추지는 못합니다.

또한 어떤 사람은 다른 사람의 권유에 의해서가 아니라, 자발적으로 선한 행위를 할 수도 있고, 또 어떤 사람은 유발되어서 선한 행위를 할 수도 있습니다.⁵⁾ 이 두 가지 선행 중에서 자발적으로 한 선행이 더 큰 과보를 받습니다. 앞서 언급한 네 가지 선행을 나중에 설명한 두 가지 특성으로 보면, 우리는 모두 여덟 가지 욕계의 선한 마음⁶⁾이 있음을 알 수 있습니다. 우리가 선행을 할 때는 언제나 이들 선법善法 중 하나에 자극을 받아서 그렇게 행하는 것입니다. 우리가 집중수행이나 명상수행을 할 때는 이런 여덟 가지 선법을 가지고 시작해야 합니다.

수행은 선정에 이르게 하는 것으로 수행자가 집중을 잘 계발하면 색계선정을 얻습니다. 선정은 정신적인 훈련으로 대상에 마음을 집중하여 하나가 되는 것心一境性⁷⁾을 의미합니다. 사마타 선정은 고요함을 얻

5　자발적으로 선행을 하면 자극받지 않은 선법(asaṅkhārika-kusala)이라 하고, 유발되어서 한 선행은 자극받은 선법(sasaṅkhārika-kusala)이라고 한다. 이 경우 상카라(saṅkhāra)는 '자극하는, 고무하는, 야기하는'의 의미와 '방편을 적용하는'이라는 뜻이 된다. 자극이나 권유 없이 스스로 일어난 마음을 자극받지 않은 마음이라 하고, 자극이나 방편에 의한 권유로 일어난 마음을 자극받은 마음이라 한다.

6　욕계 선한 마음(kāmāvacara-kusala-cittā)은 ① 기쁨과 평온의 느낌 ② 지혜의 있고, 없음 ③ 자극의 있고 없음이라는 세 가지 원칙에 기초하여 여덟 가지 유형으로 구분된다.

기 위한 집중입니다. 선정으로 얻은 집중은 바람이 불지 않는 공간에서 타오르는 불꽃과 같습니다. 경장에서는 색계선정을 네 가지 단계로 말하지만, 논장에서는 다섯 가지로 나누고 있습니다.

선하지 못한 업

공덕행의 반대는 비공덕행[8]인 불선업을 형성하는 행입니다. 이런 부도덕한 행위는 악처[9]에 태어나게 하고 사람으로 나도 용모가 추하거나 병약한 몸으로 태어나게 됩니다. 이런 불선심은 모두 열두 가지로서 탐욕에 뿌리를 둔 마음 여덟 가지, 성냄에 뿌리를 둔 마음 두 가지, 어리석음에 뿌리를 둔 마음 두 가지, 이렇게 모두 열두 가지입니다.

탐욕에 뿌리를 둔 법은 사견과 결부된 네 가지와 사견과 결부되지 않

---

7   심일경성(心一境性)의 원어인 cittassa-ekaggatā는 마음이 대상과 하나가 된 상태를 말한다. 경전에서 말하는 색계선에서 초선(初禪)은 일으킨 생각[尋, vitaka], 지속적 고찰[伺, vicāra], 희열[喜, pīty], 행복[樂, sukha]의 네 가지 요소를 가지고 있다. 이선(二禪)은 일으킨 생각과 지속적 고찰이 가라앉고 희열과 행복만 있고, 삼선(三禪)은 행복만 있으며, 사선(四禪)은 행복도 사라지고 평온이 완성된다. 이 네 가지 마음이 대상 한곳에 집중된 상태를 에까가따(ekaggatā)라 한다. 경장에서는 사종선(四種禪)이라 하는데 논장에서는 이를 다섯 가지로 분류하여 오종선(五種禪)이라고 한다. 기본적으로는 이렇게 집중된 상태를 삼매(samādhi)라 한다

8   『청정도론』에 따르면 공덕행은 보시, 지계 등으로 생긴 여덟 가지 욕계의 유익한 의도와 수행으로 생긴 다섯 가지 색계의 유익한 의도 등 열세 가지 의도를 포함하고 있다. 비공덕행은 살생 등으로 생긴 열두 가지 불선한 의도이고, 부동행은 수행으로 생긴 네 가지 무색계의 선한 의도이다. 이처럼 세 가지 행은 스물아홉 가지 의도를 말한다.

은 네 가지로 구성되어 있습니다. 사견과 결부된 네 가지 법 중에서 두 가지는 '기쁨이 함께하는 자발적인 법'이고, 나머지 두 가지는 '기쁨이 함께하는 자극받은 법'입니다. '평정이 함께하는 불선법'도 위와 같은 방법으로 분류할 수 있습니다. 두 가지는 '탐욕에 근거하지만 기쁨이 있고 사견이 없는 법'이고, 나머지 두 가지는 '탐욕에 근거하지만 기쁨이 없고 사견이 있는 법'입니다.

모든 업은 탐욕에 뿌리를 둔 법, 여덟 가지 중 한 가지를 그 특징으로 합니다. 성냄에 뿌리를 둔 법은 '자극이 있는 업'과 '자극이 없는 업'의 두 가지가 있습니다. 성냄에 뿌리를 둔 마음은 분노, 낙담, 두려움, 혐오 등의 주요 원인입니다.

9   악처(惡處)로 옮긴 아파야(apāya)는 고통과 비참함이 즐거움보다 훨씬 더 많은 세계로 불선업을 지은 이들이 태어나는 곳이다. 여기는 지옥, 아귀, 축생, 아수라의 네 가지 세계가 있다. 사악도(四惡道), 사악취(四惡趣)라고도 한다. ① 지옥(地獄, niraya)은 서른한 가지 중생계의 가장 낮은 곳에 위치한 세계로서 전생의 악업의 대가로 극심한 고통만이 있는 곳이다. ② 아귀(餓鬼, peta)는 사는 영역이 따로 없이 숲이나 습지, 묘지 등 인간이 사는 세계에 같이 산다. 인간의 육안으로는 보이지 않지만 간혹 스스로 모습을 드러낼 수도 있고 천안(天眼)으로 보이기도 한다. 아귀는 네 가지 종류의 삶이 있는데 이 중 한 종류는 살아 있는 친척들이 자신의 이름으로 행한 공덕을 나누어줄 때 그 공덕을 누리거나 더 나은 선처로 갈 수 있다고 한다. 그래서 제사에서 후손들이 올리는 음식을 기다리는 자란 의미에서 '굶주린 귀신'인 조령신(祖靈神)이라고도 한다. ③ 축생(畜生, tiracchānayoni)은 서로 죽고 죽이는 약육강식의 법칙이 지배하는 곳에 살기 때문에 사랑, 연민이나 기타 영적인 가치가 들어설 자리가 없고 대부분 고통과 두려움에 휩싸여 죽기 때문에 다시 악처에 태어날 확률이 크다. 물론 경우에 따라서는 동물도 선한 마음을 일으켜서 인간계나 천인계에 태어나기도 한다. ④ 아수라(阿修羅, asura)는 유희하거나 빛을 발하지 못하는 존재라는 의미로 두 가지가 있다. 하나는 제석(Sakka)을 왕으로 하는 삼십삼천의 천인들과 싸우는 존재로서의 천인 아수라가 있고, 악처에 속하는 아수라가 있다. 이들은 괴물처럼 생기고 집채만 한 배에 입이 너무 작아 제대로 먹거나 마실 수 없는 일종의 아귀이다. 이 중에서 깔라깐지까(Kālakañjika)가 가장 비참하고 고통이 심한 중생이다.

의심과 들뜸[10]은 두 가지 종류의 '어리석음에 뿌리를 둔 마음'입니다. 의심은 불, 법, 승, 계율, 집중, 내생 등에 대해 의심하는 것입니다. 들뜸은 주의가 산만하고 멍한 상태를 가리키는 것입니다. 마음은 수행을 통해서 제어되지 않으면 좀처럼 고요함을 갖지 못하고 대개는 이리저리 방황합니다. 그러나 들뜸은 악처로 떨어지는 원인이 아니라고 합니다. 나머지 열한 가지 불선법은 어떤 상황에서는 악처에 떨어지기도 하고 또 좋은 곳에 재생한다 하더라도 대체로 병약한 몸을 받는 등 악업의 과보를 받고 태어납니다. 이들 열두 가지 종류의 불선한 의도를 비공덕행이라고 합니다.

이 세상 모든 사람은 행복을 바랍니다. 그래서 현생이나 다음 생의 물질적 복리를 위해 노력합니다. 하지만 그 대부분은 탐욕과 성냄을 특성으로 하고 있습니다. 선한 마음은 좋은 친구를 사귀고 법을 들으며 합리적인 사유를 하는 사람에게서만 일어납니다.

이기적인 스승에게 잘못된 가르침을 받은 사람들은 도덕적으로 나쁜 길로 들어섭니다. 부처님 당시 한 재가자는 선한 비구를 헐뜯었기 때문에 죽은 후 생전에 자신이 보시한 사원의 변소에 사는 아귀가 되

---

10   들뜸으로 번역되는 웃닷짜(uddhacca)는 '위로 가버린 상태, 올려진 상태'를 뜻하며 들뜨고 흥분되고 불안한 마음 상태를 나타낸다. 한문으로는 도거(掉擧)라 한다. 경전에서는 들뜸을 다섯 가지 장애 중 네 번째로 후회(kukkucca)와 같이 쓰인다. 또한 들뜸은 열 가지 족쇄 중 아홉 번째에 해당하는 것으로 아라한이 되어야 완전히 소멸한다.

었습니다. 그 아귀는 천안天眼으로 자기를 알아본 목갈라나 존자[11]에게 자기가 지은 악업에 대해 말했습니다. 내생의 행복을 위해 물질적으로 승가[12]에 보시했지만 스승의 잘못된 지도로 악도에 빠진 이 사람의 운명은 참으로 가혹합니다. 이 이야기는 우리가 찾아야 할 스승은 학식뿐 아니라 선한 성품도 함께 지녀야 한다는 것을 보여주고 있습니다. 선한 사람의 특징은 다른 사람을 해롭게 하려는 행동과 말과 생각을 삼가는 것입니다. 선한 사람이나 비구들을 가까이하는 사람은

11　목갈라나(Moggalāna) 존자는 라자가하(Rājagaha)의 꼴리따 마을의 바라문 가문에서 태어나서 꼴리따(Kolita)라고 불렸는데, 목갈라나란 이름은 어머니의 이름을 딴 것이다. 그가 태어난 날에 사리뿟따도 우빠띳사 마을에서 태어나 어릴 적부터 둘은 절친한 사이였다. 하루는 자신을 따르는 바라문 젊은이들과 함께 산마루 축제를 보러 갔다가 갑자기 삶의 덧없음을 느끼고 함께 출가하여 사문이 되었다. 처음에는 사리뿟따와 함께 불가지론(不可知論)을 펴는 산자야의 문하에서 공부했지만 사리뿟따로부터 앗사지(Assaji) 존자의 연기법의 게송을 전해 듣고 수다원과를 얻었다. 그러고는 사리뿟따와 함께 승가에 들어와 부처님의 상수제자가 되었다. 부처님께서는 「제분별경(諸分別經, Saccavibhanga Sutta)」에서 두 존자를 비구들이 본받아야 할 이상적인 제자라고 하면서 "사리뿟따는 아이를 낳는 어머니와 같고 목갈라나는 갓난아이를 돌보는 유모와 같다. 사리뿟따는 제자들을 가르쳐 수다원에 들게 하고 목갈라나는 더 높은 단계로 이끌어 올려준다"라고 각각의 역할을 구분하여 설명하셨다. 주석서에 따르면 목갈라나 존자가 고따마 부처님의 상수제자가 된 것은 1아승지 10만겁 전 아노마닷시(Anomadassi) 부처님 당시 시리왓다나라는 바라문으로 있을 때 사리뿟따의 전신인 사라다와 함께 미래 부처님의 상수제자가 되고자 원을 세웠기 때문이라고 한다. 목갈라나 존자는 신통력에서 으뜸이어서 살아 있는 형상을 무한대로 만들 수 있고, 어떤 형태로도 변신할 수 있으며, 수미산을 강낭콩처럼 으깨버리거나 지구를 손가락으로 돗자리처럼 둘둘 감거나 물레바퀴처럼 돌릴 수도 있었다고 한다. 때로는 세존의 명을 받아 비구들은 물론 제석천왕이나 범천의 처소에 가서 신통을 부려 수행에 도움이 되도록 했다. 그러나 나형외도들의 사주를 받은 도적들에 의해 죽임을 당했다. 그의 신통으로 도적들의 공격을 두 번까지는 피할 수 있었지만 세 번째 가서는 전생에 부모를 죽인 과보로 신통이 통하지 않았다고 하는데, 어쨌든 잘게 썬 볏짚처럼 부서진 몸을 다시 추스린 목갈라나는 공중으로 치솟아 부처님께 가서 인사를 드리고 나서 반열반에 들었다.

12　승가(僧伽)로 음역한 상가(saṅgha)는 같은 목적을 가지고 함께 모인 집단을 뜻하며 불교 초기에는 비구, 비구니뿐만 아니라 남녀 신도를 포함한 수행자 모두의 모임을 뜻했다.

선법을 들을 기회가 있을 것이고, 그런 사람이 지혜로운 생각을 한다면 선업으로 이어질 것입니다.

반면에 나쁜 스승이나 친구, 그릇된 가르침과 부적절한 생각 등으로 도덕적 붕괴를 가져올 수도 있습니다. 처음에는 아무 결점이 없던 사람이 타락한 생각을 하면서 파멸의 길로 들어선 사람들이 있습니다. 그들은 도둑질, 강도, 횡령 등의 죄를 짓고 오랫동안 쌓았던 그간의 명성을 단번에 영원히 잃었습니다. 이 모든 괴로움은 행복에 대한 환상에서 비롯합니다. 기대와 다르게 곤경에 빠진 것을 알았을 때는 이미 너무 늦었습니다. 어떤 악행은 즉시 업보로 나타나지 않지만 결국 때가 되면 고통을 겪게 되어 있습니다. 만약 악행을 저지른 자에 대한 과보가 지금 이 자리에 떨어지지 않는다면, 사원에 보시를 했지만 말을 잘못한 과보로 아귀가 된 경우에서처럼, 그 과보가 다음 생으로 넘어갑니다. 오랫동안 쌓았던 그간의 명성이 단번에 영원히 무너진 것입니다.

제자를 잘못 지도한 스승은 죽은 후에 더 나쁘게 되었습니다. 그 제자보다 더 낮은 곳에 자리 잡고 앉아 그의 배설물을 먹고 살아야 했습니다. 악업의 과보는 참으로 끔찍합니다. 자기 자신을 위해 저지른 일이지만 거꾸로 자기를 덮쳐서 무서운 고통을 받아야 했습니다.

밀림에 사는 어떤 부족들은 풍작과 안전 등을 기원하며 신에게 동물

마하시 사야도의 12연기

을 제물로 바칩니다. 이러한 원시적인 신앙은 도시에 사는 일부 사람들에게도 아직 남아 있습니다. 어떤 사람들은 토속신인 낫Nat[13])을 부처님처럼 숭배합니다. 또한 종교적인 공양의식에서 동물을 잡아 손님을 접대하는 사람들도 있습니다. 일부 어리석은 불교 신자들조차도 이런 관행에 혹시나 하는 마음을 갖고 있습니다. 보시자의 목적이 무엇이든 살생은 나쁜 과보를 가져오게 되고, 살생한 사람의 믿음과는 달리 그것은 선한 행위가 아닙니다.

선행은 도덕적으로 청정하다는 것을 특징으로 합니다. 희생자와 처지를 바꿔놓고 본다면 생명체를 죽이거나 다치게 하는 것은 어떤 경우에도 청정하다고 할 수 없습니다. 피해자는 단지 피할 수 없다는 이유로 죽음을 당하거나 학대를 견뎌내야 합니다. 피해자는 처지만 바뀌면 반드시 보복할 것입니다. 어떤 사람들은 복수심으로 제발 그 살인자가 다음 생에는 살해를 당하기를 바라고 그 악행으로 지옥에서 고생하기를 기원합니다. 경장에는 살생의 과보에 대한 예가 많이 나옵니다.

어떤 사람들은 인간이나 천인으로 태어나기 위해 스스로 보시, 지계, 수행에 전념합니다. 그들은 그 선행으로 뜻을 이루고 내생에 유복한 삶을 살게 되지만 그런 삶을 살 때마다 늙고 병드는 것은 피할 수 없

---

13 낫(Nat)은 오랫동안 미얀마인의 인생관과 우주관을 지배해온 민간 토착신앙 대상으로 '정령'이나 '귀신' 등을 의미한다. 토지, 나무, 산, 하천 등의 자연 정령과 마을 수호신, 택지 수호신, 도로 수호신 등 다양한 의미의 개인 및 지역의 수호신을 포함한다.

습니다. 인간의 삶이란 건강이 악화되어 마음의 고통을 받도록 되어 있습니다. 어떤 사람들은 범천계에 태어나기를 간절히 원하며 선정수행을 합니다. 그들은 여러 겁을 범천으로서 행복하게 살 것입니다. 그러나 범천의 삶이 끝나면 인간이나 천인으로 재생할 것이며, 과거에 저지른 악행으로 악처에 태어날 수도 있습니다. 범천의 영화도 환상에 불과합니다.

행복에 대한 환상은 범부에게만 국한된 것이 아닙니다. 괴로움을 즐거움이라고 착각하는 전도된 무명[14]은 수다원과 사다함의 단계에서도 여전히 사라지지 않으며, 심지어 아나함의 단계에서도 수행자는 색계와 무색계의 삶을 더없는 행복으로 잘못 알고 있습니다. 그래서 3단계에 들어선 성자들은 선한 행위를 목표로 합니다.

범부의 경우에는 무상한 것을 영원한 것으로, 정신과 물질의 괴로움을 행복으로, 무아를 자아로, 더러운 것을 깨끗한 것으로 생각하는 네 가지 환상常樂我淨[15]에 깊이 빠져 있습니다. 이 환상과 결부된 것이 네 가지 무명입니다. 이런 그릇된 생각과 무지로 인하여 몸으로, 말로, 생각으로 짓는 모든 행위는 선업이나 불선업을 일으킵니다. 선업은

14　여기서 말하는 환상(illusion)은 단순한 환상이 아니라 전도(vipallāsa)와 무명(avijjā)을 함축하고 있는 표현이므로 이를 전도된 인식, 전도몽상(顚倒夢想)이라고도 한다.

15　네 가지 환상을 경전과 『청정도론』 등의 주석서에서는 항상하다. 즐겁다. 자아다. 깨끗하다는 상락아정(常樂我淨)에 대한 네 가지 전도된 인식(vipallāsa-saññā)이라고 한다.

믿음, 알아차림 등과 함께 의도적인 노력이 있을 때 일어납니다. 마음을 그냥 내버려두면 악업을 짓기 쉽습니다.

선업을 부인하는 것은 불선업이다

어떤 사람들은 아라한이 되면 선업도 불선업도 없다는 것을 잘못 해석해서, 선행도 하지 말아야 한다고 말합니다. 범부가 선행을 부인하는 것은 마치 도시로부터 선량한 사람들이 빠져나가면 어리석은 사람들과 불량배들만 남는 것과 같으며, 쓸모 있는 나무를 없애버리면 쓸모없는 풀들과 잡초들만 자라는 것과 같이 불선업만 증가합니다.

선업을 거부하는 사람은 불선행만 하게 되고 그 결과 악처에 떨어질 것입니다. 그러면 인간계로 되돌아오기 어려울 것입니다. 사실 아라한이 선업에서 벗어났다는 것은 무명을 제거했기 때문에 그의 행위가 업을 생성하지 않는다는 것을 의미할 뿐입니다. 실제로 아라한들은 대장로를 공경하고, 설법을 하며, 보시를 행하고, 곤경에 처한 중생을 도와주는 등 많은 선행을 합니다. 그러나 사성제를 완전히 깨닫고 무명을 제거했기 때문에 그들의 선행은 어떠한 과보도 없습니다. 그래서 아라한은 선업을 짓지 않는다는 것이지, 선행을 피하는 것이 아닙니다. 범부가 선행에 마음을 기울이지 않으면 무명과 잘못된 견해로 인해 악처에 떨어질 악업만 지을 것입니다.

사실 선행을 하려는 욕구가 없다는 것은 성스러운 도와 열반과는 거리가 먼, 깊은 무명에 빠져 있다는 표시입니다. 무명이 엷어질수록 마음은 선행 쪽으로 기울어집니다. 수행자가 수다원이 되면 범부였을 때보다 더 많은 선행을 하고 싶어 합니다. 더 높은 단계의 성자들도 마찬가지일 것입니다. 다만 다른 것이 있다면 도와 관계없는 일은 하지 않으려는 욕구가 증가하고, 더 많은 시간을 명상에 쏟으려 한다는 것입니다. 그러므로 선행을 불선행과 하나로 묶어서 일부러 피해서는 안 됩니다. 무명과 결부된 모든 행위는 선업이 될 수도 있고 불선업이 될 수도 있지만, 선업이 없으면 모두 불선업이 될 것입니다.

무명과 환상

진실과 거짓은 서로 배타적입니다. 진실을 모르면 거짓을 받아들이고, 거짓을 모르면 진실을 받아들입니다. 사성제를 모르는 사람들은 괴로움을 행복이라고 오해해서 헛된 희망을 걸고 자신을 억압합니다.

갈애는 충족될 때만 잠깐 즐거움을 줄 뿐, 감각적 세계에 있는 모든 것은 괴로움입니다. 모든 감각대상은 끊임없이 변하고 믿을 것이 못 됩니다. 그러나 무지한 사람들에게는 감각대상들이 좋고 즐거운 것으로 보입니다. 이런 감각대상들은 그때가 좋았다는 향수를 느끼게 하고, 미래에도 좋을 것이라고 낙관하게 합니다. 그 잘못된 생각 때문에 사람들은 삶에서 좋은 것이라고 생각되는 것들을 갈망합니다. 바로 이것이 괴로움의 원인이지만 그들은 이것을 깨닫지 못합니다. 오히려 행복의 척도는 이 욕망을 충족시키는 것에 있다고 생각합니다. 그래서 그들은 감각적 욕망을 바라는 것이 나쁘지 않다고 생각합니다.

사실 괴로움의 소멸의 진리[滅諦]와 괴로움의 소멸에 이르는 도의 진리[道諦]는 대부분의 사람들에게 낯선 것입니다. 이 진리를 다른 사람으로부터 배웠거나 지식으로 받아들인 사람도 그 참된 가치를 알지 못합니다. 그들은 열반이나 열반에 이르는 길에는 관심이 없습니다. 그길은 고난과 궁핍으로 괴로울 수밖에 없을 것이라고 생각합니다.

행복을 바라는 것은 인간이 하는 행위의 주요 원동력입니다. 몸과 말과 생각으로 하는 행위를 업 또는 행이라고 합니다. 우리는 앞서 세가지 행에 관한 것과 함께, 욕계의 여덟 가지 선업과 색계의 다섯 가지 선업으로 구성된 첫 번째 행에 대해서 알아보았습니다. 또한 지혜와 연관된 두 가지 선업(선한 마음)에 대해서도 언급했습니다. 위빠사나 수행을 하는 동안 알아차림을 통해 정신과 물질의 진정한 성품인 무상, 고, 무아를 안다면 수행자의 마음은 지혜로운 것입니다. 그러나 빨리어를 암송하고 피상적인 관찰에 머문다면 지혜로운 것이 아닙니다. 일반적인 도덕적 가치로 보아 업의 법칙에 대한 믿음이 있으면 지혜로운 것입니다.

어떤 사람은 현명한 보시행을 하려면 반드시 보시자와 보시 받는 자, 보시물에 대해 무상·고·무아의 알아차림이 있어야 한다고 말합니다. 이 견해는 보시행을 하고 나서 모든 것의 무상함을 알아차리라고 말한 논장의 주석서, 『앗타살리니*Atthasālini*』를 근거로 한 것입니다. 그러나 이것은 보시행을 하기 전이나 하는 도중이 아니라 보시를 하고 나서 알아차리라는 것입니다. 그 목적은 지혜로운 행을 하기 위한 것이 아니라 위빠사나 수행을 해서 선업을 쌓는 데 있습니다. 알아차림을 전제로 한 보시만이 현명하다고 하면 불교 신자가 아닌 사람이 하는 모든 보시는 지혜롭지 못한 보시라고 해야 할 텐데, 이는 당연히 도리에 맞지 않습니다.

공덕행과 비공덕행

보살들이 보시를 행하면서 알아차렸다는 이야기는 없으며, 부처님도 보시행에 반드시 알아차림이 필요하다고 말씀하신 적이 없습니다. 경전에서는 보시 받는 사람의 정신 수준에 따라 보시의 과보가 다르다고만 말하고 있으며, 보시를 할 때는 가르침만 염두에 두고 있으면 됩니다. 보시하는 사람과 받는 사람을 오직 무상을 조건으로 한 정신과 물질로만 본다면 그 둘은 똑같은 위치가 될 것입니다. 그렇게 되면 보시행의 감동과 선과보에 대한 기대도 떨어질 것입니다.

사실 보시의 목적은 위빠사나의 알아차림이 아니라 보시자가 얻는 이익입니다. 그래서 부처님께서는 누구에게 보시를 해야 커다란 이익이 있는지를 말씀하셨고, 업에 대한 믿음과 같은 바른 숙고의 중요성을 지적하셨습니다.

율장 대품에 나오는 여신도 위사카Visākha[16]는 평생 동안 승가에 여덟 가지 보시를 하게 해달라고 부처님께 요청했습니다. 그것은 ① 비구를 위한 목욕용 가사 ② 객승을 위한 음식 ③ 여행 떠나는 비구를 위한 음식 ④ 병든 비구를 위한 음식 ⑤ 병든 비구를 돌보는 비구용 음식 ⑥ 병든 비구용 약 ⑦ 승가를 위한 쌀죽 ⑧ 비구니를 위한 목욕용 가사 등입니다. 부처님께서는 위사카에게 그런 것들을 보시해서 무슨 이익을 바라느냐고 물었습니다. 그러자 위사카는 이렇게 대답했습니다.

"안거가 끝나면 전국 각 지방에서 비구들이 부처님을 뵈러 올 것입니다. 그들은 세존[17]께 어떤 비구의 죽음을 알릴 것이고, 그러면 그들이

---

16 위사카(Visākha)는 부처님의 재가 여신도로 앙가국의 밧디아에서 태어나 일곱 살 되는 해 그 고장을 방문하신 부처님의 법문을 듣고 수다원과를 얻었다. 남편인 미가라는 니간타 신자였지만 아내를 통해 불법을 접하여 수다원이 되었고, 위사카를 어머님과 같이 공경했기 때문에 그녀를 미가라의 어머니(鹿慈母, Migāra-mātā)라 불렀다. 위사카는 기원정사(祇園精舍) 동쪽에 녹자모강당, 즉 동원정사(東園精舍, Pubbārāma)를 지어 승가에 헌납했고 매일 자신의 집에서 500명의 비구들에게 식사를 대접했다. 세존께서는 위사카를 보시하는 여신도 가운데 으뜸이라고 칭찬하셨다.

17 세존의 원어는 바가완(Bhagavan)으로, 바가(bhaga)는 '복, 행운'을 뜻하기 때문에 Bhagavan이라고 하면 복 있는 분이라는 뜻이다. 이것을 한문으로는 세존(世尊)이라고 한다.

어디에 다시 태어났는지, 어느 단계의 성스러운 도를 성취했는지 여쭈어볼 것입니다. 세존께서는 그 비구들의 정신적인 성과를 알려주실 것입니다. 그러면 저는 방문한 비구들에게 다가가서 작고한 비구가 사왓티Sāvatthi[18]를 방문한 적이 있느냐고 물을 것입니다. 그렇다고 대답하면 저는 지금 수다원이나 혹은 다른 단계의 도과를 얻었을 그 성자가 틀림없이 제 공양을 받은 분이라고 확신할 것입니다. 이렇게 지나간 선업을 회상한다는 것은 저를 기쁨으로 가득 차게 할 것입니다. 그것은 평화와 고요함, 자기 계발에 도움이 될 것입니다."

여기서 주목해야 할 것은 작고한 비구의 정신과 물질에 대한 무상을 명상하는 것이 아니라, 다음 생의 업적이 될 정신적 성과를 말한다는 사실입니다. 희열과 자기 계발 훈련을 돕는 명상에 중점을 두는 것입니다. 그러므로 보시하면서 알아차릴 가장 적절한 대상은 보시 받는 사람의 고귀한 덕성입니다. 예를 들어 불상 앞에 꽃을 바칠 때에는 부처님의 고귀한 성품을, 비구에게 음식 등을 보시할 때는 그분의 청정한 삶을 생각하는 것입니다.

법문을 설하거나 듣는 것은 선업이고, 그 법문을 이해한다면 지혜로

18　사왓티(Sāvatthi)는 꼬살라국의 수도였다. 꼬살라는 부처님의 당시 인도의 16개국 가운데 하나였으나 16개국이 서로 병합되면서 나중에는 마가다와 꼬살라, 두 나라로 통일되었다. 부처님 때는 빠세나디(Pasenadī) 왕이 꼬살라를 통치했고, 그의 아들 위두다바(Viḍūḍabha)가 계승했다. 부처님은 말년에 24년 정도를 이곳 사왓티의 기원정사에서 머무셨다.

운 행위입니다. 업에 대한 믿음으로 행하는 모든 선행은 지혜로운 업입니다. 믿음이 없는 선행은 선하지만 지혜로운 것은 아닙니다. 이는 어린이가 어른을 따라 불상에 절을 하는 선행이나, 업에 대한 믿음은 없지만 남을 돕고 공손하며 관대한 사람들의 선행과 같습니다.

다섯 가지 색계 선법은 다섯 가지 선정禪定과 연결되어 있습니다. 그것은 오직 선정에 이르는 사마타 수행을 통해서만 얻을 수 있습니다. 욕계의 여덟 가지 선법과 색계의 다섯 가지 선법은 공덕행입니다. 공덕이 되지 않는 행위, 즉 불선행은 열두 가지 불선심입니다. 여기서 행은 의도를 뜻합니다. 열두 가지 불선행 중에서 여덟 가지는 탐욕에, 두 가지는 성냄에, 나머지 두 가지는 어리석음에 뿌리를 두고 있습니다.

'탐욕'에 뿌리를 둔 마음은 여덟 가지인데 네 가지는 탐욕과 함께 기쁨이 있고, 다른 네 가지는 탐욕과 함께 기쁨이 없는 마음입니다. 기쁨과 탐욕이 있는 네 가지 마음 중에서 두 가지는 사견이 있는 마음이고, 나머지 두 가지는 사견이 없는 마음입니다. 사견이 있는 마음 중 하나는 자극받아 유발된 마음이고 하나는 자극받지 않은 마음입니다.

사견에는 자아가 있다고 믿는 유신견有身見, 자아가 영원히 존재한다는 상견常見, 자아는 선행이나 악행에 대한 어떤 과보도 없이 소멸한다는 단견斷見의 세 가지가 있습니다. 유신견에서 자유로운 사람은 거의 없습니다. 삶은 정신적·육체적인 과정일 뿐, 영혼이나 존재가 아니라는 사실을 모르면 유신견의 지배를 받습니다. 불교 경전에 대한 약간의 지식이라도 있는 사람은 이런 사견이 좀 덜하지만, 그런 경전 지식만으로는 유신견을 완전하게 극복하는 데 도움이 되지 않습니다.

알아차림을 통해서 정신과 물질의 성품을 꿰뚫어 아는 통찰지를 가진 수행자는 대체로 유신견에서 자유롭습니다. 하지만 그들도 도를 이루기 전에 알아차림을 중지한다면 다시 유신견으로 돌아갈 것입니다. 범부들에게는 유신견의 뿌리가 깊기 때문에 무엇을 행하고, 느끼고, 생각할 때는 언제나 자신 혹은 자아라는 행위자가 있다고 생각합니다. 죽으면 완전히 소멸한다는 믿음으로 내생과 업을 부정하는 사람들도 허무주의와 결부된 불선심을 가지고 있습니다.

성냄에 뿌리를 둔 마음은 자극받은 마음과 자극받지 않은 마음 두 가지가 있습니다. 하지만 이 성냄에는 분노, 질투, 걱정, 비탄, 두려움 등 여러 가지 마음이 있습니다.

어리석음에 뿌리를 둔 마음에는 '의심'과 '들뜸'이 있습니다. 의심은 부처님, 열반, 무아 등을 의심하는 것입니다. 마음이 이리저리 방황하여 들뜸이 있으면 의심을 하게 되어 있습니다.

그래서 비공덕행은 탐욕에 뿌리를 둔 여덟 가지 마음, 성냄에 뿌리를 둔 두 가지 마음, 어리석음에 뿌리를 둔 두 가지 마음을 의미합니다. 이는 공덕행과 반대되는 행위입니다. 공덕행은 정신과 물질을 청정하게 하여 선과보를 받아 좋은 곳에 태어나도록 하고, 비공덕행은 정신과 물질 과정을 오염시켜 불선과보를 받아 나쁜 곳에 태어나도록 합니다.

사람들은 자신의 행복을 위해 악행을 저지릅니다. 그들은 잘살기 위해서 죽이고, 훔치고, 빼앗으며 때로는 법정에서 거짓 증언을 합니다. 심지어 제 부모를 죽이는 사람들도 신의 목적을 달성하기 위해 그런 행동을 한다고 합니다. 예를 들어 아자따삿뚜[19] 왕자는 왕이 되기 위해 부왕을 죽였습니다. 스승인 데와닷따Devadatta[20]의 사주를 받은 그는 부왕을 제거하고 그 자리를 차지하면 오랫동안 왕으로서의 삶을 즐길 수 있을 것이라고 판단했습니다. 수다원인 아버지를 죽인 무거운 죄로 인해 그는 후회와 불안에 사로잡혀 몸의 병까지 얻었습니다. 그는 후에 자기 아들의 손에 죽어 지옥에 태어났으며 지금도 악행으

19　아자따삿뚜(Ajātasattu)는 빔비사라 왕의 아들이었으며 아바야 왕자와는 이복형제 사이다. 『디가니까야』 주석서에는 그가 데와닷따와 역모를 꾸며서 부친을 시해한 사실과 데와닷따가 부처님을 시해하려 했던 사실을 상세히 설명하고 있다. 그는 아버지 빔비사라 왕을 처참하게 죽게 하던 날에 태어난 아들에게 똑같은 방법으로 죽음을 당할까 봐 항상 두려워했지만 결국은 그도 아들에 의해 시해당했다. 주석서에 따르면 부친을 시해하고 잠을 제대로 못 이루던 왕은 지와까를 통해 부처님을 찾아뵙고 법문을 들어 잘못을 참회한 뒤에야 비로소 잠을 이루었다고 한다.

20　데와닷따(Devadatta)는 부처님의 사촌형제로 석가족의 숩바붓다 왕과 아미따 왕비의 왕자로 태어났다. 데와닷따라는 이름은 '천신(deva)에게 바친다(datta)'는 뜻이다.

로 인한 혹독한 고통을 겪고 있습니다.

까꾸산다 부처님 당시, 두시라는 이름의 마라Māra[21]는 부처님과 승
가를 해치려고 갖은 노력을 다했습니다. 하지만 목적을 이루지 못하
자 마라는 한 남자를 홀려서 부처님 다음으로 훌륭한 아라한 제자를
돌로 쳐 죽이게 했습니다. 이 끔찍한 악업으로 마라는 그 즉시 서른한
개 중생계에서 제일 낮은 무간지옥[22]에 떨어졌습니다. 마라였을 때에
는 중생들 위에 군림했지만 무간지옥에서는 지옥지기의 발에 짓밟히
는 신세가 되었습니다. 마라는 못된 욕망을 충족시켜 기쁨을 즐기려
했지만 악업의 대가로 지금의 고통을 받아야 했습니다. 이는 전 세계
어디에서나 악을 행한 자들이 겪는 현실입니다

21   두시(Dūsī)는 까꾸산다 부처님(Kakusandha Buddha) 당시의 마라였다. 두시는 처음에 바라문
들에게, 까꾸산다 부처님의 상수제자인 위두라와 산지와 두 존자를 헐뜯도록 했다. 하지만 비구들의
자비희사의 힘으로 그 시도가 실패하자, 다시 바라문들에게 비구들을 높이 공경하면서 그들을 유혹하
도록 했지만 부처님의 방해로 실패했다. 마침내 두시는 한 소년의 몸에 깃들어 부처님을 모시고 아침
탁발을 나서는 위두라 존자의 머리에 돌을 던져 죽게 하고, 즉시 무간지옥에 떨어졌다. 목갈라나는 자
신의 배에 깃든 마라에게 성자를 해친 죄업이 얼마나 무거운지를 경고하면서 그 두시가 바로 전생의
자신이었음을 밝히고 있다. 초기경과 주석서에 나타난 마라는 크게 세 가지 의미로 쓰였다. 첫째는 사
악함을 의인화한 상징적인 존재로서의 마라이고, 둘째는 대단한 군대와 위력을 행사하는 천인으로서
의 마라이며, 셋째는 세속적인 모든 존재이다. 『상윳따니까야』에서는 오온을 마라라고 한다. 수다원 이
상의 성자가 되기 전에는 항상 마라의 감시를 받는다는 의미다. 그래서 ① 신으로서의 마라 ② 번뇌로
서의 마라 ③ 오온으로서의 마라 ④ 업으로서의 마라 ⑤ 죽음으로서의 마라 등 다섯 가지로 분류된다.

22   무간지옥(無間地獄)으로 번역한 아위찌니라야(Avīci-niraya)는 한순간도 쉴 새 없이 고통을 받
기 때문에 무간지옥 또는 아비지옥(阿鼻地獄)이라고 한다. 주석서들에 따르면 지옥에는 ① 등활(等活)
② 흑승(黑繩) ③ 중합(重合) ④ 규환(叫喚) ⑤ 대규환(大叫喚) ⑥ 초열(焦熱) ⑦ 대초열(大焦熱) ⑧ 무간
(無間) 지옥 등 여덟 가지 대지옥[八熱地獄]이 있는데, 뒤로 갈수록 고통은 더 심하고 무간지옥이 가장
무겁고 무서운 곳이다.

다른 두 가지 형태의 행위인 공덕행과 부동행不動行도 그 주요 동기는 행복을 얻기 위한 것입니다. '부동, 흔들림 없음'이란 의미의 아넨쟈 āneñja는 평온, 즉 침착함을 의미하는 것으로, 부동행을 무색계선정이라고도 합니다. 주변의 시끄러운 소리는 색계선정에 들어 있는 수행자의 선정 상태를 깨뜨릴 수 있습니다. 그러나 무색계선정은 그런 소란에 방해받지 않습니다. 무색계선정에는 ① 공무변처空無邊處 ② 식무변처識無邊處 ③ 무소유처無所有處 ④ 비상비비상처非想非非想處의 네 가지가 있습니다. 이들 네 가지 선정은 네 가지 무색계로 인도하는 행입니다. 비공덕행은 사악도로 인도하고, 공덕행은 인간, 천인, 색계 범천계로 인도합니다.

사람들은 자신의 행복을 위해 이상 세 가지 업을 행하고, 그 결과로 식이 일어납니다. 식을 원인으로 새로운 존재의 정신과 물질, 육입, 접촉 등이 일어납니다.

·
4

행을 원인으로
식識이 일어난다

●

무명을 원인으로 행이 일어나고, 다시 행을 원인으로 식이 일어납니다. 전생의 선업이나 불선업의 결과인 재생연결식[1]을 시작으로 식의 흐름이 생깁니다. 예를 들어 불선행은 네 가지 낮은 세계로 인도할 것입니다. 그다음에는 바왕가찟따bhavaṅga-citta[2]라는 잠재의식潛在意識의 흐름이 일어나는데, 이 마음은 보고, 듣고, 냄새 맡고, 감촉하고, 생각할 때 여섯 가지 '인식 과정의 마음citta-vīthi'이 일어나지 않는다면, 그 기능을 계속합니다. 바왕가는 잠들어 있을 때 갖게 되는 잠재의식과 같은 것입니다. 우리는 죽을 때도 이 잠재의식을 갖고 갑니다. 이때 이것을 죽음의 마음인 사몰심(死沒心, cuti-citta[3])이라고 합니다. 따라서 재생연결식, 잠재의식, 죽음의 마음은 전생의 업이 과보로 나타난 마

1   재생연결식(再生連結識, paṭisandhi-viññāṇa)은 '다시 태어나는 마음'이라는 뜻으로 결생심(結生心), 결생식(結生識)이라고도 하는데 현생과 내생을 연결하는 마음이다.

2   바왕가찟따(bhavaṅga-citta)는 한 개체의 존재 영속성을 유지시키는 마음으로 잠재의식 혹은 유분심(有分心)이라고 한다. 이는 인식 과정에서는 드러나지 않고 잠재된 의식으로서, 아주 미세하고 수동적인 마음이다. 깊은 잠속이나 기절했을 때도 이 의식은 흐르고 있다. 잠재의식은 물질이 한순간 생성 소멸할 때 열일곱 번 일어났다가 사라진다. 즉, ① 과거유분(過去有分, 과거 잠재의식) ② 유분동(有分動, 잠재의식의 동요) ③ 유분단절(有分斷絶, 잠재의식이 끊어짐) ④ 오문전향(五門轉向) ⑤ 오식(五識) ⑥ 영수식(領受識, 받아들이는 마음) ⑦ 판별식(判別識, 조사하는 마음) ⑧ 확정식(確定識, 결정하는 마음) ⑨~⑮ 속행(速行) ⑯~⑰ 보존식(保存識, 등록하는 마음)이 일어나고 사라지는데, 속행은 잠재의식 안에 있는 일련의 과정으로서 ⑨에서 ⑮까지 일곱 번 생멸하는 빠른 마음의 흐름을 말한다.

3   죽음의 마음이라 옮긴 쭈띠찟따(cuti-citta)는 사몰심(死沒心)이라고 하며, 한 존재가 생을 마칠 때 일어나는 마음이다. 이 마음으로 한 생명의 일생은 끝난다. 그렇게 죽은 다음에는 계속해서 재생연결식이 일어나고 다음에는 또 잠재의식으로 연결된다. 이렇게 해서 윤회하는 중생에게 마음의 흐름은 끊임없이 계속된다. 아라한과를 얻은 성자는 사몰심과 더불어 윤회가 끝난다.

음입니다.

다섯 가지의 괴로운 감각대상과 결부된 괴로운 안식眼識, 괴로운 이식
耳識 등 다섯 가지 마음은 다섯 가지 감각대상을 겨냥하고 있는 받아
들이는 마음[領受識]4)과 조사하는 마음[判別識]이 불선업이기 때문에 일
어나는 것입니다. 비공덕행에서 비롯한 마음은 모두 일곱 가지가 있
습니다. 부동행의 경우에는 네 가지 선법이 있기 때문에 그 결과로 네
가지 무색계에서, 처음에는 재생연결식의 형태로, 중간에는 잠재의식
의 형태로, 마지막 죽는 순간에는 죽음의 마음 형태로 과보심5)이 일
어납니다.

마찬가지로 색계 범천계에서 다섯 가지의 색계과보심이 일어나는 것
은 다섯 가지 색계선법이 있기 때문입니다. 또한 욕계의 여덟 가지 선

---

4   받아들이는 마음(sampaṭicchana-citta)에서 받아들임으로 번역되는 삼빠띠짜나는 '동의, 영
수'라는 뜻으로, 대상을 잘 확인하여 받아들이는 작용을 한다. 또한 조사하는 마음(santīraṇa-citta)에
서 싼띠라나는 '조사, 결정, 판단'이라는 의미로, 대상을 받아들여 그것을 조사해서 결정하는 작용을 한
다. 한문으로는 각각 영수식(領受識)과 판별식(判別識)이라고 하는데 이는 오직 안, 이, 비, 설, 신의 오
문전향을 통해서 일어나는 오문인식 과정에서만 나타나고 의문전향에서는 나타나지 않는다. 의문전향
은 마음의 현상을 대상으로 하므로 받아들이고 조사하고 결정하는 역할 없이 직접 속행이 일어난다.

5   과보심(果報心, vipāka-citta)은 업을 짓는 마음이 있어서 그 업의 과보로 일어나는 마음이다.
그리고 업과 과보에 상관없이 일어나는 마음이 있는데 오문전향과 의문전향과 같이 '대상으로 전향하
는' 일종의 기계적인 마음이다. 이것을 단지 작용만 하는 마음(kiriyā-citta)이라 한다. 아라한이 일으키
는 선심도 단지 작용만 하는 마음이다. 아라한의 선심은 그 과보를 가져오지 않기 때문에 업을 짓지 않
는다. 그리고 12연기의 식은 재생연결식도 되고 삶의 전개 과정에서 일어나는 과보심도 된다. 식이 조
건이 되어서 일어나는 명색(名色), 육입(六入), 촉(觸), 수(受)는 모두 이런 과보심인 식과 함께 일어나는
물질과 마음의 작용이다.

업은 이에 대응하는 여덟 가지의 욕계과보심이 있습니다. 이는 인간 계와 욕계천상의 재생연결식, 잠재의식, 사몰심死沒心으로 형성됩니다. 그것들은 또한 보고 들을 때 일곱 번의 속행速行6)이 일어난 후 나타나는 즐거운 감각대상을 '등록'하는 기능도 합니다.

또한 욕계 선업을 원인으로, 다섯 가지 즐거운 감각대상과 연관된 다섯 가지 마음, 받아들이는 마음, 기쁨이 함께하는 조사하는 마음, 평온이 함께하는 조사하는 마음 등 여덟 가지 마음이 있습니다. 이에 따라 과보심에는 불선 과보심 일곱 가지, 무색계 과보심 네 가지, 색계 과보심 다섯 가지, 선 과보심 열여섯 가지 등 서른두 가지가 있습니다. 이 서른두 가지 과보심은 행의 결과입니다.

행에서 어떻게 재생연결식이 일어나는가

행에서 어떻게 재생연결식이 일어나는가의 문제는 대단히 중요하지만 이해하기가 어렵습니다. 레디 사야도Ledī Sayādaw는 연기법의 가르

---

6   속행(速行, javana)은 '재빠름, 신속함'의 뜻으로, 일단 대상이 무엇이라고 결정되고 나면 일어나는 일련의 인식 과정을 모두 속행이라고 하는데, 결정된 대상에 마치 벼락이 치듯 재빠르게 그것을 이해하는 작용을 한다. 일반적인 인식 과정에서 속행은 모두 일곱 번 같은 대상을 가지고 일어난다. 속행의 단계에서는 의도적인 행위가 개입되어 선하고 불선한 마음이 일어난다. 아라한은 번뇌가 다했기 때문에 선심과 불선심을 떠나서 단지 작용만 하는 마음이다. 그러므로 수행의 관점에서 본다면 이 속행 과정에서 지혜롭게 마음을 기울여서 알아차릴 필요가 있다.

침에서 이 부분은 오해의 소지가 많다고 지적했습니다.[7] 아직 번뇌에서 벗어나지 못한 중생들은 마지막 마음인 사몰심과 함께 정신과 물질이 모두 소멸하고, 곧바로 선업이나 불선업의 결과로 재생연결식이 일어나면서 새로운 정신과 물질이 일어난다는 사실을 이해할 필요가 있습니다. 이에 대한 이해가 부족하면 영혼이 환생한다고 믿는 상견常見[8]을 갖거나, 현대 유물론자들의 주장과 같이 죽으면 모든 것이 소멸한다는 단견斷見을 갖게 됩니다.

단견은 죽은 후의 인과관계를 몰라서 생기는 것입니다. 무명이 어떻게 행의 원인이 되고 육입, 접촉, 느낌, 갈애 등이 어떻게 인과관계의 연결고리로 이어지는가는 현실의 삶에서 분명히 드러나기 때문에 알기 쉽습니다. 그러나 죽은 후에 새로운 존재로 태어난다는 것은 확실하지 않기 때문에 죽으면 아무것도 없다는 견해가 생기는 것입니다.

---

7   근세 미얀마가 낳은 뛰어난 스승으로 알려진 레디 사야도는 전통적인 수행방법으로 코의 호흡과 몸의 느낌을 알아차리는 수행을 한 것으로 알려져 있고, 그 맥은 사야 텟 지와 우바킹을 거쳐 고엔카의 위빠사나 수행법으로 이어지고 있다. 레디 사야도는 그의 저서에서 다음과 같이 말하고 있다. "과거(전생)의 선하거나 불선한 업의 형성력[行]이 발현되지 않으면 재생은 일어나지 않는다. 이 점은 매우 심오하다. 이것을 설명하는 것은 쉬운 일이 아니다. 전통적인 불교 신자들이 지닌 견해는 피상적일 뿐이어서 요소와 현상을 꿰뚫어보는 직관적 통찰지가 여전히 부족하다."

8   상견으로 번역한 사싸따딧띠(sassata-diṭṭhi)는 sassata(영원, 항상함)와 diṭṭhi(견해)의 합성어로, 영혼이나 자아는 절대 죽거나 분해되지 않는다고 믿는 삿된 견해이다. 거친 육신이 소멸되어도 살아 있는 실체인 영혼은 소멸되지 않고 다른 몸으로 바꿔서 계속 존재하며, 그 영혼은 영원히 존속하고 사라지지 않는다는 영원주의를 말한다. 불교 외의 다른 종교는 대부분 이런 상견을 취하고 있다. 이 상견과 결부된 갈애를 존재에 대한 갈애[有愛, bhava-taṇhā]라고 한다.

믿고 배운 사람들은 일반적으로 행이 재생연결식을 일으킨다는 가르침을 받아들입니다. 하지만 그것은 전적으로 합리적인 것도 아니고 또 경험으로 접근할 수 있는 것도 아니기 때문에 오늘날에는 삶에 대한 유물론적 견해의 도전을 받고 있습니다. 위빠사나 수행을 한 수행자에게는 재생이 어떻게 일어나는지 아주 명료합니다. 수행자는 항상 끊임없이 일어나고 사라지는 의식의 단위와 그 의식의 단위들이 잇따라 빠르게 일어났다가 사라지는 것을 발견합니다.

이는 수행자가 체험에 의해서 발견하는 것이지, 스승에게 배워서 아는 것이 아닙니다. 물론 수행자는 처음부터 그렇게 많이 알고 있지 못합니다. '현상을 바로 보는 지혜'와 '생멸의 지혜'를 얻어야 그 사실을 발견합니다. '원인과 결과를 구별하는 지혜'가 계발되면서 수행자는 사몰심과 재생연결식에 대한 개념이 어렴풋이 생기기 시작합니다. 그러나 '현상을 바로 보는 지혜'와 '생멸의 지혜'가 나야 비로소 재생에 대한 의심이 사라집니다. 수행자는 위빠사나 수행을 하면서 생멸하는 의식의 단위들을 지켜보았던 그 통찰지혜를 근거로, 죽음은 의식의 마지막 단위가 사라지는 것이고, 재생은 의식의 첫 번째 단위가 일어나는 것이라는 것을 깨닫습니다.

위빠사나 수행을 하지 않는 사람들은 이 점을 간과합니다. 그들은 영원한 자아가 있다고 믿으며 그것을 마음과 동일시합니다. 논장을 잘 아는 사람들은 이 견해를 부정하지만 일부 사람들은 수없는 전생으로부터 그런 견해에 집착해왔기 때문에 여전히 그 견해를 버리지 못합니다. 심지어는 알아차림을 하는 수행자라도 아직 지혜가 성숙하지 않으면 때때로 그것을 받아들이려고 합니다.

상견과 단견

자아론自我論[9]에 사로잡힌 범부들에게 죽음은 한 개체의 소멸을 의미하거나 혹은 그 개체가 다른 거처나 존재로 이동하는 것을 의미합니다. 이것이 바로 사견邪見입니다. 개체의 소멸이라고 믿으면 단견斷見이고, 다른 몸이나 거처로 옮겨간다고 믿으면 상견常見입니다. 또 어떤 사람은 몸이 자라고 성장함에 따라 마음도 저절로 계발된다는 무인론無因論[10]을 믿고 있습니다.

---

9   자아론을 한편으로는 유신견(有身見, sakkāya-diṭṭhi)이라고 하는데, 이는 sakkāya(존재의 무더기인 오온)와 diṭṭhi(견해)의 합성어이다. 유신견은 불멸하는 영혼이나 인격 주체와 같은 존재론적 실체가 있다고 믿는 그릇된 견해로 중생들을 윤회에 묶어두는 열 가지 족쇄 중 첫 번째에 위치한다. 여기엔 네 가지 종류가 있는데 ① 오온이 바로 자아라는 생각 ② 오온 안에 자아가 있다는 생각 ③ 오온과 따로 있다는 생각 ④ 오온의 주체라는 생각이다. 유신견이 있으면 아무리 깊고 오묘한 천상에 태어나더라도 탐진치의 불길에서 벗어날 수 없을 뿐 아니라 성자의 초보단계인 수다원에도 들어갈 수 없다.

10   원인을 부정하는 무인론(無因論, ahetuka-diṭṭhi)은 중생의 번뇌와 청정에는 아무런 원인[因, hetu]도 조건[緣, paccaya]도 없다는 견해로서, 중생들은 우연이나 운명이나 필요에 의해서 오염되거나 청정해진다는 세 가지 삿된 견해 중 하나이다. 경전에서는 이외에도 허무론(虛無論, natthika-diṭṭhi)이나, 업보를 부정하는 견해(akiriya-diṭṭhi)도 삿된 견해라고 한다.

어떤 사람들은 정신과 물질의 진행 과정인 윤회에 대해 잘못된 견해를 갖고 있습니다. 그들은 생명의 요소가 잠시 들렀다 가거나, 한 장소에서 다른 장소로 옮겨가는 임시 거처가 몸이라고 생각합니다. 육체가 붕괴된다는 것은 부정할 수 없는 사실이지만 어떤 사람들은 머지않아 육체가 부활한다고 굳게 믿고 시신을 소중히 다루기도 합니다.

이런 견해들은 레디 사야도의 말씀에서도 확인된 바와 같이, 행과 재생연결식 사이의 원인과 결과, 연결고리를 오해해서 차용한 것입니다. 보통 불교 신자들은 이런 사견들로부터 완전히 자유롭지는 못하지만, 불교의 교리인 무아를 믿고 있기 때문에 위빠사나 수행에 방해될 정도로 착각하지는 않습니다. 그래서 죽음, 재생, 정신과 물질의 본성을 통찰하는 지혜가 없더라도 명상을 통해서 스스로 깨달음을 얻을 수 있습니다.

예를 들면 찬나 장로[11]는 위빠사나 수행을 했지만 유신견이 있었기 때문에 부처님이 반열반에 드셨는데도 별로 수행의 진전이 없었습니다. 그 뒤 아난다 존자[12]의 연기 법문에 따라 명상을 하고, 그런 환상을 극복하고 나서 아라한과를 얻었습니다. 또 다른 예로 부처님 당시

---

11   찬나(Channa) 장로는 부처님이 출가할 때 마부였다. 그는 부처님과 법에 대한 집착과 자만심이 너무 강해서 출가의 이익을 얻을 수 없었다고 한다. 세존께서는 찬나와의 인연을 중히 여기시어 유훈으로 어느 누구도 그와 상대하지 말라는 최고의 벌(brahma-daṇḍa)을 내리셨다. 율장에 의하면 찬나는 이 처벌을 받고 크게 정신이 들어서 자만심과 제멋대로 하는 성질을 꺾고 홀로 열심히 수행하여 아라한이 되었다.

의 야마까Yamaka 비구는 아라한이 반열반에 들면 단멸한다고 믿었습니다. 사리뿟따가 그를 불러 법문을 해주자 야마까 비구는 명상을 하여 해탈을 성취했습니다. 그렇기 때문에 부처님에 대한 믿음을 가진 사람들은 실망할 필요가 없습니다. 열과 성을 다해 위빠사나를 수행하면 깨닫게 될 것입니다.

죽음과 수태의 본질에 관한 무지로 의심을 하거나 혹은 단견에 집착하는 성향 때문에 (어떤 사람들은) 사후에 내생이란 것이 과연 있느냐고 묻기도 합니다. 이 질문 자체가 한 생명 안에 자아니, 영혼이니, 생명력이니 하는 것들을 전제로 한 것입니다. 유물론은 영혼의 개념을 부정하고 있지만 죽은 자와 산 자를 구별하는 데 있어서는 자아라는 환상이 은연중에 내포되어 있습니다. 노골적이든 암시적이든 자아를 수용하는 사람들의 질문에 불교적 관점으로 답변하는 것은 어렵습니다. 만약 내생이 있다고 말하면 그들은 우리가 자아론을 지지한다는 결론을 내릴 것입니다.

그러나 불교는 무조건 내생을 부정하지 않습니다. 그래서 부처님께서는 이런 질문에 답변하지 않으셨습니다. 더구나 보통 사람들에게 증거

---

12 아난다(Ānanda) 존자는 부처님의 사촌동생으로, 부처님의 시자로서의 소임을 맡아 25년을 그림자처럼 따라다니며 곁에서 모셨다. 그는 세존이 하신 설법을 기억하여 1차 결집에서 부처님 말씀을 경장으로 확정짓는 데 주도적인 역할을 하였다. 주석서에 의하면, 그가 참석하지 않아서 듣지 못한 가르침은 개인적으로 여쭈어서 부처님이 하신 말씀을 모두 기억했다고 한다.

를 제시하기는 더 어렵습니다. 신통이 있는 사람은 지옥이나 천상계를 보여줄 수 있는데, 의심이 많은 사람들은 이를 마술이나 속임수라고 치부해버릴 것입니다. 그래서 부처님께선 이런 질문에 직접적인 대답을 하지 않고, 번뇌가 소멸하지 않을 경우에는 죽은 후에 정신과 물질 과정이 계속된다고 말씀하셨습니다.

내생의 문제는 지식으로는 접근할 수 없습니다. 특정한 불교 수행을 통해서만 해결됩니다. 이런 수행을 하는 수행자는 죽음을 볼 수 있는 신통력을 얻어서 선한 사람은 죽어서 천상계에 태어나고 악한 사람은 죽어서 악처에 태어나 고통 받는 것을 볼 수 있을 것입니다. 그는 두 집을 다 내려다보는 위치에 있는 사람이 한 집에서 다른 집으로 사람들이 지나가는 것을 보는 것처럼 선명하게 봅니다. 수행자는 높고 낮은 세계의 수많은 천인과 동물들 중에서 자신이 보려고만 하면 그 사람을 쉽게 찾아낼 수 있습니다.

이런 수행자는 선정력과 신통력을 얻는 것이 가능합니다. 이런 가능성을 배제하는 가르침은 어디에도 없습니다. 실제로 다른 세계와 신통으로 접촉하는 수행자도 있습니다. 그러나 이와 같은 신통력을 얻기는 어렵습니다. 이런 신통은 강력한 집중에 의해 나타나는 것이기 때문에 위빠사나 수행이 더 쉬운 길입니다.

재생연결식에 관한 몇 가지 비유

'원인과 결과를 구별하는 지혜'가 계발되어 수행자가 죽음과 수태의 본성을 잘 알게 되면 생명의 문제가 더욱 명확해집니다. '현상을 바로 보는 지혜'와 '생멸의 지혜', '소멸의 지혜'를 얻고 나면 더 분명해집 니다. 왜냐하면 의식의 단위들이 어떻게 잇따라 지속적으로 일어나고 사라지는지가 분명하게 보이고, 죽음은 마지막 의식의 단위가 사라지 는 것을 의미하며, 이어서 다음 생에 일어나는 최초의 의식 단위가 수 태라는 것을 분명하게 볼 수 있기 때문입니다. 하지만 이 지혜도 아직 은 완전한 것이 아니고 수행을 해서 최소한 수다원의 단계에 도달했 을 때 비로소 내생에 대한 모든 의심에서 벗어날 수 있습니다.

문제는 사람들이 위빠사나 수행은 하지 않고 내생에 대해서 묻기만 하려는 데 있습니다. 어떤 사람들은 서양의 과학자와 철학자에게서 답을 구하기도 하고, 또 어떤 사람들은 신통을 지닌 아라한이라고 믿 어지는 사람들의 가르침을 수용하기도 합니다. 그러나 남에게 의지하 기보다는 위빠사나 수행을 통해서 해답을 구하는 것이 가장 좋습니 다. 이 경험을 바탕으로 수행자는 전생에 죽는 순간 대상에 집착한 것 을 조건으로 의식의 단위가 일어나고, 이와 더불어 새로운 존재가 시 작된다는 것을 깨닫게 됩니다.

죽기 직전의 의식의 흐름은 물질인 몸에 의존하면서 하나의 의식 단위에서 다음 단위로 끊임없이 계속됩니다. 죽은 후에는 몸이 흩어지고, 의식의 흐름도 다른 거처의 물질적인 과정으로 옮겨갑니다. 이는 전기 공급이 계속됨으로써 전구가 지속적으로 빛을 내는 것과 비슷하다고 할 수 있습니다. 전구가 나가면 불은 꺼지지만 전기 에너지는 계속해서 들어옵니다. 낡은 전구를 새 것으로 갈아 끼우면 불은 다시 켜집니다. 여기서 전구, 에너지, 빛은 모두 변화하는 물질적 현상이고, 우리는 이들의 무상한 성질을 알아차려야 합니다.

주석서에서는 메아리, 불꽃, 도장에 찍힌 자국, 거울에 비친 영상 등을 비유로 들고 있습니다. 메아리는 음파가 벽이나 숲 등에 부딪쳐서 나오는 소리가 반사하여 반복되는 것입니다. 소리와 메아리의 인과관계를 부정할 수는 없지만 그렇다고 해서 원래의 소리가 먼 곳까지 전이되었다는 의미는 아닙니다. 거울 속에 비친 자신의 얼굴을 볼 때 자신의 얼굴과 영상이 서로 관련은 있지만 그 영상이 자기 얼굴이라고 혼동해서는 안 됩니다. 불꽃이 타고 있는 등불은 다른 등불에 불을 켜는 데 쓸 수 있습니다. 새로 켜진 등불의 불꽃은 먼저 등불의 불꽃이 아직도 타고 있기 때문에 먼저 불꽃이 아닌 것은 분명합니다. 하지만 그렇다고 먼저 불꽃과 새 불꽃 사이에 아무런 연관이 없다고 할 수도 없습니다. 마지막 예로, 도장을 찍으면 그 표면과 같은 모양을 남기지만 실제로 그것이 도장의 표면은 아닙니다. 또 도장이 없으면 같은 모양이 나오지도 않습니다.

이 몇 가지 비유는 재생 과정의 본성을 알게 해주는 실마리가 됩니다. 사람이 죽을 때는 자신의 업, 업의 표상, 태어날 곳의 표상이 나타납니다. 죽은 후에는 전생의 마지막 순간에 나타난 이들 표상 중 어느 하나를 조건으로 해서 재생연결식이 일어납니다. 그러므로 태어남은 마지막 의식의 단위가 다른 생으로 옮겨가는 것이 아니지만, 죽을 때 나타나는 표상에 의해 조건 지어집니다. 그래서 태어남은 죽어가는 사람의 표상을 원인으로 연결되는 무명과 행 등에 뿌리를 두고 있습니다. 그러므로 재생연결식은 죽은 사람의 의식은 아니지만 전생과 인과적으로 연관되어 있습니다.

연속되는 두 의식의 단위는 분리되어 있지만 의식의 흐름이 있기 때문에, 우리는 하루 종일, 일 년 내내 또는 전 생애 동안 같은 사람이라고 말합니다. 마찬가지로 우리는 죽을 때 마지막 마음을 재생연결식과 같은 사람의 것이라고 말합니다. 사람이 천상이나 다른 세계에 태어나는 것도 같은 의미로 이해하고 있습니다. 그것은 정신과 물질이 그대로 옮겨간다는 의미가 아닙니다. 우리가 사람 혹은 개체라고 말하는 것은 단지 태어날 때 정신적 단위의 인과적 흐름에 연관성이 있기 때문입니다.

사람이 죽으면 누구나 소멸하기 때문에 전생과는 아무런 관계가 없다고 믿는 것은 단견斷見입니다. 사람은 누구나 죽으면 소멸한다는 것인데, 불교 신자들은 대체로 이런 단견으로부터 자유롭습니다. 두 개의 연속된 삶이 인과로 연결되어 있기 때문에 관습적으로 같은 사람이라고 말하는 것뿐입니다. 그러나 우리는 자아가 새로운 거처로 옮겨가는 것이 태어남이라는 상견常見을 스스로 경계하고 조심해야 합니다. 위빠사나 통찰지혜가 성숙한 수행자는 현생에서 일어나고 사라지는 정신적 단위들과 그 인과관계를 충분히 알아차리고 있기 때문에 이러한 단견과 상견을 갖지 않습니다. 이런 알아차림이 있으면 영혼 불멸이나 단멸과 같은 전도된 인식이 들어올 여지가 없습니다.

의식의 본질은 객관적인 사고를 하는 사람들에게도 분명하게 나타납니다. 낙담이 있으면 기쁨이 따를 것이고 기쁨이 있으면 낙담이 따를 것입니다. 마찬가지로 불안한 마음이 지나면 평온한 마음이 있을 것이고 평온한 마음이 지나면 불안한 마음이 있을 것입니다. 이런 마음의 변화는 예를 들어 한밤중에 어떤 일을 하려는 의도가 일어났다가 다음 날 아침에 그 의도가 다시 일어나는 것과 비슷하다고 생각하면 됩니다. (어제와 오늘의) 마음의 작용이 다르지 않고 서로 인과관계로 연결되어 있습니다. 이러한 두 정신적 요소의 연관성을 이해하는 사람들은 오직 죽음에 의해서만 분리되었을 뿐인 두 의식 사이에도 똑같은 관계가 성립한다는 것을 알 수 있을 것입니다.

죽을 때의 표상

새로 태어난 존재에 나타나는 의식은 두 가지가 있는데, 하나는 재생연결식이고 다른 하나는 일생 동안 일어나는 의식입니다. 재생연결식은 악처에 한 가지, 인간과 욕계천상에 아홉 가지, 색계 범천계에 다섯 가지, 무색계 범천계에 네 가지, 이렇게 모두 열아홉 가지가 있습니다. 재생연결식 이후, 평생에 걸쳐 일어나는 과보심은 모두 서른두 가지입니다. 이런 목록들은 오직 논장을 공부한 사람들만이 이해할 수 있을 것입니다.

죽어가는 사람에게는 이생에서의 회상 장면인 업, 업행의 주변 조건인 업의 표상, 태어날 곳의 표상이 나타납니다. 업은 과거에 대한 회상이나 현재에 대한 환영의 형태로 나타날 수 있습니다. 임종을 맞이한 어부는 마치 물고기를 잡고 있는 것처럼 말하기도 하고, 보시를 많이 한 사람은 마지막 시간에 보시하고 있는 것처럼 생각하기도 합니다. 아주 오래전에 나는 쉐보에서 성지 순례단을 이끌고 만달레이와 양곤의 탑들을 방문한 적이 있었습니다. 쉐보에서 돌아온 직후 순례단에 있었던 한 노인이 죽었습니다. 그는 성지 순례에서 경험한 것을 연상시키는 말을 중얼거리면서 죽었습니다.

죽어가는 사람은 또한 업행이 이루어진 주변 환경의 표상을 보기도 합니다. 예를 들어 가사, 사원, 비구, 불상과 같이 보시행과 관련이 있는 표상을 볼 수도 있고, 살인자의 경우는 자신이 저지른 무기, 흉기, 범행 장소, 피해자 등의 표상을 볼 수 있습니다. 그리고 내생에 맞이하게 될 표상을 봅니다. 예를 들어 지옥으로 갈 예정이라면 지옥의 불이나 지옥지기들을 볼 것이며, 천상에 태어날 운명이라면 하늘의 궁전이나 천인을 볼 것입니다.

한때 어떤 바라문이 죽으면서 불꽃의 표상이 보인다고 하자 동료들은 그것이 범천계를 가리키는 것이라고 말해주었습니다. 바라문은 그렇게 믿었지만 죽고 보니 지옥에 떨어진 자신을 발견했습니다. 그릇된 견해는 참으로 위험합니다. 어떤 사람은 죽어가는 동료에게, 보시로 제공된 소를 죽이는 장면을 떠올리는 것이 유익할 테니까 그렇게 하라고 말해준다고 합니다.

마하담미까 이야기

『법구경』 주석서에 의하면, 부처님 당시 사왓티에는 남자 신도 500명이 각각 500명의 제자를 거느리고 있었습니다. 제자들은 모두 수행을 열심히 했습니다. 그중 가장 연장자인 마하담미까Mahā-dhammika에게는 7명의 아들과 7명의 딸이 있었는데 그들 역시 부처님의 가르침대로 살았습니다. 그는 나이가 들어 병들고 쇠약해졌습니다. 그는 비구들을 집으로 모셔와 그들이 읽어주는 경전 암송에 열중하고 있었는데 자신을 천상으로 데리고 갈 천국의 마차가 도착한 것을 보았습

마하시 사야도의 12연기

니다. 그는 천인들에게 "기다려 주세요!"라고 소리쳤습니다. 비구들은 죽어가는 사람이 자신들에게 하는 말인 줄로 알고 독경을 그쳤습니다. 아들과 딸들은 아버지가 죽음의 두려움에 혼미해서 중얼거린다고 생각하고 울었습니다.

비구들이 떠나자 그는 정신을 차리고 주변에 있는 사람들에게 화환을 공중에 던지라고 말했습니다. 말한 대로 그들이 화환을 던지니까 화환은 공중에 떠 있었습니다. 그러자 마하담미까는 저 화환이 도솔천에서 온 마차가 있는 위치라고 말하고, 아들과 딸들에게 천상에 태어나려면 자기처럼 선행을 많이 하라고 충고한 후 죽어서 도솔천에 태어났습니다. 이 이야기는 선한 사람이 임종할 때 천인계의 표상이 어떻게 나타나는지를 보여주는 것입니다.

몰라먀잉의 한 남자 신도는 죽기 바로 직전에 아주 훌륭한 큰 저택을 보았다고 말했습니다. 이것도 천상계의 표상일 것입니다. 죽어서 사람으로 태어날 사람은 자기 부모가 될 사람이나 거처 등의 표상을 보기도 합니다. 몰라먀잉의 한 사야도는 강도에게 살해당했습니다. 3년 후, 미옉에서 몰라먀잉으로 온 한 어린이가 사야도들의 이름을 알아보면서 전생에 자신이 그들과 같이 살았다고 말했습니다. 강도들이 돈을 얻을 수 없게 되자 자신을 칼로 찔렀는데, 부두로 도망쳐서 배를 타고 미옉으로 와 지금의 부모 집에 살게 되었다고 말했습니다. 이렇게 도망가서 배를 타고 여행했다는 것은 아마도 사야도가 태어날 곳의 표상들이었을 것입니다.

업의 표상과 태어날 곳의 표상은 즉사하는 순간에도 나타납니다. 주석서에 의하면 쇠막대기 위에 앉은 파리가 망치에 맞아 압사될 때도 이런 일이 일어납니다. 오늘날에는 큰 도시 하나를 한순간에 잿더미로 만들 수 있는 핵무기가 있습니다. 불교적 견해로 보면 핵무기는 희생자들이 그런 피해를 당할 만한 악업이 있었기 때문에 생겨난 것입니다. 이런 핵폭탄으로 죽는 사람들도 회상 장면과 표상을 봅니다. 마음의 작용을 완전히 이해하지 못하는 사람들에게는 터무니없이 들리겠지만, 정신과 물질이 활동하는 것을 주의 깊게 지켜보는 수행자에게는 어렵지 않게 나타납니다. 왜냐하면 눈 한 번 깜짝할 찰나에도 의식의 단위들은 수십억 번이나 일어나고 사라진다고 경전에서 말하고 있기 때문입니다. '생멸의 지혜'를 얻은 수행자는 한 순간에도 수없이 많은 의식의 단위들이 일어나고 사라지는 것을 경험으로 압니다. 그러므로 사고로 갑자기 죽는 사람들에게 나타나는 회상 장면과 표상에 마음이 쏠릴 가능성은 의심의 여지가 없습니다.

마음은 항상 대상에 초점이 맞추어져 있습니다. 우리는 종종 자신이 한 행동을 떠올리기도 하고 천상계나 인간계를 생각하기도 합니다. 선행을 한 사람이 이런 생각을 하면서 죽는다면 천인이나 사람으로 재생할 것입니다. 임종 때 나타나는 이런 의식 대상을 태어날 곳의 표상gatinimitta이라 하고, 업과 관련된 대상의 표상을 업의 표상

kammanimitta이라고 합니다.

임종할 때 나타나는 현상에 대해서는 주석서뿐만 아니라 빨리어 경전에서도 찾을 수 있습니다. 『맛지마니까야』의 「우현경(愚賢經, Bālapaṇḍita Sutta)」과 그 밖의 다른 경에서 부처님은 임종 때의 선행이나 악행에 대한 기억을 말씀하시면서 이를 저녁 들판에 드리워진 산 그림자로 비유하셨습니다. 그림자를 옮기는 것은 불가능합니다. 한때 나는 죽어가는 여인이 적을 만나 잔인하게 학대당하는 것처럼 극도로 두려워하는 것을 보았습니다. 여인은 말도 하지 못하고 친척들이 안심시키려 했지만 허사였습니다. 아마도 그녀는 악업의 결과로 태어날 불행한 미래를 미리 경험하고 있었는지도 모릅니다.

그러므로 우리는 선행을 해서 죽는 순간에 선업에 관한 대상이나 사람의 표상이 일어나도록 하고 내세에 대한 좋은 표상을 일으킬 필요가 있습니다. 만약 그 선행이 지혜롭고 뚜렷한 목적의식을 가진 욕계의 여덟 가지 유익한 마음이라면, 그 과보심은 다섯 가지 지혜의 마음 중 한 가지 마음일 것입니다. 그러면 어리석지 않음과 관련 있는 재생을 할 것이고, 그로 인하여 어리석음 없음[無癡], 성냄 없음[無瞋], 탐욕 없음[無貪]의 세 가지 뿌리를 조건으로 하는 태어남이 될 것입니다. 이런 성향을 타고난 사람이 사마타 수행을 할 경우는 선정과 신통을 얻을 수 있고 위빠사나에 매진할 경우는 성스러운 도와 열반을 성취할 수 있습니다.

열반을 목표로 선행을 한다면 선한 재생을 하게 되고 궁극에는 알아차림이나 법문을 통해 도와 열반에 이르게 됩니다. 만약 그 행위가 열반을 향한 목적의식이 약하거나 선하지만 지혜가 없는 경우, 다시 말해 업에 대한 믿음은 없지만 선행을 한 경우에는 네 가지 지혜 없는 과보심 중 한 가지로 태어납니다.

그렇게 되면 '어리석음 없음'만을 제외한 다른 조건인 '탐욕 없음'과 '성냄 없음'에 뿌리를 두고 재생합니다. 이를 '두 가지 원인을 가지고 태어나는 사람'이라고 합니다. 이렇게 태어난 사람은 타고난 지혜가 없기 때문에 선정이나 도를 얻을 수 없습니다. 만약 그 선행이 지혜는 없으면서 남이 시켜서 한 것이라면, 선근은 아니지만 선한 재생연결식을 갖고 태어날 것입니다. 그런 사람은 눈과 귀 등에 장애를 갖고 태어날 가능성이 높습니다.

그러므로 선행을 할 때에는 열반을 목표로 정성껏 해야 합니다. 마음을 열반으로 향하면 선행은 열반으로 인도할 것이며, 정성을 다해 선행을 하면 선근을 가진 태어남이 보장됩니다. 지혜를 가지고 정성을 다해 선행을 하면 고귀한 태어남이 확실하기 때문에 따로 기도할 필요가 없습니다. 하지만 선행에 정성이 없다면 탐욕 없음과 성냄 없음만을 가지고 태어날 것입니다.

어떤 사람들은 보시와 지계가 선업을 형성하는 공덕행은 되지만 태어남과 윤회의 고통으로 이끄는 무명에 뿌리를 두고 있다고 말합니다. 이는 무지에서 비롯된 그릇된 견해입니다. 열반을 바라는 마음에서 보시와 지계를 행하면 가장 고귀한 재생을 보장받고 최고의 목표에 이르게 됩니다. 사리뿟따와 다른 부처님의 제자들이 궁극적으로 열반을 얻은 것은 보시와 지계에 의한 것이었습니다. 벽지불[13]도 마찬가지라고 할 수 있습니다. 보살도 또한 같은 방법으로 자신의 선행이 일체를 아는 지혜[一切智]를 얻는 데 기여할 것을 서원함으로써 위없는 깨달음을 얻었습니다. 부처님이 되려면 어리석음 없음, 성냄 없음, 탐욕 없음의 세 가지 선근을 가지고 재생하는데 여기에는 '기쁨이 함께하는 마음'과 '평온이 함께하는 마음' 두 가지가 있습니다. 또한 이들 두 가지 마음에는 각각 '자극받지 않은 마음'과 '자극받은 마음'이 있습니다.

---

13   벽지불(辟支佛)이라 번역한 빠쩨까붓다(pacceka-buddha)에서 빠쩨까(pacceka)는 '각각 분리해서' '독립적으로'의 뜻을 가지고 있다. 벽지불은 부처님의 교법이 사라진 시대에 태어나서 홀로 깨달음을 얻으며, 법을 선포하지 않고 반열반에 드신다. 깨달았다는 면에서는 부처님과 같지만 중생들에게 법을 선포하지 않는다는 면에서는 부처님과 다르다. 그리고 부처님 법을 의지하지 않고 깨달았다는 점에서 아라한들과도 다르다. 때문에 독각(獨覺) 또는 연각(緣覺)이라고 한다. 붓다, 벽지불, 아라한은 모두 깨달은 분이라는 점에서 다를 바가 없다. 그러나 많은 중생을 교화하고 구제하는 붓다와 달리 벽지불은 홀로 지내는 부처님이어서 원칙적으로 법을 가르치지 못하고 사람들을 구제할 수 없다. 아라한은 중생을 구제할 수 있지만 부처님처럼 많은 중생을 구제하지는 못한다. 이상 세 부류의 성자들이 바라밀을 완성하여 깨달음을 이루는 데 걸리는 시간은 차이가 있다. 붓다가 되기 위해서는 4, 8 또는 16 아승지겁과 10만 겁 동안 열 가지 바라밀을 완성시켜야 한다. 하지만 벽지불은 2아승지겁과 10만 겁만이 필요하다. 성문 중에도 상수 제자는 1아승지겁과 10만 겁, 대제자의 경우는 10만 겁이 필요하고 일반 제자의 경우에는 한 생, 백 생, 천 생이 걸리기도 하고 더 긴 시간이 필요할 수도 있다.

보살의 재생연결식은 강력하고 열정적이며 자발에 의한 마음이었습니다. 옛 주석서에 의하면 그것은 기쁨이 함께하는 마음입니다. 왜냐하면 보살은 모든 중생이 행복해지길 간절히 바랐기 때문입니다. 보살은 모든 중생들에 대한 무한한 자애를 가졌습니다. 강력한 의지를 가진 자애는 언제나 기쁨과 함께하므로 보살의 재생연결식은 기쁨과 함께한 것입니다.

그러나 마하시와 장로[14]는 보살의 재생연결식에 평온이 함께했을 것이라는 의견을 내놓았습니다. 장로의 견해에 의하면 보살의 마음은 확고하고 심오하기 때문에 기쁨보다는 평온이 보살의 재생연결식의 특성이라는 것입니다. 어떤 경우에서든 보살의 재생연결식은 위없는 깨달음을 바라는 마음에 자극받은 선행에서 비롯한 것입니다. 그렇기 때문에 깨달음을 향한 선행은 재생에 이르게 했지만 윤회의 삶을 연장시키지는 않았습니다. 오히려 윤회로부터 해방시키는 데 기여했습니다.

재생연결식이거나 그 무엇이거나 마음은 매우 짧은 시간만 머무릅니다. 시간의 측면에서 보면 일어남[生], 머묾[住], 사라짐[滅]이라는 세 가지로 구성되어 있습니다. 주석서에 의하면 이들 마음의 단위는 눈 한

14　마하시와(Mahāsiva) 장로는 고대의 유명한 주석가로 그가 쓴 주석은 많은 주석서와 문헌에 인용되고 있다.

마하시 사야도의 12연기

번 깜짝할 동안에 수백만 번 일어나고 사라진다고 합니다. 각 단위의 순간들은 너무나 짧아서 백만분의 1초도 머물지 않습니다.[15]

재생연결식이 소멸한 후에는 바왕가bhavaṅga인 잠재의식의 흐름이 뒤따르는데, 이 바왕가는 보고 들을 때 수반하는 정신 활동으로서, 인식과정이라는 다른 마음에 방해받지 않는 한 쉬지 않고 지속됩니다. 생명이 유지되는 한 이 바왕가의 흐름은 계속되며 그것의 주요 원인은 재생연결식과 마찬가지로 행입니다. 그 존속 기간도 주로 행이나 업에 의존합니다. 이는 마치 하늘에 던져진 돌과 같습니다. 돌을 던지는 손의 힘이 강하면 돌이 높이 올라갈 것이고 힘이 약하다면 그리 높이 올라가지 못할 것입니다. 또한 업의 힘은 총알이나 로켓 따위가 처음 발사될 때의 속도와 비교할 수 있습니다. 죽음은 같은 업의 힘에 의해 생겨난 의식의 소멸을 의미합니다. 이와 같이 새로운 존재로 태어날 때 제일 먼저 일어나는 재생연결식, 잠재의식의 흐름, 마지막 사몰심은 전적으로 과거의 업에 뿌리를 둔 정신생활로 이루어져 있습니다.

또한 업이나 행으로 인해 보고, 듣고, 냄새 맡고, 맛보고, 감촉하는 것에 수반하는 오문인식이 있습니다. 그뿐만 아니라 받아들이는 마음[領受識], 조사하는 마음[判別識][16], 속행速行의 대상을 등록하는 마음인 보존

15　논장에 따르면 정신과 물질 현상은 일어나서(upāda), 머물었다가(thiti), 사라지는(bhaṅga) 과정을 거치며 변하는 흐름 속에 있는데, 정신의 변화는 물질보다 열여섯 배 빠르다. 이렇게 마음이 생겨서 대상을 인지하고 소멸하는 데 드는 시간을 심찰나(citta-khaṇa)라고 한다.

식(保存識)[17] 등 감각대상에 초점을 맞춘 정신적 단위들도 있습니다. 이것들은 재생에 이르게 하는 원래의 업이나 다른 종류의 업에 뿌리를 두고 있습니다.

논장에 의하면 선심, 불선심, '단지 작용만 하는 마음'을 포함한 모든 마음은 행으로 인한 것입니다. 이런 견해는 '단지 작용만 하는 마음'도 행에 뿌리를 둔 잠재의식으로부터 생기는 것이기 때문에 합당합니다.

그런데 연기법에서는 특별히 번뇌의 굴레, 업의 굴레, 과보의 굴레와 그것들의 인과관계를 상세하게 설명하고 있습니다. 그래서 업의 굴레에서 나온 서른두 가지 세간의 과보심만을 행의 원인으로 합니다. 이러한 서른두 가지 마음 중에서 우리는 재생연결식, 잠재의식, 사몰심 등으로 이루어진 열아홉 가지 마음을 설명했습니다. 나머지 마음 중

---

16   조사하는 마음(santīraṇa-citta)에서 싼띠라나(santīraṇa)는 '대상을 조사함', '결정, 판단'이라는 의미로, 대상을 받아들여서 그것이 무엇인지를 조사하는 마음이다. 한문으로 판별식(判別識)이라고 한다.

17   등록하는 마음(tadārammaṇa-citta)에서 등록의 뜻인 따다라마나(tadārammaṇa)는 '그것을 대상으로 가진 마음', 즉 등록하는 마음 바로 앞에 일어난 속행을 대상으로 일어나는 마음이란 뜻이다. 한문으로 보존식(保存識)이라고 한다. 이 마음은 두 심찰나 동안 일어난다고 하는데 오문으로 큰 대상이 들어왔을 때나 마음에 선명한 대상이 나타났을 때만 일어나고 그 외의 인식 과정에서는 전혀 나타나지 않는다. 이것은 일곱 번의 속행이 일어나고 사라진 뒤, 사라진 속행이 너무 크고 분명할 경우 바로 잠재의식으로 들어가지 못하고 속행을 대상으로 두 번 짧게 일어나는 일련의 마음이다. 이 등록이 끝나면 바로 잠재의식으로 들어가고, 다른 대상이 나타나기 전까지 잠재의식으로의 흐름이 계속된다.

마하시 사야도의 12연기

일부는 행에 따라 선한 것도 있습니다.

12연기의 가르침을 보면 처음의 두 요소인 무명과 행은 과거의 원인
이고 식, 정신과 물질[名色], 접촉[觸], 느낌[受]은 현생에 나타난 결과이
며 현생의 갈애[愛], 집착[取], 업의 생성[業有]으로 인해서 내생의 태어남
[生], 늙음과 죽음[老死]이 결과로 나타난다고 설명하고 있습니다.

5

식을 원인으로
정신과 물질[名色]이
일어난다

12연기에 의하면 식이 있어서 정신과 물질이 일어납니다. 이는 재생 연결식이 일어남에 따라 정신과 물질도 함께 일어난다는 의미입니다. 재생연결식은 항상 죽을 때 표상으로 나타나는 대상들과 연관된 느낌[受], 인식[想], 감각 접촉[觸], 의도[思], 숙고[作意][1] 등 마음의 작용cetasika과 함께 일어납니다. 모든 마음은 이 마음의 작용과 결부되어 있습니다. 범천, 천인, 인간과 같이 고귀한 곳에 재생하는 경우는 어리석음 없음, 성냄 없음, 탐욕 없음이라는 세 가지 선근善根을 가지고 있기 때문입니다. 그중에서 어떤 천인과 인간은 '탐욕 없음'과 '성냄 없음'만을 가진 반면에 땅에 붙어사는 천인[地神]이나 불구자로 태어나는 인간은 그런 선근이 없습니다. 그들의 재생은 '원인 없는 선한 재생'이지만, 태어날 때부터 선근이 없는 악처중생의 '원인 없는 불선 재생'과는 다릅니다.

재생은 세 가지 형태 중 하나로 이루어질 수 있는데, 첫째는 모체의 자궁에서 태어나는 태생, 둘째는 오폐물汚廢物에서 태어나는 습생, 셋째는 완전히 성장한 육체를 가지고 갑자기 자연 발생하듯 출현하는 화생입니다. 모체의 자궁에서 태어나는 것에는 두 가지가 있는데, 사

---

1   숙고(熟考)로 번역한 마나시까라(manasikāra)는 '마음에 두다, 마음에 새긴다'라는 의미로, 대상에 마음을 기울여 주의를 환기시키는 것이라서 '주의 기울임'이라고도 한다. 한문으로는 작의(作意)라고 한다.

람이나 네발짐승과 같이 탯줄을 달고 태어나는 태생과 알에서 부화하는 새와 같은 난생이 있습니다. 이 중생들은 크기나 임신 기간 혹은 부화 기간의 면에서 기원이 다르다고 하겠습니다. 그 정도로만 해두고, 지금부터는 주석서에 나와 있는 사람의 태어남에 대해 설명하도록 하겠습니다.

태생 胎生

재생연결식이 일어남과 동시에 세 가지 업에서 생긴 '물질의 무더기 kalāpa'[2)]인 서른 가지 물질이 생겨납니다. 이것들은 업에 근원을 둔 물질로서 열 가지 몸의 물질, 열 가지 성의 물질, 열 가지 토대의 물질이 있습니다. 땅의 요소, 물의 요소, 불의 요소, 바람의 요소, 형상, 냄새, 맛, 자양분, 생명의 기능 등 아홉 가지 물질이 몸의 감성물질[3)]과 함께 열 가지 몸의 물질을 형성하고, 땅의 요소 등 열 가지가 성의 물질을

---

2   물질의 무더기를 깔라빠(kalāpa)라고 하는데, 깔라빠는 무리, 더미, 무더기란 의미가 있다. 마음이 항상 마음의 작용과 함께 일어나고 함께 사라지는 것과 마찬가지로 물질도 혼자서는 일어나지 못하고 항상 무리지어 생멸하는데 이런 무리를 깔라빠라고 한다. 이 깔라빠는 땅[地], 물[水], 불[火], 바람[風], 물질[色], 냄새[香], 맛[味], 영양분 등 여덟 가지가 있다. 이 여덟 가지는 물질 무리를 이루는 최소의 구성 요소로서 더 이상 '분리할 수 없는 것'이라고 한다. 그래서 여덟 가지로만 구성된 깔라빠를 '순수한 8원소'라고 한다. 모든 깔라빠는 이 여덟 가지를 기본으로 하고, 거기에 생명 기능[命根]이라는 물질이 하나 더 붙으면 9원소가 되며, 다른 하나가 더 붙으면 10원소가 된다. 『청정도론』에서는 깔라빠를 알아차리는 것이 위빠사나의 시작이라고 한다. 사람들은 존재를 이런 최소 단위로서의 법(무상, 고, 무아)으로 파악하지 않고 개념으로 본다. 그러므로 깔라빠를 알아차리거나 명상하는 것은 물질을 개념으로 파악하는 우리의 잘못된 습관을 버리고 땅, 물 등 여덟 가지를 무더기로 본다는 것을 의미한다.

형성합니다. 성의 물질은 두 가지 생식과 관련 있는 물질을 의미하는데, 하나는 남성이고 다른 하나는 여성입니다. 성전환 수술을 한 사람의 경우에서 보는 바와 같이 이런 물질들이 성숙함에 따라 남녀의 정신과 신체적 특성이 뚜렷이 구분됩니다.

『법구경』 주석서에 의하면 부처님 당시 소레야[4]라는 장자의 아들은 마하깟짜야나 장로[5]에게 불선한 마음을 품었기 때문에 순식간에 여자로 변했습니다. 근육질의 특성이 사라지고 여자 모습이 되었습니다. 그는 나중에 두 명의 아이까지 낳았는데, 장로에게 용서를 구하고

---

3   감성(感性)으로 번역되는 빠사다(pasāda)는 경장에서는 깨끗한 믿음[淨信]을 뜻하지만 논장에서는 육근(六根)이 지닌 순수한 감각작용을 나타내는 용어로 쓰인다. 그래서 빠사다는 각각의 감각기관에 위치해 대상을 감지하는 특정한 기능을 가진 물질을 의미한다. 예를 들어 눈의 감성(cakkhu-pasāda)은 형상이나 색깔을 감지하는 기능을 가진 물질이고, 이런 감성을 지탱하는 기능은 바로 감각기관이 한다.

4   소레야(Soreyya)는 부처님 당시 한 장자의 아들이었다. 어느 때 한 친구와 함께 강가에 멱을 감으러 성 밖을 나오다가 탁발을 가기 위해 가사를 고쳐 입는 마하깟짜야나 존자의 몸을 보았다. 소레야는 존자의 몸을 바라보며 그가 자신의 아내가 되거나 자기 아내의 몸이 존자처럼 아름다운 빛깔이었으면 하는 바람을 일으켰다. 그 순간 소레야는 여자로 변했고 소레야는 일행들을 피해 마침 주위를 지나던 한 대상(隊商)과 함께 딱까실라로 갔다. 그곳에서 그는 한 재정관의 아내가 되어 두 명의 아들을 낳았다. 얼마 후 소레야는 마하깟짜야나 존자를 초청하여 식사 대접을 하며 자신의 잘못을 고백하고 용서를 빌었다. 존자가 용서하자 다시 남자로 돌아왔다. 남자로 있을 때 소레야는 이미 두 명의 아들을 두고 있었다. 사람들은 가끔 어느 쪽의 아이들을 더 사랑하는지를 물었는데, 그는 여자였을 때 낳은 아이들을 더 사랑한다고 대답했다. 그러나 아라한과를 얻고 난 뒤에는 어느 쪽 아이들에도 애정을 두지 않는다고 했다.

5   마하깟짜야나(Mahā-kaccāyana) 존자는 웃제니의 바라문 출신으로 베다에 능통했으며 부친이 죽은 뒤 대를 이어 궁중제관이 되었다. 그 후 짠다빳조따 왕의 명으로 7명의 친구들과 함께 부처님을 웃제니로 초대하기 위해서 부처님 처소로 갔다가 설법을 듣고 무애해(無碍解)를 갖춘 아라한이 되어 출가하였다. 북방불교에서는 논의제일로 불린다.

나서야 남자로 다시 돌아올 수 있었습니다. 후에 그는 승가에 들어가 아라한으로 죽음을 맞이했습니다. 이는 사람이 광견병에 걸린 개에게 물리면 개의 속성이 나타나는 경우와 어느 정도 유사합니다.

남자도 여자도 아닌 중성에게는 성의 물질이 없습니다. 중성은 열 가지 몸의 물질과 열 가지 토대의 물질만을 가지고 있습니다. 토대의 물질이란 재생연결식과 잠재의식, 사몰심, 기타 마음을 이루는 물질적 토대를 말합니다. 그러므로 수태의 순간에 재생연결식을 위한 물질적 토대는 이미 존재하고 있는 것입니다. 세 가지의 물질 무더기인 서른 가지 물질은 깔랄라$^{kalala6)}$를 이루는데, 옛 경전에서는 이 깔랄라가 생의 출발점이라고 했습니다.

이 배아기의 물질은 가느다란 모직으로 된 실에 붙은 작은 버터기름 덩어리만 한 크기입니다. 너무 작아서 육안으로는 보이지 않으며, 단독으로는 생존하지도 못합니다. 깔랄라는 부모의 정액과 피의 결합으로 생긴 것이라고 보아야 합니다. 이러한 견해를 인정하지 않는다면

---

6   주석서에 따르면 어머니의 모태에서 태아는 5단계를 거쳐 성장하고 태어난다고 한다. 이를 태내오위(胎內五位)라고 하는데 다음과 같다. ① 깔랄라(kalala)는 임신 직후부터 1주까지의 태아로, 세 가닥의 양모로 이루어진 실타래의 끝에 놓인 기름방울 크기이다. ② 압부다(arbuda)는 임신 2~3주의 태아로, 고기 씻은 물의 색깔을 띠고 있다. ③ 뻬시(pesi)는 임신 3~4주 태아로 용해된 주석 모양이며, 연분홍 색깔을 띠고 있다. ④ 가나(ghana)는 임신 후 4~5주의 태아로 달걀 모양을 하고 있다. ⑤ 빠사카(pasākhā)는 임신 후 6주 이상의 태아로 두 팔, 두 다리, 머리의 기초가 되는 다섯 개의 돌기가 생겨난 상태. 그러나 머리카락, 몸 털, 손발톱은 42주가 지나야 생겨난다.

어린이가 육체적으로 부모를 닮는 것을 설명하기가 어려울 것입니다. 경전에서도 육체는 네 가지 근본 요소인 지수화풍 4대와 부모의 정액의 산물이라고 말하고 있습니다. 더구나 삼장三藏에서는 잉태에 필요한 조건으로서 부모의 성교, 모체의 월경, 태아에 적합한 그 무엇인가의 원인 등 세 가지 조건이 필요하다고 구체적으로 설명하고 있습니다. 그러므로 『맛지마니까야』의 「대애진경Mahātaṇhāsankhaya Sutta」을 근거로 보면 깔랄라는 부모의 정액과 피의 결합에 그 근원을 두고 있음이 분명합니다.

부모에게서 나온 정액과 피는 온도에서 생긴 물질이지만 업에서 생긴 물질과 같은 것으로 보아도 좋습니다. 현대의 의사들은 건강하지 못한 조직을 떼어내고 건강한 조직을 이식합니다. 이식된 조직은 몸에서 떼어져 나올 때에는 온도에서 생긴 물질이지만 다른 조직에 이식되어 전체의 일부가 된 다음에는 몸의 감성물질인, 업에서 생긴 물질로 나타납니다. 또한 병든 장기臟器 대신에 염소 내장이나 사람의 눈을 이식하는 경우도 있습니다. 이렇게 이식된 장기는 의심의 여지 없이 몸의 감성과 눈의 감성 형태로서 업에서 생긴 물질로 성장합니다. 마찬가지로 세 가지 업에서 생긴 물질의 무더기는 부모로부터 분리된 정액과 피의 온도에서 생긴 물질의 결합이라고 생각해야 합니다.

서양 생물학자들에 의하면 어머니의 난자와 아버지의 정자가 결합한 것이 점차 성장하여 아이가 된다고 합니다. 초기의 태아는 너무 작아서 육안으로는 보이지 않습니다. 이러한 과학자들의 발견은 불교 서적에서 설하는 수태와 완전히 일치합니다. 현미경이나 다른 기구의 도움 없이 부처님은 오직 지혜의 힘으로, 부모의 정액과 피를 토대로 한 깔랄라로부터 어떻게 세 가지 물질 무더기(깔리빠)인 서른 가지 물질로 생명이 시작되는지를 아셨던 것입니다.

이것이 2500년 전 부처님의 가르침이었는데, 서양 과학자들은 지난 300년간 현미경으로 오래 조사한 끝에 겨우 수태에 관한 사실을 발견했습니다. 그들의 발견은 부처님의 무한한 지혜를 입증하고 있습니다. 그러나 과학자들은 서른 가지 물질의 기원은 아직도 밝혀내지 못하고 있는데 이는 아마도 지극히 미세한 업에서 생긴 물질이 현미경을 이용한 조사를 허용하지 않기 때문일 것입니다.

이와 같이 마음의 작용과 업에서 생긴 물질은 재생연결식에서 생긴 정신과 물질입니다. 온도에서 생긴 물질이 열로 인해 매 심찰나마다 새롭게 바뀌는 것처럼, 업에서 생긴 물질도 그러합니다. '마음에서 생기는 물질cittajarūpa'도 첫 번째 잠재의식이 일어날 때부터 마음이 일어나는 바로 그 순간 일어납니다. 그러나 보고 듣는 것 등을 그냥 알기만 하는 마음[識]은 물질을 일으키지 못합니다. 그러므로 재생연결식이 일어날 때는 느낌[受] 등 다른 모든 종류의 마음의 작용이, 업에서 생긴 물질, 온도에서 생긴 물질, 마음에서 생긴 물질 등 모든 종류의 물질과 함께 차례대로 일어나는 것입니다.

1주 후에 깔랄라는 압부다abbuda가 되고, 다시 1주 후에 한 덩어리의 살로 변합니다. 다음 1주 후에는 가나ghana로 단단해지고 5주가 되면 손과 발이 될 네 개의 혹과 머리가 될 하나의 큰 혹을 가진 빠사카pasākhā로 성장합니다. 불교 서적에는 5주 뒤의 태아 성장에 대해 상세하게 서술하지 않고 있지만, 77일 후에는 모체 내에 음식에서 생긴 물질[7]이 일어나는 것처럼 보고, 듣고, 냄새 맡고, 맛보는 네 가지 감성물질이 나타난다고 쓰여 있습니다. 또한 태아는 손톱과 발톱 등이 있다고 합니다. 더 이상 상세한 것은 수행자가 알 필요가 없기 때문에 언급하지 않고 있습니다. 그런 지식은 의사에게나 유용할 것입니다.

화생化生

사대왕천四大王天[8]과 같은 천인들의 경우는 재생연결식이 일어나면서 바로 눈, 귀, 코, 혀, 몸 등의 10원소, 성의 10원소, 토대의 10원소 등 일곱 가지 각기 다른 물질의 깔라빠(kalāpa, 물질의 무더기)인 70가지 물질이 생깁니다. 천인은 눈, 귀 등의 크기에 따라서 같은 종류의 '깔라빠'

---

7   음식에서 생긴 물질(āhārarūpa)이란 음식을 삼키는 순간부터 머무는 순간에 생기는 물질을 말한다. 내부의 영양소는 외부에서 공급받아 유지되는데, 음식에서 생긴 깔라빠(물질의 무리)에 있는 영양소가 그다음에 일어나는 순수한 8원소를 생기게 한다. 8원소는 10번에서 12번까지 생긴다. 임신한 어머니가 섭취한 음식은 태아의 몸에 퍼져 들어가 태아의 물질을 생기게 하고, 몸에 바른 음식도 물질을 생기게 한다고 한다. 다른 세 가지 원인에 의해서 생긴 몸속 깔라빠의 영양소 역시 잇따라 여러 번 순수한 8원소를 생기게 한다. 하루에 섭취한 음식은 7일 동안 몸을 지탱할 수 있다고 한다.

마하시 사야도의 12연기

가 무수히 많습니다.

초선천初禪天, 이선천二禪天, 삼선천三禪天, 광과천廣果天, 정거천淨居天에 태어나는 범천에게는 코의 10원소, 혀의 10원소, 몸의 10원소, 성의 10원소라는 10원소 깔라빠kalāpa가 없습니다. 재생연결식과 함께 눈, 귀, 토대 등 세 가지의 10원소 깔라빠와 한 가지의 9원소 깔라빠가 일어나는데, 한 가지의 9원소 깔라빠를 네 가지의 각기 다른 깔라빠 혹은 서른아홉 가지의 물질이라고도 합니다. 이러한 네 가지의 깔라빠 중에서 생명의 9원소 깔라빠가 몸의 10원소의 특징을 이룹니다. 천인의 몸에, 몸의 10원소 깔라빠가 퍼져 있는 것과 마찬가지로 범천의 몸에는 생명과 아홉 가지 물질(생명 기능 9원소 깔라빠)이 퍼져 있습니다.

무상유정無想有情9)이라는 범천은 태어날 때부터 마음이 없습니다. 그

8   사대왕천(四大王天, Cātu-mahārājika)은 원래 고대 인도에서 세계의 수호신이었던 것을 불교가 수용한 것이다. 불교의 우주관에 의하면 세계의 중앙에 우뚝 솟은 수미산(須彌山, Simeru) 정상에는 삼십삼천(三十三天)이라는 천인들의 세계가 있고, 이 수미산의 중턱을 둘러싸고 사방에 사천왕의 세계가 있다. 동쪽의 천왕은 지국천(持國天)으로 천상의 음악가인 간답바(Gandabba)들을 통치하고, 남쪽의 천왕은 증장천(增長天)으로 숲이나 산에 숨겨진 보물을 관리하는 꿈반다(Kumbhanda)들을 통치하며, 서쪽의 천왕인 광목천(廣目天)은 용들을 통치하고, 북쪽의 천왕인 비사문천(毘沙門天)은 야차(Yakkha)들을 통치한다고 한다. 이들은 위로는 제석을 섬기고 아래로는 팔부중(八部衆)을 지배하여 불법에 귀의한 중생을 보호한다고 한다.

9   무상유정(無想有情)으로 번역되는 아산냐삿따(asañña-satta)는 인식이 없는 중생이란 뜻이다. 이들은 마음(citta)이 일어나지 않기 때문에 인식 과정도 없다. 인식이라는 것을 극도로 혐오하여 인식이 없는 경지를 얻고자 선정을 닦았기 때문에 무상유정천(無想有情天)에 태어나며 인식이 생겨나는 순간 죽어서 다른 곳에 재생한다.

들은 오직 범천의 모습을 나타내는 생명의 '9원소 깔라빠'만 갖고 있습니다. 마음과 마음에서 생긴 물질이 없기 때문에 이 범천은 아무것도 알지 못하고 또 움직임도 없습니다. 마치 나무로 조각한 상과도 같습니다. 이 범천보다 더 놀라운 것은 물질이 없이 마음과 마음의 작용만 계속해서 재생되면서 무색계에서 수천 겁을 사는 무색계 범천입니다. 이러한 사실은 과학적인 조사로는 접근할 수 없으며 오직 신통을 지닌 부처님과 성자만 알 수 있습니다.

항상 몸이 불타는 지옥중생과 항상 굶주리는 아귀는 자궁에 수태될 수도 없고 더러운 곳에 습생으로 태어날 수도 없습니다. 그들은 악업으로 인해 화생化生으로 생겨납니다. 앞서 언급한 천인들처럼 홀연히 일곱 개의 '물질의 무더기'인 70개의 물질로 나타납니다. 그들은 나쁜 감각대상에 대한 접촉을 통해 괴로움을 받아야 할 운명이기 때문에 대부분은 시각이나 청각 등에 장애가 없이 태어납니다.

습생濕生

오폐물에서 생겨난다고 하는 습생은 점진적으로 성장할 것 같아 보이지만, 불교 경전에서는 시각 등에 장애가 있는 것이 아니라면 다 자란 형상으로 출현한다고 설명하고 있습니다. 그래서 우리는 성장하는 것인지 아니면 출현하는 것인지 그 진실을 단정하여 말할 수가 없습

마하시 사야도의 12연기

니다. 왜냐하면 업에서 생긴 물질은 과학적인 탐구로 접근할 수 없기 때문에 당분간은 경전에서 설하고 있는 대로 받아들이는 수밖에 없습니다.

습생과 화생에 관한 업의 물질과 다른 물질의 성장 과정은 일반적으로 태생과 같습니다. 다른 것이 하나 있다면 습생의 경우 음식에서 생긴 물질은 음식을 먹거나 침을 삼킬 때 생깁니다.

6

인식 과정의 마음

●

인식 과정[1]의 마음은 잠재의식과는 다른 종류의 마음입니다. 잠재의
식은 대상이나 과정의 면에서 재생연결식과 유사합니다. 잠재의식은
재생연결식이 일어난 다음에 일어나는 의식의 흐름으로 업에 뿌리를
두고 있습니다. 이는 전생의 업, 업의 표상, 태어날 곳의 표상이라는
세 가지 표상 중 하나에 초점을 두고 있습니다. 잠재의식은 현생에 나
타나는 대상과 관계된 것이 아니고, 깊이 잠들었을 때의 정신 상태와
같은 것입니다. 그러나 우리가 보고, 듣고, 냄새 맡고, 먹고, 감촉하고,
생각할 때는 어떤 변화가 생기는데, 이런 정신적 현상의 변화를 여섯
가지 인식 과정의 마음이라고 합니다.

시각적 형상이 눈의 감성물질에 반영되었다고 할 경우 이 물질은 매

---

1   인식 과정으로 옮기는 위티찟따(vīthi-citta)는 마음이 진행되는 진로나 과정을 뜻한다. 마음은
감각의 오문(五門)이나 의문(意門)에서 대상을 인식할 때 일어난다. 이들은 한 대상을 인식하는 과정에
서 분명하게 한 마음에서 다음 마음으로 규칙적이고 통일된 순서에 따라 일어난다. 이런 순서를 논장
에서는 마음의 법칙(citta-niyama)이라고 한다. 이런 인식 과정이 진행되려면 다음과 같은 조건이 갖
추어져야 한다. 즉, 육입에서 인식 과정이 일어나려면 각각 ① 눈의 감성, 형상인 대상, 빛, 주의 기울임
② 귀의 감성, 소리인 대상, 허공, 주의 기울임 ③ 코의 감성, 냄새인 대상, 바람의 요소, 주의 기울임 ④
혀의 감성, 맛인 대상, 물의 요소, 주의 기울임 ⑤ 몸의 감성, 몸인 대상, 접촉, 주의 기울임 ⑥ 심장의 토
대, 법인 대상, 잠재의식이 있어야 한다. 이런 여섯 가지 인식 과정은 오문인식 과정과 의문인식 과정
으로 구분되는데, 물질이 일어나서 머물고 멸하는 시간과 마음이 일어나서 머물고 멸하는 시간은 다르
다. 각각의 인식 과정은 반드시 하나 이상의 잠재의식을 거쳐서 그다음의 인식 과정으로 넘어간다. 인
식 과정에 개입된 마음은 모두 일곱 가지로서 오문전향식, 식(안식 · 이식 · 비식 · 설식 중의 하나), 받
아들이는 마음, 조사하는 마음, 결정하는 마음, 속행, 등록하는 마음 등이다. 여기서 속행은 일곱 번 일
어나고, 등록은 두 번 일어나므로 인식 과정에서 모두 열네 가지 마음이 일어나는 것이다.

순간마다 열일곱 번의 심찰나 동안 지속되고, 형상과 그 정신적 표상도 이와 함께 끊임없이 새롭게 변화합니다. 눈의 깔라빠(물질의 무더기)와 형상의 무더기는 동시에 일어납니다. 그러나 한 물질이 일어나는 순간에는 별로 강력하지 않기 때문에 잠재의식이 흐르고 있는 동안에는 눈과 그 대상 사이에 접촉이 일어나지 않습니다. 다른 말로 하면 형상이 눈에 반영되지 않는다는 것입니다. 그렇게 반영되기 전에 사라지는 잠재의식을 '지나간 잠재의식'[2]이라고 합니다.

그러고 나서 또 다른 잠재의식이 일어나면 반영합니다. 그 결과 잠재의식은 끊어집니다. 익숙한 대상에 대한 잠재의식의 주의력은 떨어지고 형상에 주의를 기울이기 시작합니다. 이것을 '잠재의식의 동요'라고 합니다. 그다음 다른 잠재의식이 그 자리를 대신하지만 너무 미약하기 때문에 잠재의식의 소멸과 함께 그 흐름도 끊어집니다. 마음은 눈에 비친 형상에 관심을 두기 시작합니다. 이렇게 알려고 하는 마음을 '전향식轉向識'[3]이라고 하며, 여기에는 다섯 가지 감각기관에 대응하는 다섯 가지의 전향식이 있습니다. 그러고 나서 안식眼識이 일어나고 안식이 소멸하면 형상을 수용하고 받아들이는 마음이 일어납니다.

---

2   논장에 따르면 정신과 물질이 일어나고, 머물고, 무너지는 세 과정을 거치는 동안 요구되는 시간은 열일곱 개의 심찰나인데, 마음은 물질보다 열여섯 배 빠르다. 이것을 파악하기에는 감각기능이 너무나 미약하기 때문에 잠재의식은 그 순간 그냥 지나간다. 이것을 지나간 잠재의식(atīta-bhavaṅga)이라고 한다. 그러므로 열일곱 개의 심찰나라는 것은 한 물질이 머무는 순간에 열여섯 번 생멸한 마음과 지나간 잠재의식을 포함한 것이다. 그러므로 정신과 물질의 생성인 전체 과정으로 볼 때는 1대 17이 된다고 할 수 있다.

잠재의식은 안식과 받아들이는 마음과 마찬가지로 행에서 비롯한 마음의 결과입니다. 이것을 과보심이라고 합니다. 과보심은 선행이나 불선행에 따라서 선 과보심과 불선 과보심 두 가지가 있습니다. 반면에 전향하는 마음[轉向識]은 선도 불선도 아니고 과보심도 아닙니다. 이것을 업의 과보가 없이 '단지 작용만 하는 마음'[4]이라고 하는데 이런 종류의 마음은 일반적으로 아라한의 특성을 가지고 있습니다. 마음이 형상을 받아들이고 난 후에는 그것이 좋은지 나쁜지 그 특성을 알아보는 '조사하는 마음[判別識]'이 이어집니다. 그러고 나서 좋은 것이라는 등의 '결정하는 마음'[5]이 뒤따릅니다.

이것은 다시 일곱 번 연속하여 번쩍이는 충격의 순간을 의미한다는 속행速行에 이르게 합니다. 속행은 아주 빠르게 일어납니다. 그것은 다른 인식 과정에서는 찾을 수 없는 속도와 힘을 가지고 있습니다. 그

3   전향식(āvajjana-citta)에서 āvajjana는 '기울임, 향함'이라는 뜻으로, 전향하는 마음이 그 대상인 오문(五門)이나 의문(意門)으로 향하는 역할을 한다. 즉, 전향은 인식 과정에서 첫 번째 단계로서 대상을 조사하는 마음 상태로 일어난다. 전향에는 눈, 귀, 코, 혀, 몸으로 향하는 오문전향(五門轉向)과 의문으로 향하는 의문전향(意門轉向)의 두 가지가 있다.

4   마음은 그 경지에 따라 ① 욕계 마음(kāmāvacara-citta) ② 색계 마음(rūpāvacara-citta) ③ 무색계 마음(arūpāvacara-citta) ④ 출세간의 마음(lokuttara-citta)으로 구분되고, 종류에 따라서는 ① 불선심(akusala-citta) ② 선심(kusala-citta) ③ 과보심(vipāka-citta) ④ 단지 작용만 하는 마음(kiriya-citta)으로 구분된다. 단지 작용만 하는 마음은 원인과 결과를 만들지 않는 마음으로 한문으로는 무인작용심(無因作用心)이라 하고, 여기에는 선심도 불선심도 없다.

5   결정하는 마음(voṭṭhapana-citta)에서 결정으로 옮긴 옷타빠나(voṭṭhapana)는 '굳게 세운다'는 뜻으로 '확립, 확정'이란 의미가 있다. 이는 대상을 조사해서 결정하는 마음의 작용을 나타내는 것으로 한문으로는 확정식(確定識)이라고 한다.

것은 탐욕이나 탐욕 없음과 같이 선하거나 불선할 수도 있는 강력한 마음의 작용과 관련 있습니다.

선하지 못한 마음이 그 대상에 빠르게 돌진하는 것은 놀라운 일이 아닙니다. 탐욕은 원하는 대상에 달려들어 힘으로 거머쥐도록 하고, 성냄은 맹목적으로 그 대상에 돌진하여 파괴하려는 내면의 욕구를 치밀어 오르게 합니다. 의심, 들뜸, 무명도 각각의 대상에 빠르게 밀착합니다. 선한 마음의 작용도 마찬가지입니다.

필사적이고 충동적인 특성 때문에 감각적 욕망을 '감각적 욕망의 속행'이라고도 합니다. 일곱 번의 속행과 심찰나에 이어서 두 개의 '등록하는 마음'이 일어납니다. 이 마음은 속행의 대상과 관련 있는 것으로, 선행하는 마음에 아직도 남아 있는 욕망을 충족시켜주는 역할을 합니다.

인식 과정에서 안식은 '지나간 잠재의식'과 함께 일어나는 눈의 감성 물질에 의존합니다. 다른 식識들은 각기 다른 마음에 따라 일어나는 심장 토대물질에 의존합니다. '전향하는 마음'에서 두 번째 '등록하는 마음'까지의 열네 개의 마음은 오직 현재의 대상에 초점을 맞추고 있습니다. 그래서 이들 열네 개의 마음은 잠재의식과는 성질이 다른 인식 과정입니다. 다른 말로 하면 '활동하는 마음'입니다. 인식 과정의 끝을 표시하는 두 번째 '등록하는 마음'이 소멸한 후, 정신 활동은 수면 상태와 같은 잠재의식의 상태로 되돌아갑니다.

다음 비유는 인식 과정을 이해하는 데 도움이 될 것입니다. 어떤 사람이 망고나무 밑에서 잠을 자고 있는데 망고 하나가 떨어지는 바람에 잠을 깼습니다. 이 사람은 망고를 집어 들고 조사해봅니다. 냄새를 맡아보고 잘 익었다는 것을 알고는 먹습니다. 그리고 그는 그 맛을 생각해보고 다시 잠에 듭니다. 이때 대상으로서의 업, 업의 표상, 태어날 곳의 표상이 있는 잠재의식의 상태는 잠자는 상태와 같습니다. 망고가 떨어짐으로써 잠이 깨기 시작하는 것은 잠재의식의 일어나고 사라짐에 비유할 수 있을 것입니다. 잠에서 깨어나 반응한 것은 전향하는 마음입니다. 인식 대상을 보는 것은 망고를 보는 것입니다. 조사하는 마음은 그 사람이 망고를 조사할 때와 같은 것으로 볼 수 있습니다. 망고가 익었다고 결론내리는 것은 결정하는 마음입니다. 속행은 망고를 먹는 것과 같고 등록하는 마음은 그 맛을 생각하는 것과도 같습니다. 잠재의식의 상태로 되돌아가는 것은 다시 잠드는 것과도 같습니다.

만약 형상이 그다지 분명하지 않을 때에는 지나간 잠재의식이 두세 번 일어난 다음에 눈의 감성물질에 나타납니다. 이렇게 대상이 분명치 않을 경우에는 '등록하는 마음'이 나타날 때까지 인식 과정이 계속되지 않고, 속행이 끝난 후 잠재의식의 상태로 들어가 버립니다. 의식 대상이 더 약할 때에는 5번에서 9번까지 '지나간 잠재의식'이 일어난 다음에 비로소 전향합니다. 인식 과정은 속행까지 미치지 못하고 '결정하는 마음'이 두세 번 일어난 뒤에 끝납니다.

이렇게 끝을 맺는 인식 과정은 위빠사나 수행에서 매우 중요합니다. 지속해서 사념처[6]를 계발하는 수행자는 감각대상을 찾거나 번뇌에 빠지지 않기 때문입니다. 그래서 전향이 늦어지고, '전향하는 마음'도 약하며, 안식眼識도 명확하지 않고, '받아들이는 마음'도 적절하지 않으며, '조사하는 마음'도 효과적이지 않고, '결정하는 마음'도 명확하지 않습니다. 그리고 두세 번 '결정하는 마음'이 일어난 후에 잠재의식의 상태로 들어갑니다. 마음을 오염시킬 정도로 대상은 분명하지 않고, 수행자는 현상의 무상 · 고 · 무아를 알아차리게 됩니다. 보는 것에서는 단지 있는 그대로 알아차림만 있을 뿐이고 그 인식 과정에 번뇌가 들어오지 않습니다.

의문意門 인식 과정

의문 인식 과정[7]은 관련된 속행에 따라 업業의 속행, 선정禪定의 속행, 도과道果의 속행 등 세 가지가 있습니다. 여기서 문제는 업의 속행의 인식 과정입니다. 잠재의식이 흐르는 동안에는 경험했거나 때로는 경

---

6   사념처(四念處)로 옮긴 사띠빳타나(satipatttāna)는 sati(念, 알아차림)와 patthāna(處, 확립)의 합성어로 신수심법 네 가지 대상에 대한 알아차림을 확립한다는 의미다.

험하지 못한 감각대상의 정신적 표상이 나타납니다. 그러면 잠재의식이 흔들려서 다음번에는 끊어집니다. 뒤이어 다섯 가지 감각기관에서 결정하는 마음과 어느 정도 비슷한 의문전향식이 생깁니다. 결정하는 마음과 마찬가지로 의문전향식은 두려움, 분노, 혼란, 신심, 경외감, 연민 등의 좋아하거나 싫어하는 감정을 일으키는 속행의 원인이 됩니다.

다섯 가지 감각기관에서 일어나는 자극은 약합니다. 그래서 선하거나 나쁜 재생을 일으키지 않고 이에 따른 과보도 별로 없습니다. 그러나 마음에서 일어나는 자극은 재생의 자질과 모든 과보를 결정할 정도로 강력합니다. 그러므로 이 자극을 경계하고 제어할 필요가 있습니다. 일곱 개의 속행인 심찰나가 일어난 후에는 두 개의 등록하는 마음의 심찰나가 일어나고, 이어서 마음은 잠재의식 상태로 들어갑니다.

그러므로 의문 인식 과정에는 한 개의 '전향하는 마음의 심찰나', 일

---

7   의문에서 의(意)는 빨리어로 마노(mano)라고 하는데, 마노를 이해하기 위해서는 먼저 감각장소[處, āyatana]와 감각기능[根, indriya]과 문[門, dvāra]을 알 필요가 있다. 중생은 매 찰나 대상과의 연기적 관계 속에서 살아가는데, 이 과정에서 물질적 대상은 눈, 귀, 코, 혀, 몸을 통해서 들어오고 이들 감각기관은 각각 형상, 소리, 냄새, 맛, 감촉이라는 대상을 만나는 문[門]이 된다. 그리고 이들이 부딪혀서 만남이 일어나는 곳을 감각장소라고 한다. 그리고 이 감각장소는 각각의 고유한 기능과 능력을 가지는데 이를 감각기능이라고 한다. 그래서 상황에 따라 눈의 문[眼門], 눈의 감각장소[眼處], 눈의 감각기능[眼根]이라고도 한다. 이에 따라 정신적 영역의 마노에서도 문맥에 따라 의문, 의처(意處), 의근(意根)이라고도 한다. 그리고 이런 마노의 대상인 정신적 영역을 법이라 한다. 논장에서는 마노의 대상으로 물질, 마음의 작용, 열반을 들고 있다. 의문 인식 과정은 의문에서만 일어난다.

곱 개의 '속행 심찰나', 두 개의 '등록하는 마음의 심찰나'가 있습니다. 대상이 희미하고 불분명한 경우에는 '등록하는 마음'을 건너뛰고 속행을 거쳐서 잠재의식으로 돌아갑니다. 만약 대상이 아주 약할 경우에는 속행조차도 거치지 않고 두세 개의 '전향하는 마음의 심찰나'만 있습니다. 이는 위빠사나 수행에서 마음의 대상[法]에 초점을 맞추려고 노력한다면 자연스럽게 일어나는 일입니다.

이 의문 인식 과정에서 과보를 일으키는 마음은 '등록하는 마음'뿐이고, 다른 두 가지는 행의 원인이 되지 않는 '단지 작용만 하는 마음'입니다.

오문전향에 이어지는 의문 인식 과정

의문 인식 과정은 다섯 가지 감각기관에 근거한 인식 과정에 이어서 잠재의식의 상태가 되었다가 감각대상을 조사할 때 작용할 수도 있습니다. 마음은 인식 과정이 일어나기 전까지는 궁극의 실재하는 물질만을 대상으로 합니다. 남자, 여자와 같은 관습적인 모양새에는 관심이 없습니다. 수행자는 이 순간에 궁극의 실재[究竟法][8]를 알아차리고 있기 때문에 모양에 현혹되지 않습니다. 수행자는 보거나 듣는 즉시 알아차리도록 노력해야 합니다. 그래서 우리는 수행자가 주의를 기울이는 바로 이 순간의 중요성을 강조하는 것입니다.

이런 마음[意]의 인식 과정이 일어난 다음 수행자가 이를 알아차리지 못하면, 형상, 소리 등에 대한 또 다른 마음의 인식 과정이 일어납니다. 그러면 감각대상은 관습적인 형태와 모양에 주의를 기울이는 특정한 대상이 되어버립니다. 이런 인식 과정은 강하지만 불선한 자극에 노출되어 있습니다. 그것은 남자, 여자와 같은 관습적인 명칭에 맞추어 주의를 기울이는 또 다른 마음의 인식 과정으로 이어지고, 거기서 더욱 강한 불선한 자극의 영향을 받게 됩니다. 낯설고 익숙하지 않은 대상을 접하면 형상과 실체를 보고, 조사하고, 인지하는 3단계 과정에서 관습적인 용어로 인식하게 됩니다.

인식 과정은 관습적인 용어를 인지하지 못하고 멈춥니다. 관습적인 용어로 인식 과정이 일어나면 관습적인 용어로 듣고, 조사하고, 인식하고, 그 모양과 내용도 관습적으로 받아들입니다.

---

8   궁극의 실재라고 번역되는 빠라맛타담마(paramattha-dhamma)에서 paramattha는 최상의 이치라는 의미로, 구경법(究竟法) 혹은 최승의법(最勝義法)이라고 한다. 빠라맛타담마인 법은 크게 두 가지 의미가 있다. 하나는 부처님 가르침으로서의 법을 의미하는 무상 · 고 · 무아로, 영어로는 이를 고유명사화해서 Dhamma로 표기한다. 다른 하나는 정신과 물질에서 일어나는 모든 현상을 말하는 것으로 개념법[施設法, paññatti-dhamma]과 구별되는 개념으로 쓰인다. 영어로는 일반명사화해서 dhamma로 표기한다. 구경법으로는 오온(五蘊), 12처(十二處), 18계(十八界), 사성제(四聖諦), 팔정도(八正道), 12연기(十二緣起), 선법(善法), 불선법(不善法) 등이 언급되고 있으며 이런 것들은 궁극적으로 '고유한 성질'을 가지고 있다. 예를 들면 탐욕은 대상을 탐하고 거머쥐는 고유 성질이 있고, 성냄은 대상에 대해 분노하고 적개하고 밀쳐내는 고유 성질이 있다. 반면 개념법인 빤냣띠는 명칭, 개념, 서술, 술어, 용어의 의미가 있다.

식識을 원인으로 한 정신과 물질

재생연결식으로 인하여 이와 연관된 느낌, 기억, 인식, 조사와 같은 정신적 현상이 세 개의 깔라빠(물질의 무더기)인 서른 개의 물질과 함께 일어납니다. 재생연결식이 소멸한 다음에는 식의 활동이 있을 때마다 마음의 작용이 일어나고 마음, 업, 온도, 음식에 따라 조건 지어진 물질도 일어납니다.

마음과 마음의 작용이 서로 밀접한 관계가 있다는 데에는 의심의 여지가 없습니다. 마음이 활동할 때 우리는 느끼고, 기억하고, 생각하며, 탐욕과 성냄과 믿음도 일어납니다. 이와 같이 물질적 현상은 마음에서 비롯합니다. 우리는 무엇이든 자신이 그렇게 하기를 원해서 서고, 앉고, 가고, 행동합니다.

주석서에 의하면 이런 분명한 사실을 근거로 잉태되는 순간의 재생연결식이 세 가지 깔라빠인 서른 개의 물질을 만드는 원인이 된다고 합니다. 사실 재생연결식과 물질은 잉태되는 순간 눈 깜짝할 사이에 생기기 때문에 천안天眼으로도 보이지 않습니다. 천안을 통해서는 죽기 바로 직전과 재생 후에 일어난 일을 볼 수 있을지 몰라도 '죽음의 마음'과 재생연결식을 볼 수 있는 것은 오직 부처님의 '일체를 아는 지혜'만이 가능합니다. 그러나 물질적 현상이 일어나는 원인에 대해서는 우리가 알고 있는 것만으로도 임신하는 순간 재생연결식에서 물질이 생겨난다고 추론할 수 있습니다.

어떤 물질적 현상은 마음이 아닌 업, 온도, 음식에서 유래하지만 마음이 없으면 생명도 없을 것입니다. 시체는 온도에서 생긴 물질로 이루어져 있지만 생명이 없습니다. 바로 마음이 있기 때문에 업, 온도, 자양분을 기반으로 물질이 존재하고, 지속적인 삶의 흐름을 형성하는 것입니다. 일단 의식의 흐름이 끊어져 죽게 되면 마음의 작용과 생명이 있는 물질은 더 이상 존재하지 않습니다. 이 사실에서 정신과 물질이 식에 의해서 조건 지어진다는 가르침이 나옵니다.

선하거나 불선한 행이 있기 때문에 새로운 생에서도 식의 흐름이 계속해서 이어집니다. 마음이 일어날 때마다 정신과 물질도 끊임없이 일어납니다. 마음이 한 시간 동안 지속되면 정신과 물질도 그만큼 지속됩니다. 만약 마음의 흐름이 100년 동안 지속한다면, 정신과 물질의 수명도 100년입니다. 요컨대 삶이란 정신과 물질, 식의 끊임없는 인과관계의 연속일 뿐이라는 것을 이해해야 합니다.

간단한 요약

지금까지 이야기한 것을 요약합니다. 무명이 있어서 행을 일으킵니다. 사성제를 모르기 때문에 사람들은 행복해지려고 노력[行]합니다.

그들은 원하는 것을 얻으면 행복해질 것이라고 생각합니다. 그러나 그들이 원하는 대상은 영원한 것이 아니기 때문에 괴로움에 이르게 합니다.

괴로움의 진리[苦諦]를 모르기 때문에 현생과 내생의 행복을 위해 생각하고, 말하고, 행동합니다. 이러한 업행業行은 낮거나 높은 세계의 재생연결식으로 인도합니다. 이 재생연결식을 시작으로 마음의 흐름은 죽을 때까지 계속되고, 이런 정신적 생명의 본성은 업에 의해서 결정됩니다. 물질적인 몸도 업, 마음, 온도, 자양분의 네 가지를 조건으로 합니다.

움직이고 말하는 등 몸과 말로 하는 행동이 모두 마음에 근거하고 있기 때문에 마음에 의해 물질적 현상이 조건 지어진다는 것은 명백합니다. 수행자는 이러한 '마음에서 생긴 물질'을 근거로 알아차리는 수행을 하고, 이것을 체험으로 아는 것이 중요합니다. 그렇기 때문에 『대념처경』에는 "비구는 걸을 때 걷고 있는 것을 알고, 서 있을 때 서 있는 것을 안다"고 하는 부처님의 가르침이 들어 있습니다. 주석서에 의하면 만약 우리가 '마음에서 생긴 물질'이 마음에서 비롯한다는 것을 체험으로 안다면 업에서 생긴 물질, 마음에서 생긴 물질, 온도에서 생긴 물질, 자양분에서 생긴 물질에 마음[識]이 기여하는 바를 추론으로 알 수 있다고 했습니다. 그래서 "식을 조건으로 정신과 물질이 일어난다"라는 12연기의 가르침이 있는 것입니다.

수행자는 재생연결식을 경험으로도 알 수 없습니다. 그런 면에서는 과거의 다른 어떤 마음도 그 궁극적 의미를 알 수 없습니다. 수행자는 오직 지금 바로 작용하고 있는 마음[識]이 실재한다는 것을 알 수 있을 뿐인데, 그것도 알아차릴 때만 가능합니다. 수행자가 현재의 마음에 초점을 맞추면 정신과 물질을 잘 알게 됩니다. 왜냐하면 '봄, 봄'이라고 알아차리면 안식을 알게 되고, 안식과 밀접한 관계가 있는 정신과 물질도 알게 되기 때문입니다.

여기서 안식이라 함은 단지 안식만이 아니라 보는 것에 관한 모든 정신적 과정인 안문眼門 인식 과정을 의미합니다. 수행자는 이것을 단편적으로 보는 것이 아니라 전체로 알아차립니다. 더구나 수행자에게는 이 인식 과정이 한 단위의 마음으로 나타납니다. 이런 방식의 내면적 통찰은 『무애해도無碍解道』9)의 다음과 같은 가르침과 일치합니다. "물질에 주의를 집중하고 있는 마음은 일어나고 사라진다. 수행자는 그때 물질의 소멸을 지켜보는 마음도 사라지는 것을 알아차린다."

바꾸어 말하면 물질이 나타나면 마음은 그것을 지켜봅니다. 하지만 소멸의 지혜를 얻고 나면 이 마음도 물질이 영원하지 않고 사라진다

---

9 『무애해도(Patisambhidamagga)』는 빨리어 경장 소부(小部)에 들어 있는 논서적인 성격이 매우 짙은 경으로, 상좌부 교학체계와 수행체계에 없어서는 안 될 중요한 경이다. 『청정도론』의 주요 설명, 특히 혜품, 그중에서도 위빠사나를 설명하고 있는 18장부터 22장까지는 대부분이 『무애해도』를 인용하고 있다.

는 것을 봅니다. 소멸하는 위빠사나의 마음 그 자체가 알아차릴 대상이 됩니다. 이러한 위빠사나의 마음은 단순한 마음이 아닙니다. 적어도 하나의 전향하는 마음과 일곱 개의 속행으로 이루어져 있습니다. 그러나 이들 여덟 가지 마음을 하나씩 지켜볼 수는 없고, 인식 과정 전체가 주시의 대상이 되는 것입니다.

여기서 안식은 보는 것에 관한 인식 과정 전체를 뜻하며 이 과정에는 선업이나 불선업, 속행도 포함됩니다. 그러므로 안식에 주의를 기울이면 느낌, 인식, 접촉, 숙고, 의도 등을 알게 됩니다. 그러나 생각과 관련해서는 의도가 더 분명하게 나타납니다. 그래서 우리가 한밤중에 다음날 할 것을 생각할 때는 의도가 나타나 최대한 활동을 합니다. 충동하고 들뜨게 하며 어김없이 그 기능을 다합니다. 자신의 정신과 물질을 계속해서 지켜보는 수행자는 말할 때마다 혹은 자신의 몸 어느 부분을 움직일 때마다 항상 의도를 알아차립니다. 예를 들어 알아차리는 수행을 하는 중에 가려움이 느껴지면 그 가려움을 없애려고 합니다. 그 욕구를 알아차리면 마치 그 가려움을 없애라고 재촉하는 것과 같이 느껴집니다. 이것이 바로 그렇게 하도록 충동하는 의도로서, 의도는 이렇게 일상의 행동과 말과 생각으로 표출됩니다.

요컨대 수행자가 알아차림을 통해서 안식眼識을 알면, 안식에서 일어나는 정신 무더기[名蘊]뿐 아니라 안식의 토대가 되는 몸 전체의 물질도 알게 됩니다. 이는 "식識을 원인으로 정신과 물질이 일어난다"는 가르침과 일치합니다. 마찬가지로 듣는 것에 관한 식[耳識]에서도 같은 이야기를 할 수 있을 것입니다. 식을 아는 것은 식과 밀접한 관계가 있는 모든 정신과 물질을 아는 것입니다. 감각 접촉은 즐겁거나 괴로운 느낌을 토대로 그 느낌이 나타났을 때 알아차리는 것이고, 진동과 단단함이 나타났을 때는 감촉을 토대로 알아차리는 것이며, 팔을 구부리려는 욕구를 알아차릴 때는 그 뒤에 있는 의도를 알아차리는 것입니다.

생각하는 마음을 알아차릴 때는 그것과 결부된 정신과 물질을 알게 됩니다. 무언가를 기억하려는 자신을 발견할 때는 인식sañña을 알게 됩니다. 무엇을 하거나 말하려는 의도를 알아차리면 의도를 알게 됩니다. 자신이 무언가를 바라고 있는 것을 알아차리면 그것이 자신의 탐욕이라고 알게 됩니다. 화가 나서 부글거리는 것을 알아차리면 그것이 '성냄dosa'이라고 알고, 존재는 영원한 것이며 행복한 개체라고 생각하는 자신의 견해를 알아차리면 그것이 '어리석음moha'이라고 압니다. 내 안에 바라는 것이 없음을 알아차리면 그것이 탐욕 없음 alobha이라고 압니다. 나아가 무언가 하려는 의도 혹은 말하려는 의도가 있으면 몸으로 행동하거나 말로 표현하게 되는데, 이렇게 명상을 하면 수행자는 몸 안에 있는 물질의 원인이 의식이라는 것을 됩니다.

식識과 정신과 물질[名色]은 상호 의존합니다. 식이 정신과 물질을 생기게 하는 것과 마찬가지로 정신과 물질도 식을 일으킵니다. 정신과 물

마하시 사야도의 12연기

질은 함께하는 조건[俱生緣], 의지하는 조건[依止緣][10] 등을 통해 식에 원인을 제공합니다. 모든 마음의 작용에 함께 영향을 끼치거나 혹은 물질의 토대인 몸에 영향을 끼치거나, 오직 원인 제공이 있을 때에만 식이 일어납니다. 『디가니까야』「대전기경(大傳記經. Mahāpadana sutta)」에서는 깨달음을 얻기 바로 직전 보살이 어떻게 연기에 대해 숙고했는지에 대해 말하고 있습니다. 보살은 정신과 물질, 육입, 접촉, 느낌, 갈애, 집착과 업의 생성이 늙음과 죽음으로 이끄는 윤회의 연결고리가 된다는 것을 알아냈습니다. 그리고 정신과 물질은 식을 조건으로 하고, 거꾸로 식은 정신과 물질을 조건으로 한다는 생각이 떠올랐습니다. 경전에서는 위빠시 보살[11]이 식과 정신과 물질 간의 상호관계를 숙고한 것에 대해서만 이야기하고 있지만, 사실은 모든 보살이 위없는 깨달음을 얻기 직전에 이것을 발견했다는 것을 알아야 합니다.

10　　논장에서는 마음과 물질에 관계된 법의 상호 의존관계를 24가지 조건(paccaya)으로 설명한다. 이 24가지 조건을 이해하려면 논장에서도 가장 어려운 분야라는 다음 세 가지를 언급할 필요가 있다. 먼저 이 법이 일어나도록 하는 '조건 짓는 법(paccaya-dhamma)', 이 법의 도움으로 일어나는 '조건에 따라 생기는 법(paccaya-upanna-dhamma)', 이것들에 대해 '조건으로 작용하는 힘(paccaya-satti)'이 있는데 24가지 조건은 세 번째에 해당한다. 여기서 말하는 24가지는 조건 짓는 법이 조건에 따라 생긴 법에 대해 작용하는 스물네 가지 조건을 말한다. 즉, ① 원인의 조건[因緣] ② 대상의 조건[所緣緣] ③ 지배의 조건[增上緣] ④ 틈 없이 뒤따르는 조건[無間緣] ⑤ 더욱 틈 없이 뒤따르는 조건[等無間緣] ⑥ 함께 생긴 조건[俱生緣] ⑦ 서로 지탱하는 조건[相互緣] ⑧ 의지하는 조건[依止緣, nissaya-paccaya] ⑨ 강하게 의지하는 조건[親依止緣] ⑩ 먼저 생긴 조건[前生緣] ⑪ 뒤에 생긴 조건[後] ⑫ 반복하는 조건[數數修習緣] ⑬ 업의 조건[業緣] ⑭ 과보의 조건[異熟緣] ⑮ 음식의 조건[食緣] ⑯ 기능의 조건[根緣] ⑰ 선의 조건[禪緣] ⑱ 도의 조건[道緣] ⑲ 서로 관련된 조건[相應緣] ⑳ 서로 관련되지 않은 조건[不相應緣] ㉑ 존재하는 조건[有緣] ㉒ 존재하지 않는 조건[非有緣] ㉓ 떠나 가버린 조건[離去緣] ㉔ 떠나가지 않은 조건[不離去緣] 등이다.

비록 식과 명색(정신과 물질)은 상호 의존하지만, 결정적 요인은 식에 있기 때문에 이것을 정신과 물질의 원인이라고 기술합니다. 사실상 행으로 인해 식이 생길 때 식의 부산물인 마음의 작용과 행의 결과인 물질이 동시에 일어납니다. 그러므로 식과 명색은 재생의 순간부터 함께 일어납니다. 더구나 식과 명색에는 여섯 감각장소뿐만 아니라 감각 접촉과 느낌도 포함됩니다. 그러나 식은 정신과 물질의 원인이고, 정신과 물질은 육입의 원인이기 때문에 부처님께서는 원인과 결과를 구분하기 위해 "식을 조건으로 정신과 물질이 일어난다"는 등의 말씀을 하신 것입니다. 마찬가지로 『법구경』은 이렇게 설하고 있습니다.

"마음이 마음의 작용cetasika을 앞서 간다. 불선한 마음으로 말하거나 행동하면 괴로움이 뒤따른다. 마치 수레가 소의 뒤를 따르듯이."
실제로는 마음과 마음의 작용이 함께 일어나지만, 마음의 지배적인 역할 때문에 마음이 마음의 작용을 앞서 간다고 한 것입니다. 사람의 마음이 악하면 나쁜 행동을 하고, 나쁜 말을 하며, 나쁜 생각을 품습

---

11   위빠시(Vipassi)는 과거 7불 중에 첫 번째 부처님으로 91겁 전에 출현하셨다. 주석서에 따르면 위빠시라는 이름은 낮이든 밤이든 1유순 안에 있는 것을 천안(天眼)으로 두루 보고, 태어나면서부터 33천의 천인들처럼 눈을 깜빡이지 않고 보고, 왕자로 있을 때 아버지의 무릎에 앉아 바른 방법으로 면밀하게 정무를 보았다고 해서 그렇게 불렸다. 과거 7불은 ① 위빠시 붓다(Vipassi Buddha, 毘婆尸佛) ② 시키 붓다(Sikhi Buddha, 尸棄佛) ③ 웻사부 붓다(Vessabhu Buddha, 毘舍浮佛) ④ 까꾸산다 붓다(Kakusandha Buddha, 拘留孫佛) ⑤ 코나가마나 붓다(Konagamana Buddha, 拘那含牟尼佛) ⑥ 깟사빠 붓다(Kassapa Buddha, 迦葉佛) ⑦ 고따마 붓다(Gotama Buddha, 瞿曇佛)이다. 이 중 네 번째 부처님을 시작으로 다음에 출현할 미륵부처님까지 다섯 분의 부처님이 현겁에 출현하기 때문에 이를 행운의 겁[賢劫, bhadda-kappa]이라고 한다.

니다. 이 세 가지 종류의 업은 무명에서 생긴 행입니다. 그것은 불선 과보를 만드는 잠재력이 됩니다. 모든 행동과 말과 생각은 몇 차례 점멸하는 일곱 개의 속행을 수반합니다. 만약 첫 번째 속행이 우세하면 업이 현생에서 나타날 것이고, 그렇지 않으면 효력을 상실합니다. 만약 일곱 개 속행 중 하나가 우세하면 그것이 임종하는 순간에 업의 표상이나 태어날 곳의 표상을 일으키고, 다음 생에 업의 효력을 발생합니다. 그렇지 않으면 효력을 상실합니다. 다른 다섯 개 속행의 경우에는 세 번째 생에서부터 (열반을 성취하는) 마지막 생이 다할 때까지 업의 효력이 발생합니다. 열반을 성취하고 나서야 비로소 효력을 상실합니다.

열반을 성취하기 전에는 수많은 생애 동안 그 잠재력이 그대로 남아서 조건이 성숙하면 결실을 맺을 준비를 하고 있습니다. 그것은 더 낮은 세계에서 정신적·육체적으로 고통의 결과를 가져옵니다. 선업의 공덕이 있어서 사람으로 태어난다 하더라도 그의 신분과는 상관없이 악업이 따라와 괴로움에 시달릴 것입니다.

짝꾸빨라 장로 이야기

앞서 인용한 『법구경』의 게송은 부처님께서 짝꾸빨라Cakkhu-pāla[12] 장

---

12   짝꾸빨라(Cakkhu-pāla)는 cakkhu(눈)와 pāla(보호자, 지기)의 합성어로 눈을 보호하는 사람이란 뜻이다. 장로가 눈이 멀었음을 반의적으로 암시하고 있다.

로에 관해 말씀하신 것입니다. 『법구경』 주석서에 의하면, 장로는 과거 생에 한때 의사였는데 한 눈먼 여인을 치료하여 시력을 회복시켜 주었습니다. 그 여인은 자신의 시력을 찾아주면 평생 종노릇을 하겠다고 약속했지만, 약속을 지키지 않고 전보다 더 눈이 나빠지고 있다고 거짓말을 했습니다. 그녀의 속임수를 안 의사는 완전히 눈을 멀게 하는 안약을 주었습니다.

그는 이 악업으로 인해 수많은 생에 걸쳐 괴로움을 겪었으며 마지막 생에서 짝꾸빨라 장로가 되었습니다. 그는 60명의 다른 비구들과 함께 숲속의 집중 수행처에서 부처님의 가르침대로 명상했습니다. 명상을 하는 동안 전혀 눕지 않고 수행을 계속했기 때문에 눈병에 걸렸습니다. 안약을 넣기 위해 누워야 했지만 거부했기 때문에 의사는 치료를 포기했습니다. 장로는 반드시 닥쳐올 죽음을 계속 생각하면서 더욱 열심히 노력했고 한밤중에 눈이 멀었습니다. 그리고 아라한과를 얻었습니다. 보통 사람은 장로가 지나치게 힘을 쏟은 대가로 그렇게 눈이 멀게 된 것이라고 생각할 것입니다. 그러나 진짜 원인은 전생에 저지른 악업이었습니다. 명상을 하지 않았더라도 그는 언젠가 장님이 되도록 되어 있었습니다. 하지만 과도한 열정과 격렬한 노력으로 그가 아라한과를 성취한 것은 정말 잘된 것이었습니다.

짝꾸빨라 장로의 이야기에서 우리는 두 가지 교훈을 얻을 수 있습니다. 열정이 많은 비구인 그는 아라한이 된 뒤에도 위빠사나 수행을 계

마하시 사야도의 12연기

속했습니다. 경행을 하며 땅 위를 걸을 때 그의 발길에는 벌레들이 밟혀 죽었습니다. 이 사실이 부처님께 알려졌는데 세존께서는 벌레를 죽이려는 의도가 장로에게 없었기 때문에 벌레가 죽은 것에 대한 도의적 책임이 없다고 말씀하셨습니다.

그러므로 우리는 의도 없는 살생은 과보가 없다는 것과 아라한이라도 신통력이 없거나 혹은 있더라도 신통으로 몸무게를 제어하지 않고 걸으면 몸의 무게가 있다는 것을 알아야 합니다. 일부 불교 신자들은 채소를 요리하거나 미생물이 있는 물을 마실 때 혹시 계율을 범하는 것이 아닌지 의심합니다. 물론 눈으로 볼 수 있는 생명체는 걸러내야 합니다. 그러나 우연히 행한 자신의 행위로 생명체가 죽는 것에 대해서는 양심의 가책을 느낄 필요가 없습니다. 일부 자이나교도는 등잔불에 날아드는 벌레의 죽음에 죄의식을 느낀다고 합니다. 이런 견해는 극단적인 것입니다. 업의 법칙의 면에서 의도에 대한 도덕적 문제의 핵심은 아소카Asoka 왕[13])에게 답한 목갈리뿟따 띳사Moggaliputta-tissa 장로의 평결에서 입증되고 있습니다.

목갈리뿟따 띳사의 평결

아소카 왕이 불법을 아낌없이 지원하고 있을 당시 일부 외도外道[14])들이 물질적인 이익을 탐하여 승가에 들어왔습니다. 진정한 비구들은 신뢰할 수 없는 가짜 승려와 무엇이든 같이하고 싶지 않았습니다. 그래서 빠딸리뿟따Pāṭaliputta[15)]의 아소카라마 사원에서는 7년 동안 포살 uposatha 의식이 행해지지 않았습니다.[16)] 아소카 왕은 비구들이 포살 의식을 행하고 있는지 살펴보라고 대신을 한 명 보냈습니다. 하지만 비구들은 왕이 원하는 대로 하지 않았습니다. 포살 의식은 진정한 비구로 구성된 승가만이 행해야 한다고 말했습니다. 만일 승가에 도덕적으로 청정하지 못한 승려가 있을 경우, 그는 계목戒目[17)] 위반에 대

13　아소카(Asoka) 왕은 인도 최초의 통일 왕조인 마우리야 왕조의 제3대 왕(BC 268~232년경 재위)으로, 아육왕(阿育王)이라 한다. 아소카는 '근심이 없다'는 뜻이 있다. 전설에 의하면 왕은 젊었을 때 매우 난폭하여 많은 사람을 죽였지만 불교에 귀의한 후로는 선정을 베풀었으므로 담마 아소카로 불렸다고 한다. 즉위 8년경, 칼링가국을 무력으로 정벌하여 수많은 사람이 죽고 포로로 이송되면서 부모자식과 헤어지고 부부가 이별하는 등의 비참한 장면을 보고 전쟁의 죄악을 통감했고, 폭력에 의한 승리가 아니라 '법에 의한 승리'야말로 진정한 승리임을 깨달았다. 그때부터 부처님의 사리를 공양하고 룸비니, 녹야원, 붓다가야, 쿠시나가라를 비롯한 많은 불적을 순례하면서 사리뿟따와 목갈라나의 탑을 비롯한 8만 4000보탑을 세우는 등 법의 수립과 중흥에 노력을 기울였다. 또한 왕은 암벽을 깎아 새겨서 만든 '마애법칙(磨崖法則)'과 거대한 사암의 기둥을 깎아서 새긴 '석주법칙(石柱法則)'을 통해 부처님의 가르침을 전하고 자손들에게도 전하고자 했다. 아소카 왕은 이런 통치이념을 인도 전역뿐만 아니라 스리랑카, 미얀마, 시리아, 이집트, 마케도니아 등의 주변국에도 전법사를 파견하여 불교를 세계 종교로서의 기틀을 마련했다. 이렇게 전법을 실천하고 아낌없이 원조했지만, 막대한 보시와 경제적 손실로 만년에는 태자나 대신들로부터 배신당하고 제지당해 수중에 남은 것이 아말라까 열매의 절반밖에 되지 않았다는 기록이 있다.

14　외도(外道)로 번역된 아냐띠티야(aññatitthiya)는 '다른 쪽 여울에 있는 자'라는 뜻으로, 불교에서는 부처님 가르침이 아닌 다른 길을 가는 자라는 의미로 쓰인다. 당시 외도 수행자는 주로 유행승(遊行僧)들이었고 그 외 사문, 바라문, 나체 수행자, 육사외도(六師外道)라는 용어도 언급되고 있다. 이들 중 바라문들은 주로 결혼한 자들이었으나 그 외에는 대부분 독신 수행자로 각 파에서 설정한 해탈과 수행을 했다.

15　빠딸리뿟따(Pāṭaliputta)는 지금의 인도 비하르 주의 주도인 빠뜨나다. 『디가니까야』 「대반열반경」에는 빠딸리 마을을 확장하여 빠딸리뿟따가 건설된다 했고, 세존께서는 이 도시가 번창한 최고의 도시가 될 것이라고 예언하셨다. 그 예언대로 빠딸리 마을은 빠딸리뿌뜨라로 불려져 마우리야 왕조, 굽따 왕조 등 역대 인도 통일국가의 수도로 그 이름을 떨쳤다.

　　　　　　　　　　　　　　　　마하시 사야도의 12연기

한 훈계와 처벌을 받아야 합니다. 승가는 모든 구성원이 청정하다는 믿을 만한 이유가 있을 때에만 포살 의식을 개최했습니다. 그래서 그들은 가짜 승려들과 포살 의식을 하지 않은 것이었습니다. 그럼에도 불구하고 의식을 행했다면 이는 중대한 계율 위반이었을 것입니다.

대신은 이런 행동이 어명을 거역하는 것이라고 판단해 선한 비구를 칼로 베어 죽였습니다. 왕의 동생인 띳사Tissa 장로는 바로 직전에 대신이 알아봤기 때문에 겨우 죽음을 면할 수 있었습니다. 이 소식을 들은 왕은 크게 충격을 받아서 목갈리뿟따 장로에게 자신이 비구들의 죽음에 대한 과보의 책임이 있는지 물었습니다. 장로는 왕에게 승려들을 죽일 의도가 있었는지 물었습니다. 왕이 그런 의도가 전혀 없었다고 대답하자, 장로는 왕에게 과보의 책임이 없다고 대답했습니다.

16　『도사(島史)』 등에 따르면 아소카 왕이 불교 교단을 지원해줌으로써 경제적으로는 풍요로웠지만 안이한 생활을 목적으로 출가하는 자가 많아졌기 때문에 승가의 계율이나 수행이 어지러워졌다. 이에 따라 승가에 싸움이 일어나 월례행사인 포살도 행해지지 않았다. 이런 혼란을 바로잡기 위해 목갈리뿟따 띳사 장로는 아소카 왕의 지원을 받아 승가를 숙정했다. 불교를 분별설(分別說, vibhajja-vāda)이라고 말하는 비구는 불교도이고, 이에 반하는 비구는 불교도가 아니라고 하여 승가에서 추방했다. 당시 불교는 부처님의 말씀을 분석적으로 이해하여 설했기 때문에 스스로를 분별론자라 불렀다. 그래서 일부 서양이나 일본 학자들은 상좌부를 분별상좌부라고 한다. 이 교설을 명확히 하기 위해 만든 것이 논장 칠론 중 하나인 「논사(論事)」이고, 그 후 목갈리뿟따 띳사는 1000여 명의 아라한을 선발하여 9개월에 걸쳐 3차 결집을 완성했다.

17　계목(戒目)이라 옮긴 빠띠목까(pātimokkha)는 출가 수행자를 제어하는 가장 기본이 되는 계의 목록, 즉 계본(戒本)이란 뜻이다. 비구의 경우 227가지로 되어 있는데 중한 정도에 따라 7가지 등급으로 나누어진다. 이 중에서 가장 무거운 죄는 바라이법(波羅夷法, pārājika)으로 ① 사음 ② 도둑질 ③ 사람을 죽이는 것 ④ 깨닫지 않았는데 자신이 깨달았다고 말하는 것 등 4개조를 범하면 승가에서 영원히 추방된다.

장로는 "의도적 행위cetanā가 내가 말하는 업kamma이다"라는 부처님 말씀을 근거로 그렇게 평결한 것입니다. 또한 장로는 보살이 현자로 있을 때, 업의 법칙에서는 의도가 제일 중요한 작용을 한다고 강조한 「띳티라 본생경」[18]을 인용했습니다.

짝꾸빨라 장로 이야기에서는 아라한도 신통이 없는 경우 보통 사람처럼 몸무게가 나간다는 것을 보여주고 있습니다. 장로의 발에 밟혀 죽은 벌레가 그 증거입니다. 지난 15년간 미얀마에서는 아라한으로 알려진 성자 몇 분을 배출했습니다. 보고된 바로는 한 여신도가 성자에게 꽃이나 자기 손을 밟게 하여 정말 성자인지를 시험했다는데, 꽃도 망가지지 않고 손도 다치지 않았다고 합니다. 하지만 신통이 없거나 신통을 사용하지 않은 아라한이 제대로 물건을 밟으면 부서질 수밖에 없습니다.

아라한이라고 주장하거나 또는 인정받고 있는 사람이 아라한인가의 여부를 시험하는 확실한 방법은 갈애가 있는지, 쾌락을 즐기는지, 집착, 성냄, 우울, 두려움, 불안, 들뜸, 남을 헐뜯는 성향, 큰 소리로 웃는

---

18 「띳티라 본생경(Tittira Jākata)」은 부처님께서 라훌라(Rāhula)가 공부하기 좋아하는 것을 언급하면서 설하신 전생 이야기이다. 과거 어느 때 보살은 바라문 수행자였고 라훌라는 새잡이가 길들여 미끼로 부리는 자고새였다. 자고새가 울면 다른 새들이 그 주변에 모여들게 되고 그러면 새잡이가 와서 새들을 다 잡았는데, 자고새는 죄책감에 사로잡혀 자신이 악업을 짓고 있다고 두려워했다. 보살은 자고새에게 악한 의도가 없으면 그 행위는 악업이 되지 않는다고 말하여 자고새의 죄책감을 해소해주었다고 한다.

습관, 부처님 등의 거룩함을 불경스럽게 하는지의 여부를 살펴보는 것입니다. 만약 이러한 도덕적 약점들을 가지고 있다면 확실히 탐욕, 성냄, 어리석음에서 벗어나지 못한 것입니다. 잘 살펴보아서 이런 도덕적 약점이 드러나지 않는다면, 그 사람은 아라한으로 공경할 만한 속성을 지니고 있거나 적어도 아라한에 가까운 성자의 품성을 가졌다고 볼 수 있습니다.

선한 생각과 행복

불선심에 뒤이어 괴로움이 따라오는 것과 마찬가지로 선심에 뒤이어 행복이 따라옵니다. 선한 마음으로 생각하고 말하고 행동하는 사람은 선업의 행을 합니다. 선업은 현생과 내생에 반드시 행복을 가져다줍니다. 이는 『법구경』의 주석서인 「맛타꾼달리Matthakuṇḍali」 이야기에서 부처님이 강조하신 것입니다.

맛타꾼달리는 절대로 보시하지 않는 바라문의 아들이었습니다. 그가 중병에 걸리자 그의 아버지는 아들의 병을 치료하기 위해 돈을 쓰는 것이 아까워서 그냥 내버려두었습니다. 그리고 문병 오는 사람들이 자기 재산을 보지 못하도록 죽어가는 아들을 집 밖으로 내다놓았습니다. 바로 그날 부처님께서는 천안天眼으로 죽어가는 소년을 보셨습니다. 부처님께서는 소년이 죽기 전에 여래[19]를 보는 것이 많은 사람에게 정신적 이득이 된다는 것을 아셨습니다. 그래서 다른 비구들과 함께 탁발을 나가 그 바라문의 집을 지나가셨습니다. 소년은 세존을 보고 깊은 믿음[20]으로 충만했고, 세존께서 떠나시자 바로 죽은 후 삼십삼천에 태어났습니다.

맛타꾼달리는 자신의 과거를 회상해보니 부처님에 대한 신심으로 자신이 천상계에 태어났음을 알았습니다. 또한 자기 아버지가 묘지에서 슬퍼하고 있는 모습도 보았습니다. 그는 아버지에게 가르침을 주겠다는 생각에서 맛타꾼달리와 닮은 소년의 모습으로 묘지로 가서 울기

---

19 여래(如來)라 번역한 따타가따(Tathāgata)는 부처님께서 스스로를 호칭하시는 말이다. 『디가니까야』 주석서에서는 여래를 다음과 같이 설명하고 있다. "여덟 가지 이유 때문에 세존께서는 여래이시다. ① 여여하게(tathā) 오셨다(āgata) ② 여여하게 가셨다(gata) ③ 사실대로의 특징으로 오셨다 ④ 사실대로의 법을 확실하게 정등각하셨다 ⑤ 사실대로 보신다 ⑥ 사실대로 말씀하시다 ⑦ 여여하게 행하시다 ⑧ 지배하시다라는 뜻에서 여래이시다."
『청정도론』 등에 나오는 여래십호(如來十號)는 다음과 같다. ① 아라한(Arahan, 應供) ② 바르게 깨달으신 분(Sammā-sambuddha, 正等覺者) ③ 영지와 실천을 구족하신 분(Vijjā-caraṇa-sampanna, 明行足) ④ 피안으로 잘 가신 분(Sugata, 善逝) ⑤ 세상을 잘 아시는 분(Lokavidū, 世間解) ⑥ 가장 높으신 분(Anuttara, 無上士) ⑦ 사람을 잘 길들이시는 분(Purisadammasārathi, 調御丈夫) ⑧ 천인과 인간의 스승(Satthā devamanussānam, 天人師) ⑨ 부처님(Buddha, 佛) ⑩ 세존(Bhagavā, 世尊).

20 불교의 믿음과 관계된 빨리어 술어들을 보면 다음과 같다. ① 빠사다(pasāda)는 깨끗한 믿음이라는 의미로, 마음이 가라앉은 상태. '고요함, 편안함'을 나타낸다. 아울러 고요함과 더불어 청정한 믿음[淨信]이 있다. 경전에는 이를 불(佛)·법(法)·승(僧)·계(戒)에 대한 확고부동한 신앙을 뜻하는 사불괴정(四不壞淨)이라고 하며 이것은 성자의 반열에 든 수다원의 특징이다. ② 삿다(saddhā)는 믿음이라는 의미로, 맹목적인 것이 아니라 조사와 탐구를 통한 합리적 이해와 확신에 찬 믿음이다. 이 믿음은 오근(五根)과 오력(五力) 중의 하나로, 부처님의 깨달음을 믿고 삼보에 귀의할 때 생긴다. ③ 아디목카(adhimokkha)는 확신, 결단, 결심으로 번역되는데 '해탈을 향함', 즉 불·법·승 삼보에 확신이 다져졌다는 의미이다. 이처럼 불교에서 말하는 믿음은 합리적인 이해와 통찰을 해서 '와서 보라'는 것이다. 무조건 믿는 것이 아니고 있는 그대로를 보아서 얻는 믿음이다.

시작했습니다. 늙은 바라문이 왜 우냐고 묻자 자신의 황금마차에 장착할 한 쌍의 바퀴가 필요한데, 그 바퀴는 해와 달로 만든 것이어야 한다고 대답했습니다. 바라문은 소년의 요구가 허황된 것이라고 지적했습니다. 그러자 소년은 자신이 바라는 대상은 보이는 것이지만 바라문은 더 이상 볼 수 없는 죽은 아들을 슬퍼하고 있다고 말하면서, 자기가 더 어리석은지 아니면 바라문이 더 어리석은지 물었습니다. 바라문은 그제야 정신을 차렸습니다. 천인은 자신의 정체를 드러내고 자기가 임종하는 순간에 부처님에 대해 깊은 믿음을 일으킨 것이 얼마나 많은 이익을 가져다주었는지를 말했습니다. 천인은 전생의 아버지에게 부처님과 법과 승가에 귀의하고 오계[21]를 지킬 것을 권했습니다.

바라문은 자기 집으로 부처님과 승가를 초대하여 아침공양을 올렸습니다. 그 연회에는 불교를 믿는 사람이나 믿지 않는 사람이나 모두 참가했습니다. 연회가 끝난 다음에 바라문은 한 번도 법을 들은 적이 없고, 비구들에게 공양을 올리지도 않았으며, 팔계를 지킨 적도 없지만 부처님에 대한 믿음만으로 천상계에 태어난 사람이 있는지를 세존께

---

21   오계(五戒)는 빤짜실라(panca-sīla)로서 ① 살아 있는 생명을 죽이지 않는 것, ② 주지 않는 물건을 갖지 않는 것, ③ 그릇된 성관계를 갖지 않는 것, ④ 거짓말을 하지 않는 것, ⑤ 정신을 흐리게 하는 술이나 약물을 먹지 않는 것 등 다섯 가지를 지키는 것으로 재가자들이 지켜야 할 계율이다. 반면에 팔계(八戒)는 아따실라(attha-sīla)라 하고, 한 달에 네 번인 그믐날, 상현달, 보름달, 하현달이 뜨는 재일(齋日, uposata)이나 선원에서 집중수행을 하는 동안 지키는 계율로서, 오계 이외에 ⑥ 정오 이후에 음식을 먹지 않을 것, ⑦ 춤이나 노래를 듣거나 진하게 화장을 하고 장신구로 치장하지 않을 것, ⑧ 높고 큰 침상을 사용하지 않을 것 등 여덟 가지 계율을 지킨다.

여쭈었습니다. 세존께서는 그런 사람이 많다고 말씀하셨습니다.

바로 그때 맛타꾼달리 천인이 자신의 대저택을 이끌고 도착했습니다. 그러고는 세존께 자신이 임종할 때의 믿음이 어떻게 자신을 천상계에 태어나게 했는지를 말씀드렸습니다. 모든 사람은 그 젊은이가 죽기 전에 별로 선행을 하지 않았는데도 그렇게 엄청난 이익을 얻도록 한 부처님에 대한 믿음의 힘에 크게 감명을 받았습니다. 그러자 부처님은 이미 설명한 다음과 같은 게송을 읊으셨습니다.

"마음이 모든 법을 앞서 간다manopubbaṅgamā dhammā."

『법구경』 주석서에 의하면, 이 게송을 듣고 바라문과 천인은 성자의 첫 번째 단계인 수다원과를 성취했다고 합니다. 단지 부처님에 대한 생각만으로 소년이 천상계에 태어났다는 사실은 주목할 만합니다. 소년은 열반을 얻겠다는 어떠한 바람이나 욕구도 없었던 것 같습니다. 소년은 실제로 지혜가 없이 천인으로 재생했지만, 부처님의 게송을 듣고 수다원이 되었습니다.

『법구경』의 이 두 게송은 "행을 조건으로 식이 일어난다"는 연기의 가르침과 일맥상통합니다. 왜냐하면 게송에서는 행복sukha과 불행dukkha이 업행으로부터 생긴다고 말하는데, 실제로 행복이나 불행은 식과 함께 일어납니다. 또한 식은 반드시 관련된 마음의 작용과 그 물

질적 토대인 물질을 수반합니다. 그렇기 때문에 식으로 인해 정신과
물질이 일어난다는 가르침이 있는 것입니다.

7

정신과 물질을 원인으로
육입六入이 일어난다

●

정신과 물질을 원인으로 육입이 일어납니다. 이것은 매우 심오하고
이해하기 어렵습니다. 여기서 정신[名. nāma]은 세 가지 마음의 작용인
수受, 상想, 행行의 무더기를 의미하고, 물질[色. rūpa]은 네 가지 근본 요
소[四大], 여섯 가지 감각장소[六入], 생명, 물질과 자양분[1)]을 의미합니다.

정신과 물질에서는 육입인 눈, 귀, 코, 혀, 몸과 마음 등 오근五根과 의
근意根이 일어납니다. 이 육입은 인식 과정에 이르는 문[六門]입니다. 무
색계에서는 전 생애에 걸쳐 모든 의식의 단위들이 마음의 작용과 연
관되어 일어납니다.[2)] 그러나 이는 무색계의 성자들만 이해하는 것이
므로 범부들에게는 이론적인 지식일 뿐입니다. 나아가 사람과 같이
정신과 물질을 가진 중생이라면 누구나 잉태되는 순간부터 과보심이
일어날 때마다 마음의 작용도 같이 일어나게 되어 있습니다. 과보심

---

1   자양분이라고 번역한 아하라(āhāra)를 논장에서는 다음 네 가지로 말한다. ① 덩어리로 된 음
식[段食]은 육체적인 몸을 지탱해준다. ② 감각 접촉의 음식[觸食]은 느낌을 지탱해준다. ③ 의도의 음
식[意思食]은 의도가 업이며 업은 재생을 일어나게 하기 때문에 삼계에 태어나는 것을 지탱해주는 것
을 말한다. ④ 식의 음식[識食, viññāṇa-āhāra]은 정신과 물질의 합성체를 지탱해준다. 여기서 덩어리
로 된 음식은 몸의 네 가지 원인으로 생기는 물질적 현상을 지탱하고, 나머지는 그 각각과 함께 일어나
는 정신적·물질적 현상을 지탱해준다. 덩어리로 된 음식은 물질이므로 무기이고, 나머지 세 가지 정
신적 음식은 선(善), 불선(不善), 무기(無記) 모두에 해당한다. 이때 정신은 과보심과 연결된 마음의 작
용이고 물질은 업에서 생겨난 것들이다.

2   욕계의 정신과 물질은 여섯 감각장소[六入/六處] 모두를 일어나도록 조건 지어지고 색계에서
는 눈, 귀, 마음의 감각장소만 일어나도록 되어 있다. 무색계에서는 정신만이 마음의 감각장소[意處]를
일어나게 한다. 그래서 무색계에서는 다섯 가지 물질로 된 감각장소가 없다.

이란 즐겁거나 즐겁지 못한 대상을 단지 보기만 하고 단지 듣기만 하는 마음을 의미합니다.

여기서 보는 마음인 안식眼識은 보는 대상에 대한 숙고[作意], 대상과의 접촉[觸], 대상을 보려는 의도를 전제로 하기 때문에 혼자서 일어날 수 없습니다. 안식은 마음의 작용이 함께 일어날 때에만 일어날 수 있습니다. 이러한 의식을 '함께 생긴 조건[俱生緣]'이라고 합니다. 네 명이 힘을 합쳐야만 들 수 있는 짐을 팀장 혼자서 들려고 한다면 움직이지 않을 것입니다.

마찬가지로 마음은 정신생활의 주요 동력이기는 하지만 혼자서는 거의 아무것도 할 수 없습니다. 다른 '마음의 작용'이 함께 할 경우에만 기능합니다. 나아가 이런 마음의 작용은 재생연결식에 의해 눈과 귀 등 다섯 가지 감각기관에도 작용합니다. 물론 잉태되는 순간에는 물질인 몸만 있습니다. 그러나 모태를 거치지 않고 재생하는 경우에는 처음부터 다섯 가지 감각장소가 모두 있을 수도 있습니다. 잉태되는 순간에 마음과 마음의 작용에 의해 다섯 가지 감각기관이 조건 지어진다는 것을 이해하기는 어렵지만 부처님의 권위로 받아들여야 합니다. 다른 때에는 과보심과 함께 '단지 작용만 하는 마음'이 감각기관을 유지하도록 도와줍니다. 물질은 마음이 없으면 존재할 수 없기 때문에 이 부분은 이해할 수 있습니다.

물질과 감각기관

재생연결식은 심장을 토대로 일어납니다. 의근意根은 눈과 귀 등을 토대로 합니다. 생각과 의식 역시 심장을 물질적 토대로 합니다. 눈, 형상 등과 같은 이차적 물질현상은 모두 지대와 수대 등 사대四大에 의존합니다. 눈과 귀 등 다섯 가지 감성물질pasāda-rūpa은 일차적인 사대를 뿌리로 합니다. 그리고 그 업을 토대로 한 물질들은 생명의 물질을 뿌리로 합니다. 다섯 가지 감각기관의 물질[五根]도 역시 자양분에 의존합니다.

요약하면 의식citta-viññāṇa은 최소한 주의 기울임[作意], 접촉[觸], 의도의 세 가지 마음의 작용에 의해 조건 지어집니다. 때로는 탐욕, 갈애, 성냄, 환상, 자만, 의심, 들뜸, 걱정, 질투, 악의, 불안, 두려움 등이 되풀이하여 일어나는데 이 모든 정신적 상태는 불선한 마음의 작용 때문에 일어납니다. 마찬가지로 가끔은 믿음, 동정, 도덕관념, 집착 없음, 연민, 같이 기뻐함, 업의 법칙의 수용, 무상, 고, 무아에 대한 숙고 등이 일어나는데 이런 정신적 상태는 선한 마음의 작용 때문에 일어납니다. 그래서 식은 선하거나 불선한 마음의 작용에 의존하고 안식은 눈에 의존한다는 것을 수행자는 알게 됩니다. 그러므로 의근意根은 정신과 물질에 따라 형성된다는 것이 분명합니다.

마음도 생명체가 존재하는 데 꼭 필요한 것입니다. 감각기관을 생성하는 다섯 가지 감각기관은 마음에 달렸습니다. 유리라는 거친 물질이 없으면 비추는 거울이 존재할 수 없는 것과 마찬가지로 감성물질은 거친 물질의 토대가 없으면 존재할 수 없습니다. 그러므로 눈은 땅의 요소, 물의 요소, 불의 요소, 바람의 요소라는 거친 물질이 있어야 합니다. 요컨대 보는 기능은 눈이라는 거친 물질인 몸에 의해서 일어납니다. 듣는 기능, 냄새 맡는 기능 등에 대해서도 똑같이 말할 수 있습니다. 나아가서 생명의 물질과 자양분이 있어야만 우리는 지속적으로 생명을 유지할 수 있습니다. 이 모든 사실은 다섯 가지 감각장소의 물질이 어떻게 정신과 물질에서 생긴 것인지를 잘 보여주고 있습니다.

생각, 조사, 의도 등으로 이루어져 있는 여섯 번째 감각장소인 의근意根. 意處은 믿음이나 탐욕과 같은 선하거나 불선한 정신 상태에 의존하고, 접촉[觸. phassa]과 같은 마음의 작용에 의존합니다. 또한 그 물질적 토대에도 의존합니다. 의근은 그 뿌리인 잠재의식으로부터 일어나고 잠재의식은 의문 인식 과정을 토대로 형성됩니다.

요약

다시 정리해보면, 본다는 것은 안근眼根과 식識이 결부되어 있습니다. 눈은 식, 생명 기능, 자양분, 물질적 토대로 결정됩니다. 안근은 조사, 주의 기울임, 접촉의 세 가지 마음의 작용으로 결정됩니다. 요컨대 눈뿐만 아니라 안식眼識도 정신과 물질에 의존하며 다른 다섯 가지 감각 기관도 마찬가지입니다.

정신과 물질을 토대로 한 여섯 가지 감각장소[六入]의 원인을 완전히 아는 통찰지혜는 오직 보살들에게만 가능합니다. 부처님의 상수제자였던 사리뿟따와 목갈라나 존자조차도 수다원이 되기 전까지는 그것을 철저하게 이해하지 못한 것 같습니다. 왜냐하면 나중에 사리뿟따 존자가 된 우빠띳사Upatissa 사문은 앗사지Assaji 장로가 읊은 게송을 듣고 성자의 첫 번째 단계를 얻었다고 말하기 때문입니다. 부처님께서 하셨다는 게송³⁾은 다음과 같습니다.

"모든 법은 다른 현상들의 결과이며,
이 다른 현상은 바로 원인이다.
부처님께서는 이 원인을 가르치셨고
원인이 소멸하면 결과도 소멸함을 가르치셨다."

우빠띳사와 그의 동료인 꼴리따Kolita는 이 게송을 듣고 수다원과를 얻었다고 하지만 그렇게 짧은 시간에 연기법을 깊이 있게 숙고할 수

---

3   연기법에 관한 게송이 없던 시기에 설해진 이 게송은 후에 불교에서 가장 많이 그리고 넓게 유포되었다. 율장에 나오는 앗사지 장로가 읊은 게송은 다음과 같다. "원인에서 발생하는 그 모든 법들(Ye dhammā hetuppabhavā),/ 그들에 관해 여래께서는 그 원인을 밝혀주셨네(tesam hetum tathāgato āha),/ 또 그들의 소멸에 대해서도 설명하셨으니(Tesam ca yo nirodho),/ 이것이 대사문의 가르침이라네(Evam vādi mahā samano)."

는 없었을 것입니다. 자신의 지적 능력에 따라 부처님의 연기법에 대한 가르침을 깊이 이해할 수 있겠지만 그 모든 것을 완전히 파악할 수는 없습니다. 주석서는 이 게송을 사성제의 측면에서 설명합니다. "모든 법은 결과다"라는 말은 괴로움에서 원인을 찾는 괴로움의 진리[苦諦]를 언급한 것입니다. 그러므로 이 게송에서 말하는 원인은 괴로움의 원인으로서의 갈애를 의미합니다. 그러므로 게송은 괴로움과 그 원인에 대한 진리를 요약하고 있습니다.

그 당시에는 영혼에 관한 다양한 견해가 있어서 영혼은 영원하고 죽으면 다른 몸으로 이동한다든지, 육체가 무너진 다음에 영혼은 완전히 소멸한다든지, 영혼은 신이 창조했다든지, 영혼은 무한하다든지 등의 견해가 있었습니다. 그 게송은 원인과 결과만을 인정하고 영혼의 불멸이나 단멸을 부정했으며, 이 가르침으로 두 사문은 삶의 본성을 꿰뚫는 특별한 통찰지가 생겼던 것입니다. 『청정도론』의 「대복 주석서Mahā-ṭīkā」는 이 게송을 연기법에 대한 가르침과 동일하게 취급하면서 다음과 같이 『상윳따니까야』의 한 경을 인용하고 있습니다.

"이 원인이 일어나면 저 결과가 뒤따른다. 이 원인이 멈추면 저 결과도 멈춘다. 그러므로 무명은 행의 원인이 되고 (……) 등등 괴로움이 소멸할 때까지의 원인이 된다."

「대복 주석서」에 의하면, 이 게송은 괴로움의 일어남과 사라짐의 두 가지 측면에서 가르침의 요지가 함축되어 있습니다. 『대승경전』은 이 게송이 연기법을 요약한 경이라고 하면서 이 게송을 글로 써서 탑 속에 보관하면 유익하다고 기술하고 있습니다. 그러므로 이렇게 많은 글이 아주 오래된 탑 속에서 발견되는 것은 놀라운 일이 아닙니다.

주석서와 대복 주석서의 견해는 모두 타당해 보입니다. 왜냐하면 고성제와 집성제가 괴로움의 일어남과 그 원인에 관한 연기를 의미하는 것이고 멸제와 도제는 괴로움의 소멸에 관한 연기를 의미하는 것이기 때문입니다.

인과관계의 사슬에서 원인과 결과를 요약하면 다음과 같습니다. 전생에서의 무명은 행위와 말과 생각이 원인이고, 이런 행이 식을 일으킵니다. 그러면 현생에서 식, 명색, 육입, 접촉, 느낌의 다섯 가지 결과가 일어납니다. 이 결과가 이번에는 내생의 원인이 됩니다. 다른 말로 하면 갈애와 집착과 태어남[生]이라는 내생의 씨를 뿌립니다. 그 결과로 내생에 늙음, 죽음, 슬픔, 괴로움이 기다리고 있습니다.

아난다 존자 이야기

아난다 존자에게 하신 부처님 말씀을 통해서 우리는 연기법이 얼마나 심오한지를 알 수 있습니다. 아난다 존자는 연기법을 순서대로 숙고하고 또 역으로 숙고했습니다. 존자에게는 연기법이 너무나도 명확했으며 아무런 어려움이 없었습니다. 아난다 존자는 부처님께 가서 말씀드렸습니다.

"세존이시여, 이 연기법은 아주 심오합니다. 그러나 저는 이해하기가 아주 쉬운 것 같습니다."

부처님께서는 이렇게 꾸짖으셨습니다.

"아난다야, 그렇게 말해서는 안 된다."

주석서에 의하면, 부처님의 이 말씀은 아난다 존자에 대한 칭찬이기도 하고 꾸지람이기도 합니다. 부처님 말씀의 참뜻은 이런 것입니다.

"아난다야, 너는 지혜가 출중하기 때문에 연기법을 이해하기 쉽다. 그러나 남들도 너처럼 쉽게 이해하리라고 생각해서는 안 된다."

아난다 존자가 연기법을 쉽게 이해할 수 있었던 것은 전생에 쌓아온 바라밀 공덕, 스승들의 지도, 폭넓은 지혜, 수다원과의 증득이라는 네 가지 요소가 있었기 때문입니다.

까마득히 먼 옛날 아난다는 빠두뭇따라 부처님Padumuttara Buddha[4]의

---

4   빠두뭇따라 부처님은 과거 24불 가운데 열 번째 부처님으로, 태어나는 순간과 깨달음을 얻는 순간에 1만 세계에 연꽃비가 내렸기 때문에 그런 이름을 얻었다. 이 당시에는 외도(外道)가 전혀 없었고, 아난다 존자를 위시한 고따마 부처님의 여러 이름난 제자들이 빠두뭇따라 부처님 앞에서 그런 지위를 얻겠다는 서원을 세웠다.

동생인 수마나Sumana 왕자였습니다. 지방 영주였던 왕자는 반란을 성공적으로 진압했습니다. 왕은 크게 기뻐하여 왕자에게 원하는 바를 말해보라고 했습니다. 왕자는 안거 석 달 동안 부처님을 시봉할 수 있게 허락해달라고 했습니다. 왕은 이 소원을 들어줄 생각이 없었기 때문에 부처님의 마음은 참으로 알기 어렵다고 말하면서 세존께서 왕자의 거처로 가는 것을 꺼려하신다면 자신도 어쩔 수 없다고 했습니다.

왕자는 비구들의 조언을 얻어 수마나 장로에게 부처님과의 면담을 주선해달라고 요청했습니다. 그렇게 해서 부처님을 만나게 된 왕자는 세존에게 수마나 장로는 어떻게 해서 다른 비구들의 능력을 뛰어넘는 일을 하게 되었는지를 여쭈었습니다. 그리고 어떤 선업을 지어야 그렇게 세존과 긴밀한 관계가 될 수 있는지를 물었습니다. 부처님께서는 보시와 지계를 하면 수마나 장로처럼 될 수 있다고 하셨습니다. 그러자 왕자는 선업을 쌓고, 미래 부처님의 거룩한 승가에서 수마나 장로와 같은 특별한 특권을 가진 비구가 되고자 했기 때문에 부처님께 자신의 도시로 오셔서 안거를 지내시도록 요청했습니다. 부처님께서는 그곳을 방문하면 많은 사람들에게 이로울 것이라는 것을 내다보시고 "수마나여, 여래는 혼자 있는 것을 좋아한다"라고 말씀하셨는데, 이는 초청을 침묵으로 수락하신다는 뜻이었습니다.

그래서 왕자는 부처님이 오시는 길에 부처님과 승가가 밤에 편히 쉴 수 있도록 100개 이상의 사원을 지으라고 지시했습니다. 왕자는 동산을 하나 사서 부처님과 많은 비구들을 위한 숙소와 웅장한 사원을 지었습니다. 그렇게 모든 것이 준비되자 부왕에게 보고한 다음 부처님께 자신의 도시로 오시도록 초청했습니다. 왕자와 백성들은 부처님과 제자들을 꽃과 향으로 환영하면서 사원으로 모셨습니다. 거기서 왕자는 사원과 동산을 부처님께 정식으로 보시했습니다. 이러한 보시 의식을 마친 왕자는 비빈들과 대신들을 불러서 "부처님께서는 우리들에 대한 연민으로 여기에 오셨습니다. 부처님께서는 물질적인 이익에는 관심이 없고 법을 닦는 데에만 관심을 가지고 계십니다. 수행으로 부처님을 공경하면 부처님은 기뻐하실 것입니다. 나는 10계를 지키면서 부처님 계신 곳에 머물 것입니다. 여러분은 오늘 내가 한 것처럼 우안거 동안 모든 아라한에게 공양을 올리고 돌봐드리기 바랍니다"라고 말했습니다.

그리하여 왕자는 10계를 지키고 부처님 처소에 머물면서 뛰어난 시자인 수마나 장로 곁에서 시간을 보내면서 그가 극진히 부처님 시중을 드는 것을 보았습니다. 안거가 끝나기 바로 직전 그는 집으로 돌아와 부처님과 승가에 아낌없이 보시하고는, 부처님 앞에서 미래 부처님의 시자가 되겠다는 서원을 세웠습니다.

부처님(빠두뭇따라 붓다)께서는 그를 축원해주었고, 왕자는 이후 수없는 생에 걸쳐 바라밀을 닦았습니다. 『본생경』에는 그가 부처님의 전신인 고따마 보살과 함께 많은 생에 걸쳐 바라밀을 쌓은 내용들이 나옵니다. 때로는 보살이 왕이고 아난다는 대신이었으며, 때로는 보살이 인간이고 아난다가 천인이거나 제석천[5]이기도 했습니다. 그들의 지위는 가끔 뒤바뀌기도 하고 어떤 『본생경』에서는 형제이기도 했습니다. 둘은 그렇게 기나긴 윤회의 여정을 함께 거치며 바라밀을 닦았고 마지막 생에서 아난다는 숫도다나 왕[6]의 조카가 된 것입니다. 첫 번째 안거를 베나레스 근처에서 보낸 다음, 고따마 부처님께서는 라자가하

5   제석(帝釋, Sakka)은 삼십삼천(Tāvatiṃsa)을 다스리는 천인들의 왕이기 때문에 제석천왕이라고도 한다. 『상윳따니까야』와 『법구경』 주석서에 의하면, 그가 인간으로 있을 때 철저하게 보시를 베풀었다고 해서 삭까라는 이름이 붙었다고 한다. 부처님은 그가 인간으로 있을 때 실천한 일곱 가지 선행으로 천왕으로 태어났다고 하셨다. 그는 삼보에 대한 공경이 뛰어났다. 그는 싯닷타 태자가 출가하여 아노마 강가에서 머리카락을 자르실 때 이것을 받아서 삼십삼천의 쭐라마니 탑묘에 안치했고, 부처님의 정각을 방해하려고 마라가 왔을 때도 보리수 근처에서 천상의 나팔을 불며 서 있었다. 그뿐만 아니라 부처님의 병이 위중해졌을 때는 몸소 병간호를 해드렸고, 사리뿟따의 임종 시에도 병간호를 하는 등 부처님의 제자들에게도 힘닿는 데까지 도왔다. 경전과 주석서에 의하면, 제석은 비록 높은 덕성과 위력을 지녔지만 지혜의 면에서는 뛰어나지 못해 인간인 수다원을 부러워했다고 한다. 탐욕, 성냄, 어리석음에서 완전히 벗어나지 못해 종종 불안에 떨고, 한때는 자신의 죽음을 알리는 징조가 나타나 크게 두려워한 적이 있다. 그는 부처님의 법문을 듣고 수다원과를 얻은 후 다시 아나함과를 얻은 후 정거천에서 범천의 수명을 누릴 것이라 한다.

6   숫도다나 왕은 까삘라왓투의 석가족 왕국을 다스리던 왕이다. 마야(Mahā-māyā) 부인이 싯닷타 태자를 낳고 7일 만에 죽어 도솔천에 태어나자 왕은 빠자빠띠(Pajāpatī)를 정비로 삼았다. 태자가 출가하여 부처가 될 것이라는 점성가들의 예언을 듣고 왕은 태자를 출가하지 못하게 하려고 세 개의 궁전을 짓고 세속적 쾌락 속에 지내게 했다. 이런 노력에도 불구하고 태자가 출가한 후 깨달음을 성취했다는 소문을 전해 들은 왕은 라자가하의 죽림정사로 전령을 보내어 까삘라왓투를 방문해줄 것을 요청했지만 전령사들마다 부처님의 법문을 들은 후 출가하여 돌아오지 않았다. 아홉 번이나 이렇게 전령들이 돌아오지 않자 왕은 깔루다이를 보내어 다시 한 번 부처님을 초청했고, 부처님도 이에 응해 까삘라왓투를 방문했다. 성내에서 탁발하는 부처님을 보고 예전의 태자를 생각하며 부끄러워하다가 탁발은 모든 부처의 관행이라고 대답하는 부처님의 말씀에 왕은 수다원과를 얻었다. 그리고 부처님을 왕궁으로 초대하여 식사를 베푼 후 법문을 들은 그 자리에서 사다함과를 얻었다. 또한 「마하담마빨라 본생경(Mahādhammapāla Játaka)」을 들은 후 아나함과를 얻었다. 임종이 다가오자 다시 부처님이 방문하고, 법문을 들은 왕은 아라한이 되어 입멸했다.

로 가셨고, 거기서 부왕의 초청을 받아 까삘라왓투Kapilavatthu로 향했습니다.

부처님께서 고향을 떠나실 때 아난다와 몇 명의 석가족 왕자들은 부처님을 따라 승가에 들어갔습니다. 수많은 생에 걸쳐 쌓아온 바라밀로 인해 아난다는 많은 사람을 당혹시킨 연기법을 이해할 수 있었습니다. 더구나 아난다는 스승들로부터 가르침을 받았습니다. 그는 스승들과 같이 살았을 뿐 아니라 교리에 대해서 배우고, 질문하고, 기억했습니다. 이런 식의 공부로 아난다는 연기를 이해할 수 있었습니다. 사실 아난다는 저명한 설법가인 뿐나Puṇṇā 장로의 설법을 듣고 수다원과를 얻었습니다. 아난다 존자는 뿐나 장로의 깨우침을 주는 법문에 깊은 찬사를 보냈습니다. 그 법문의 요지는 다음과 같습니다.

"자만māna은 몸, 느낌, 기억, 행, 식에 대한 집착에서 생긴다. 거울이 없으면 거울에 비친 사람 얼굴이 있지 않는 것처럼 오온五蘊[7]이 없으면 자만은 생기지 않는다. 몸, 느낌 등은 영원하지 않다. 그것들은 영

---

7   오온(五蘊)은 몸과 마음인 명색(名色)과 같은 의미다. 나라는 존재를 무더기라는 측면에서 강조한 것이 오온이고, 정신과 물질의 조합이라는 측면에서 강조한 것이 명색으로, 12연기를 말할 때 많이 사용된다. 불교는 모든 중생을 오온으로 해체하고 분석한다. 빨리어의 칸다(khanda)는 무더기, 더미, 적집(積集)이란 뜻으로 정신과 물질인 색, 수, 상, 행, 식의 다섯 가지 무더기를 말한다. 그런데 중생들의 경우는 단지 무더기일 뿐인 오온을, 자아나 나의 것이라고 집착하기 때문에 집착의 무더기라는 의미에서 오취온(五取蘊)이라 한다. 그러므로 오취온은 욕계, 색계, 무색계 중생들의 경우에만 해당하고 성자들에게는 오온에 대한 집착이 없어 객관적 현상으로만 존재하기 때문에 그냥 오온이다.

원하지 않기 때문에 오온 가운데 그 어느 것도 과거나 현재나 미래의 것이거나, 내적이거나 외적이거나, 거칠거나 미세하거나, 좋거나 나쁘거나, 멀리 있거나 가까이 있거나 간에 '나의 것', '나', '자아'가 아니라고 알아차려서 깨달아야 한다."

"그렇게 알아차려서 진리를 깨달은 잘 배운 부처님의 제자는 오온에 대한 환상이 없다. 집착을 버리고 해탈한다. 그는 자신의 마음이 해탈했음을 알고, 해야 할 일을 다 했음을 알며, 해탈을 위해서 더 이상 할 일이 없다는 것을 안다."

이것이 뿐나가 아난다에게 설한 것입니다. 수다원인 아난다는 연기법의 원인과 결과를 깨달았습니다. 아난다는 위빠사나 수행을 하여 이런 지혜를 얻었습니다. 그는 무명, 갈애, 집착, 업의 생성, 태어남, 식 등이 인과관계의 사슬로 연결고리를 이루고 있음을 알았습니다. 이때의 환상 혹은 무명은 아위짜avijjā, 갈애는 딴하taṇhā, 집착은 우빠다나upādāna, 업의 생성은 깜마kamma입니다.

그래서 업의 생성을 원인으로 태어남이 일어난다고 말할 때, 태어남도 역시 집착 등을 원인으로 일어난다고 이해해야 합니다. 그러므로 과거의 원인에 무명, 행, 갈애, 집착, 업의 생성이 포함되는 것입니다. 정신과 물질을 알아차려서 이를 깨달은 수행자는 단지 배우고 사유하는 것만으로는 결코 제거되지 않는 모든 의심으로부터 벗어나게 됩니다.

부처님의 제자들 중 다문제일多聞第一인 아난다 존자는 지식에서도 스승에게 인정을 받았습니다. 아난다는 항상 부처님의 전법 여행에 동행했고 모든 법문을 기억했습니다. 또 일단 한 번 들은 법문은 그대로 되풀이할 수 있었습니다. 아난다가 없을 때 부처님이 하신 법문은 다른 사람한테 듣고 배워서 기억했습니다. 그렇게 해서 아난다가 배운 법은 8만 4천 개에 이른다고 합니다.[8]

아난다 존자는 뛰어난 기억력으로 알려져 있는데 「마하웨달라 경 (Mahāvedalla sutta, 有明大經)」의 주석서에 의하면 아난다는 짧은 시간에 수백 개의 게송을 외울 수 있었다고 합니다. 불법에 대한 광범위한 지식을 가진 부처님의 핵심 제자였던 그로서는 연기법이 그리 어렵지 않다는 것은 놀라운 일이 아닙니다. 오늘날에도 삼장에 정통한 사람은 연기법의 인과관계를 이해할 수 있을 것입니다.

수행을 중시하신 부처님

그런데 부처님께서 수행을 얼마나 중요하게 여기셨는지를 보여주는 이야기가 하나 있습니다. 어느 날 부처님께서는 여행을 떠나려고 비

---

8   「장로게(長老偈)」에는 아난다 존자의 다음과 같은 게송이 나온다. "8만 2천은 부처님으로부터 받은 것이고, 2천은 비구들로부터 받은 것이니, 나는 8만 4천 가지의, 이러한 법들을 전개하노라."

구들과 함께 기원정사(祇園精舍[9])를 출발하셨습니다. 꼬살라 왕과 아나 타삔디까[10] 장자를 비롯하여 다른 재가신자들이 여행을 떠나지 말아 달라고 요청했지만 아무 소용이 없었습니다. 아나타삔디까는 부처님 과 비구들에게 공양을 올리지도 못하고 법문도 듣지 못하게 되었기 때문에 기분이 좋지 않았습니다.

그때 뿐나Puṇṇā라는 장자의 시녀가 부처님을 돌아오시도록 말씀드려 보겠다고 말했습니다. 장자는 그녀가 부처님을 사원으로 되돌아오시 도록 한다면 노예의 신분에서 해방시켜주겠다고 약속했습니다. 그러 자 뿐나는 금방 부처님께 달려가서 돌아오시라고 간청했습니다. 부처

---

9   기원정사(祇園精舍)라고 번역한 제따와나(Jetavana)는 중인도 꼬살라국의 수도 사왓티에 있던 제따 왕자 소유의 동산에 아나타삔디까 장자가 지어 승가에 헌납한 수행처로서, 부처님은 말년 22년간 을 여기서 보내셨다. 세존이 아난다 존자를 시자로 삼으신 것도 여기에 기거하실 무렵으로, 세존의 45 년 설법 기간 중 많은 경들이 이 기원정사에서 설해졌고 『맛지마니까야』, 『상윳따니까야』 등의 절반 정 도가 이곳에서 설해졌다.

10   아나타삔디까(Anāthapiṇḍika)는 사왓티의 장자로 부처님의 대표적인 남자 신도였다. 원래 이 름은 수닷따인데 의지할 곳 없는 고독한 이들(anātha)에게 먹을 것(piṇḍa)을 제공한다고 해서 아나타 삔디까란 이름을 얻었다. 한문으로는 급고독(給孤獨) 장자라 한다. 하루는 장자가 사업차 라자가하를 방문했다가 부처님이 출현하셨다는 말을 듣고 감격하여 날이 채 밝기도 전에 부처님을 찾아뵈러 길을 나섰다. 하지만 길이 너무나 어둡기 때문에 잠시 두려움이 생겼지만 시와까라는 야차가 용기를 북 돋아주어 계속 길을 가게 되었고, 한림(寒林)에서 경행을 하시던 부처님을 뵙고 설법을 들은 즉시 수다 원과를 얻었다. 라자가하에서 돌아온 그는 제따 왕자의 소유인 사왓티의 제따숲 바닥에 황금을 깔아 서 땅을 사들이고 그곳에 기원정사를 지어 승가에 헌납했다. 장자의 신심에 감복한 제따 왕자는 그 돈 으로 대문을 만들었다. 아나타삔디까는 매일 100여 명의 비구를 초청하여 식사 공양을 올렸으며, 언제 누가 오더라도 바로 접대할 수 있도록 500명분의 자리를 준비했다. 부처님께 귀의한 뒤로는 자신의 사 업을 돌보지 않고 보시에만 전념하여 나중에는 가난하게 되었지만 그의 집 대문에 살던 천녀가 제석에 게 도움을 청하여 다시 예전과 같이 재산이 불었다.

님께서는 여래를 위해서 무엇을 하겠냐고 물으셨습니다. 뿐나는 드릴 것은 아무것도 없지만 세존께서 안거를 사왓티에서 보내시면 부처님과 법과 승가에 귀의하고 오계를 지키겠다고 말했습니다.

부처님께서는 "사두!"[11]라는 말씀으로 축복해주시고 기원정사로 돌아오셨습니다. 이 소식이 널리 퍼지자 장자는 뿐나를 노예의 신분에서 해방시켜주고 양녀로 삼았습니다. 뿐나는 이제 무엇이든 원하는 대로 하고 자신의 운명을 스스로 개척할 수 있는 자유를 얻었습니다. 이런 이유도 있지만 그녀는 전생의 바라밀 공덕도 있어서 거룩한 승가에 들어가게 되었습니다. 뿐나는 위빠사나 수행을 하여 통찰지혜를 계발했고 정신과 물질의 무상함을 보게 되자 부처님께서는 다음과 같이 훈계하셨습니다.

"내 딸아, 15일이 되면 둥근 보름달이 되듯이 끝까지 위빠사나 수행을 해야 한다. 위빠나사의 지혜가 완전히 성숙하면 괴로움의 소멸을 이룰 것이다."

부처님의 이런 훈계를 들은 뿐나는 성스러운 도의 마지막 단계를 얻어 아라한이 되었습니다. 물론 부처님께서는 뿐나의 앞날을 내다보셨

---

11   사두(Sādhu)는 "장하구나, 착하도다, 선재(善哉)"의 뜻으로 상좌부 불교국에서는 어떤 공덕행을 하거나 법문이 끝나면 '사두'를 세 번씩 합송하여 상대방의 선업과 공덕을 찬탄한다.

으며, 뿐나의 간청으로 여행을 취소하고 돌아오신 것은 뿐나의 영적인 행복에 대한 부처님의 배려였습니다. 이는 고따마 부처님이 법의 실행을 중시하신 예로서, 이 점에서는 다른 부처님들도 마찬가지였습니다.

난해한 연기법

연기법은 원인과 결과, 가르침, 경험적 지혜인 통찰paṭiveda[12]의 측면에서 볼 때 난해합니다. 그 무엇보다도 무명과 다른 원인들이 있어서 행行 등이 일어난다는 것을 이해하기 어렵습니다. 사람들은 자아가 생각한다고 믿습니다. 무명 때문에 그 결과로 행이 있는 줄을 모르고 자기 자신이 행을 만든다고 생각합니다. 그러므로 선업이나 불선업을 무명의 결과라고 보지 못합니다. 더 이해하기 어려운 것은 전생의 행과 현생의 재생연결식과의 인과관계입니다. 마찬가지로 식 등을 조건으로 정신과 물질, 육입 등이 일어난다는 것을 이해하기 어렵습니다.

또 하나 파악하기 어려운 것은 연기에 관여하고 있는 원인입니다. 왜

12 　주석서에서는 부처님의 가르침이나 법을 교학(pariyatti), 수행(paṭipatti), 통찰(paṭivedha, 꿰뚫음)의 세 가지 측면에서 설명한다. 여기서 교학이란 부처님의 가르침이 기록된 삼장(Tipiṭaka)을 공부하는 것이고, 수행이란 계정혜 삼학을 닦는 것이며, 통찰이란 출세간의 도를 통찰하여 성스러운 과(果)를 증득하는 것이다. 교학은 수행의 토대가 되고, 수행은 통찰의 토대가 된다. 또한 교학은 수행의 지침이 되고, 수행은 도과를 성취하는 돌파구가 된다.

냐하면 사람들은 자기 운명을 스스로 만들어간다고 믿기 때문입니다. 어떤 사람들은 신이나 범천이 자신을 창조했다고 말하고, 또 어떤 사람들은 모든 것은 우연히 발생한다고 주장합니다. 대부분의 사람은 자기 존재의 근본 원인이 무명이라는 것을 알지 못합니다. 또한 연기에 대한 부처님의 가르침이 어떤 경우에는 무명無明으로부터 시작해서 죽음으로 끝나고, 다른 경우에는 역순으로 전개됩니다. 또 다른 경우는 12연기 사슬의 중간고리에서 시작해 처음으로 가기도 하고 끝으로 전개되기도 합니다. 연기법의 이러한 다양한 설명은 그것을 더욱더 이해하기 어렵게 합니다.

연기법에 대한 통찰지혜를 얻으려면 실제 위빠사나 수행을 해서 인과관계의 사실을 체험으로 깨달아야 합니다. 이렇게 연기를 위빠사나로 접근해서 공부하는 것은 결코 쉬운 방법이 아닙니다. 올바른 방법으로 꾸준하고 철저하게 수행해야만 합니다. 이런 어려움에도 불구하고 아난다 존자에게는 비범한 능력이 있었기 때문에 연기법이 명확해 보였습니다. 그러므로 "아난다야, 그렇게 말하지 말라"고 하신 부처님의 말씀은 암묵적인 칭찬일 수도 있습니다. 그러나 주석서에 의하면 부처님의 말씀은 간접적인 나무람일 가능성도 있습니다. 부처님의 말씀은 실제로 이런 뜻이었을 것입니다.

"아난다야, 너는 연기법이 이해하기 쉽다고 말했다. 그런데 너는 왜 나의 가르침을 받고 나서야 수다원이 되었느냐? 왜 아직 도의 첫 번째 단계에서 더 높은 다른 단계를 얻지 못하고 있느냐? 너는 자신의 단점을 생각해야 한다. 너는 지혜에 한계가 있는 나의 보통 제자로서 너의 말이 나의 가르침을 따르지 못한다. 너 같은 시자의 입에서 나와서는 안 될 말이다. 나는 이 연기법을 알기 위해 수없는 겁 동안 지혜를 닦아야 했다. 그러므로 너는 이 연기법을 가볍게 말해서는 안 된다."

그렇게 몇 마디로 은연중에 아난다를 꾸짖은 다음, 부처님께서는 연기법의 심오함을 이렇게 강조하셨습니다.

"아난다야, 이 연기법은 심오하고 또 심오하다. 이 법을 이해하지 못하고 또 통찰하지 못하기 때문에 이 세상 사람들은 실타래에 엉킨 모난 구슬과 같이, 각종 잡초와 갈대로 우거진 덤불 속 새와 같이, 낮은 단계인 악처에서 벗어나지 못하고 고통과 재생에서 벗어나지 못한다."

다른 말로 하면 식, 정신과 물질 등이 무명과 행에 의해 조건 지어진 이 법칙은 대단히 심오합니다. 그래서 사람들은 오직 원인과 결과의 인과관계만 있을 뿐 영원한 존재는 없다는 것을 알지 못합니다. 그들은 잉태되는 순간의 생명이 영원한 형태로 존재한다고 믿고, 이 존재의 배후에 발육시키고 성장시키는 어떤 영원한 실체가 있다고 믿습니다. 어떤 사람들은 이 존재의 핵심인 영혼이 수많은 전생을 계속해서 살아왔다고 생각합니다. 이러한 모든 환상은 연기법에 내재하는 실재에 대한 무지에서 비롯합니다.

마하시 사야도의 12연기

중생들의 행위와 말과 생각이 사성제四聖諦와 연기를 모르는 무명에서 비롯한다는 것은 분명합니다. 선행은 선한 결과를 가져오고, 불선행은 불선한 결과를 가져오며, 모든 중생은 자신의 행위에 따른 과보를 받는다는 것을 부정할 수 없습니다. 그리하여 무명은 업이나 행을 일으키게 하고 그 결과 태어남과 식 등이 일어납니다. 지혜로운 사람에게는 이런 사실이 분명히 보입니다.

중생들은 연기를 이해할 능력이 없기 때문에 한 생에서 다음 생으로 끊임없이 방황하면서 윤회에서 헤어나지 못하고 있습니다. 그들은 대부분 악처에 떨어지며 선업의 힘으로 가끔씩 천상에 태어납니다. 그리고 선업의 공덕이 다하면 다시 악처로 되돌아갑니다. 악처 중생들은 인간이나 천인으로 태어나는 것이 어렵습니다. 왜냐하면 임종의 순간에 선행에 대한 기억이나 표상이 떠오를 때에만 선처에 태어날 수 있는데, 악처 중생으로 있으면 선행 자체를 떠올릴 수 없기 때문입니다. 축생들은 서로 죽고 죽이는 약육강식 법칙의 지배하에 있기 때문에 사랑, 연민 기타 영적인 가치가 들어설 자리가 없습니다. 그들은 대개 고통과 두려움에 휩싸여 죽습니다. 그러므로 악처 중생들은 악처에 다시 태어날 확률이 높습니다.

연기법을 모르기 때문에 중생은 재생의 굴레로부터 자신을 해방시킬 수 없습니다. 이는 마치 절구에 묶여 있는 소와 같습니다. 아무리 오랫동안 돌고 돌아도 소는 한정된 동작의 범위를 벗어나지 못합니다.

마찬가지로 어리석은 사람은 대부분 악처에서 벗어나지 못하는 윤회 속에서 허우적거리며 수많은 겁劫 동안 재생을 되풀이합니다.

연기를 이해한다는 것은 사성제를 이해하는 것만큼이나 영적인 해탈을 얻는 데 중요합니다. 사실 사성제와 연기는 같은 뜻입니다. 위빠사나 수행의 목적은 이 가르침을 지혜와 경험의 양면에서 통찰지혜를 얻는 것입니다. 그러나 이 가르침은 심오하고 이해하기 어렵습니다. 심지어는 위빠사나 수행을 하면서도 무명과 행 등에 대한 분명한 개념을 갖는 것이 쉽지 않습니다.

부처님께서는 위없는 깨달음을 얻기 전에도, 얻고 난 직후에도 연기를 숙고하셨습니다. 부처님께서는 7일 동안 '해탈의 즐거움vimutti-sukha'에 잠겨 있다가 일곱 번째 날 밤에 인과관계인 조건의 관점에서 연기를 지켜보셨습니다.

·
8

육입을 원인으로
접촉[觸]이 일어난다

●

인과관계의 사슬에서 첫 번째 연결고리에 대해서 설명했으니까, 지금부터는 육입을 원인으로 일어나는 접촉에 대해 설명하겠습니다. 육입이란 여섯 가지 감각기관과 여섯 가지 감각대상을 의미합니다.

감각기관과 그에 해당하는 감각대상과의 부딪침을 접촉[觸, phassa]이라고 합니다. 접촉은 감지하기 어려운 정신적 생명 현상이지만, 대상이 마음에 정확하게 부딪혔을 때에는 스스로 분명하게 드러납니다. 예를 들어 누군가가 학대받고 있는 것을 보면 충격을 받습니다. 나무 위에 어떤 사람이 목매어 죽은 것을 보면 부들부들 떱니다. 유령을 보면 등골이 오싹할 것입니다. 재미있는 이야기를 듣거나 읽으면 강력한 인상이 오랫동안 지워지지 않습니다. 이 모든 사실은 마음이 감각대상과 부딪혔다는 것을 의미합니다.

감각대상과의 부딪힘

때로는 그 부딪힘이 너무 강렬해서 격렬한 감정을 일으키고 열정, 분노 등을 표출하게 됩니다. 『앙굿따라니까야』 주석서에 의하면, 고대 스리랑카의 둣타가마니Duṭṭhagāmaṇi 왕 시절에 젊은 비구가 우연히 한 소녀를 쳐다보게 되었습니다. 소녀도 비구를 쳐다보았고, 그 둘은 불타는 욕망을 억제하지 못하고 급기야 죽어버렸습니다. 또 어떤 장로 비구도 마하나가Mahā-nagā 왕의 왕비를 넋을 놓고 쳐다보다가 미쳐버린 일이 있었습니다.

「무둘락카나 본생경Mudulakkhaṇa jātaka」에 의하면, 보살은 한때 운둔자인 선인仙人으로서 공양청을 받아 왕궁으로 갔습니다. 그는 신통력이 있었기 때문에 날아서 갔습니다. 선인이 갑자기 나타나자 왕비가 급하게 일어나면서 걸치고 있던 옷이 흘러내렸습니다. 왕비의 매혹적인 몸매는 곧바로 오랫동안 잠재하고 있던 선인의 성욕을 솟구치게 했습니다. 선인은 음식을 전혀 먹을 수가 없었습니다. 신통도 사라져버렸기 때문에 걸어서 거처로 돌아간 선인은 욕정과 애욕의 불꽃으로 괴로워하며 누워 있었습니다. 사건의 전모를 들은 왕은 언젠가는 성자가 예전의 본성으로 돌아갈 수 있을 것이라는 확신이 있었기 때문에 선인에게 왕비를 보냈습니다. 그러고는 왕비에게 선인의 이익을 위해 최선을 다하라고 은밀히 지시했습니다.

선인은 왕비를 데리고 왕궁을 떠났습니다. 일단 왕궁 문을 나오자 왕비는 선인을 시켜 왕에게 가서 집을 얻어오라고 하였습니다. 낡은 집을 받았지만 배설물과 오물을 치울 광주리와 손도끼도 가져오라고 말했습니다. 선인은 몇 번이고 필요한 다른 물건들을 요구하러 왕에게 가야 했습니다. 왕비의 요구대로 여기저기 다니면서 집안의 허드렛일을 하느라고 기진맥진했지만 선인은 아직도 욕정과 애욕에 사로

잡혀 정신을 차리지 못하고 있었습니다. 시키는 일을 모두 마친 선인은 좀 쉬려고 왕비 곁에 앉았습니다. 그러자 왕비는 선인의 수염을 확 잡아당기면서 "당신은 애욕과 욕망을 없애는 것이 목적인 사문沙門이라는 사실을 모르시나요? 왜 그렇게 정신을 못 차리십니까?"라고 말했습니다. 이 말에 정신이 번쩍 든 선인은 자신의 어리석음과 무지를 알아차렸습니다. 왕비를 왕에게 돌려준 다음 히말라야의 숲으로 가서 명상 수행을 하여 신통도 회복하고 죽어서 범천계에 이르렀습니다.

이 이야기가 주는 교훈은 보살과 같이 정신적으로 뛰어난 존재도 번뇌의 불길을 피하지 못한다는 것입니다. 선인은 전에도 왕비를 우연히 보았겠지만 감정을 뒤집어놓을 정도로 부딪힘이 강력하지는 않았습니다. 선인이 며칠 동안 욕정과 애욕의 불길에 휩싸이는 고통을 받은 것은 바로 왕비의 육체적인 형상에 대한 분명하고 생생한 느낌 때문이었습니다.

「움마단띠 본생경Ummādantī jātaka」에 의하면, 시위Sivi 왕은 사령관의 아내인 움마단띠를 보고 나서 거의 미칠 지경이 되어버렸습니다. 움마단띠는 원래 아름답기로 소문났기 때문에 왕은 바라문 고문관들을 보내 그녀가 왕비의 자질이 있는지를 알아보도록 한 적이 있습니다. 하지만 그들도 여자를 보자마자 미모에 매혹되어 자제할 수 없었기 때문에 그들을 위해 베푼 잔치를 엉망으로 만들어버렸습니다. 바라문들의 문란한 행동에 환멸을 느낀 움마단띠는 그들을 집 밖으로 내쫓았습니다. 심술 난 바라문들은 왕에게 그녀가 왕비의 자질이 없다고 보고했습니다. 왕은 움마단띠에 대한 관심이 없어졌고 그녀는 사령관의 아내가 되었습니다. 그러나 그녀는 자신에 대한 왕의 생각을 바꾸어놓을 결심으로 축제 기간 중 왕이 성내를 시찰할 때 자신의 미모와 매력을 최대한 보여주었습니다. 왕은 그녀에게 반해 거의 정신을 잃을 지경이 되었습니다. 잠을 이룰 수 없게 된 왕은 그녀를 미친 듯이 불러대면서 제석의 은혜로 움마단띠와 하루나 이틀 밤만이라도 같이 지낼 기회를 주었으면 좋겠다는 게송을 읊으며 자신의 맹목적인 열정을 털어놓았습니다.

감각대상과의 부딪힘은 대부분 대상에서 전달되는 감촉의 특성에 따라 좌우됩니다. 감촉이 분명하지 않고 흐릿하면 부드러운 느낌과 갈애를 일으킬 뿐이지만, 감촉이 분명하고 생생하면 더 많은 느낌과 갈애 등이 일어납니다. 부딪힘으로 인해 감정이 폭발할 수도 있습니다. 우리는 적대적인 대상을 보면 분노하고 무서운 대상을 보면 두려워합니다. 불쾌한 말은 우리를 짜증나게 합니다. 무언가 자아를 부추기는 생각을 할 때는 자만심이 생기고 영혼이 있다는 생각을 하고 업과 그 과보를 비웃는 가르침을 들을 때는 그릇된 견해를 갖게 됩니다. 부드러운 대상은 부드럽게 만들고, 자기만 갖고 싶은 대상은 인색하게 만듭니다. 이것이 불선업을 조장하는 접촉의 예입니다. 선업도 역시 접촉으로부터 생깁니다. 신앙의 대상은 믿음을 생기게 하고, 용서하고 인내해야 할 사람들은 참을성을 기르게 되며 부처님과 아라한을 계속해서 생각하면 알아차림과 자비 등을 갖게 됩니다.

그래서 『무애해도』에서는 "접촉을 원인으로 50가지 마음의 작용이 일어난다"라고 말합니다. 느낌, 인식, 행의 원인을 접촉에 두고 있다는 것입니다.

안식眼識

우리는 접촉이 있기 때문에 볼 수 있으며 이 접촉은 눈과 형상과 안식이 있기 때문에 일어납니다. 부처님은 안식과 형상을 구분하여 가르치셨습니다. 범부들은 안식과 형상을 혼동할 가능성이 높지만 부처님께서는 분명히 안식은 눈과 시각 대상인 형상에서 일어나고, 접촉은 눈과 형상과 안식이 결합하여 일어난다고 말씀하셨습니다.

이것이 눈, 형상, 안식 등 세 가지 감각기관이 필요충분조건이 되어 만들어진 '봄의 부딪힘[眼觸]'입니다. 수행자가 볼 때마다 '봄'을 알아차리고 집중이 계발되면 본다는 원인이 없으면 일어나지 않는다는 것, 그래서 누군가에 의해 만들어졌거나 창조된 것이 아니라는 것을 깨닫게 됩니다. 다시 말해서 본다는 것은 눈과 형상을 원인으로 안식이라는 결과가 일어난 정신과 물질 현상이라는 것을 깨닫는 것입니다.

마하시 사야도의 12연기

감각기관에 대한 접촉은 감각대상의 특성에 따라서 즐겁거나 괴롭거나 덤덤한 느낌을 일으킵니다. 대상이 아름다우면 즐거운 느낌이, 못생겼으면 괴로운 느낌이, 예쁘지도 못생기지도 않으면 덤덤한 느낌이 일어납니다. 덤덤한 느낌은 좋아하거나 싫어하는 생각도 일으키지 않고, 심지어는 느낌이라고 인지되지도 않았을 때도 자아는 이것을 (나라고) 받아들입니다. 실제로 이 세 가지 느낌들은 에고나 자아와는 아무런 상관이 없고, 접촉으로 인해 정신적 과정으로 나타난 양상들입니다.

지금까지 눈[眼]에 대해서 개략적으로 설명한 인식 과정은 귀[耳], 코[鼻], 혀[舌], 몸[身]에도 똑같이 적용됩니다.

이식耳識

보는 경우와 마찬가지로 '들음'에도 귀, 소리, 이식耳識의 세 가지의 요소가 있습니다. 귀와 소리가 없으면 듣는 것이 불가능합니다. 과학자들은 음파의 속도가 초당 34미터라고 말합니다. 이는 자연적인 소리의 속도입니다. 라디오 방송은 한순간에 전 세계로 소리를 내보낼 수 있습니다. 소리가 귀에 와서 부딪힐 때는 마치 거울에 비춰서 보는 것처럼 '들음'이 일어납니다.

그러나 본래 듣는 주인이 있어서 듣는다고 생각하면 잘못입니다. 귀의 감성물질은 끊임없이 흐르고 있으며 이에 관련된 물질은 항상 일어나고 사라지고 있습니다. 이는 흐르는 시냇물이 계속 바뀌는 것과 같습니다. 감성물질의 흐름이 음파와 부딪힘으로써 이식을 촉발합니다. 이식은 단 한순간 일어났다 사라집니다. 이식이 일어난 다음에는 계속해서 소리를 '받아들이는 마음'과 '조사하는 마음', '결정하는 마음'이 일어납니다. 이 각각의 마음은 한순간 일어났다 사라집니다. 그리고 매우 빠른 속도로 일곱 번의 속행이 연달아 일어나고, 그다음 소리에 초점을 맞춘 두 개의 '등록하는 마음'이 일어납니다.

이런 것들이 들음에 포함된 인식 과정입니다. 하나의 소리를 들을 때마다 귀와 소리를 토대로 이식이 새로 일어납니다. 그래서 알아차리는 수행을 하는 사람은 귀와 소리를 조건으로 듣는다는 것, 그리고 거기에 듣는 자나 듣는 존재는 없다는 것을 깨닫습니다. 사실 수행자는 볼 때보다는 들을 때 인과관계를 훨씬 더 잘 압니다.

이와 같이 듣는다는 것은 귀와 소리와 이식의 결합을 뜻합니다. 소리의 부딪힘이 바로 귀의 접촉[耳觸]이며, 명상하는 수행자에게는 이것이 아주 분명합니다. 어떤 수행자는 너무 민감한 나머지 거친 말을 들을 때 그 소리가 마치 귀를 향해 맹렬히 돌격해서 사정없이 후려치는 것처럼 느낍니다. 어떤 수행자는 낙엽이 떨어지는 소리에 깜짝 놀라기도 합니다. 귀로 들어오는 여러 가지 소리 중에서 듣고자 하는 소리에 귀를 기울이면 그 부딪힘이 분명합니다. 크고 거칠고 귀청을 찢는 소리를 안 들을 수는 없습니다. 즐겁지 못한 대상은 안 보면 되지만 소리는 그렇게 무시해버릴 수가 없습니다.

우리는 즐겁거나 괴로운 소리에 따라서 즐겁거나 괴로운 느낌을 느낍니다. 좋은 소리, 감미로운 목소리가 귀에 들리면 환영하지만 거친 소리와 욕설은 듣기 싫어합니다. 평범한 소리를 들을 때는 즐겁지도 괴롭지도 않은 느낌이 듭니다. 이런 경우 우리는 그 느낌을 알아차리지 못할 수도 있습니다. 덤덤한 느낌은 너무 미세하기 때문에 알아차리지 못합니다. 즐거운 소리를 들을 때 즐거운 느낌을 갖는 것은 분명합니다. 달콤한 말은 듣기 좋고 거친 말은 귀에 거슬립니다. 평범한 소리로 인한 느낌은 특징이 분명하지 않기 때문에 덤덤한 느낌이라고 합니다.

항상 알아차림이 있는 수행자에게는 들음에 의해 생기는 세 가지 느낌이 매우 익숙합니다. 그는 소리와 귀의 부딪침에서 괴로운 느낌이나 즐거운 느낌이 일어난다는 것, 그러한 느낌에 작용하는 자아나 영혼은 없다는 것, 느낌은 순간적으로 일어났다 사라지며 모든 것은 무상하다는 것을 압니다. 수행자의 집중이 계발됨에 따라 세 가지의 모든 느낌이 끊임없이 일어나고 사라진다는 것을 알게 됩니다.

비식鼻識

들음과 마찬가지로 '냄새 맡음'도 조건 지어져 있습니다. 비식은 코와 냄새의 부딪힘에서 일어납니다. 냄새나 코의 감성물질이 없으면 냄새 맡는 것이 불가능합니다. 코의 감성물질이 없는 사람은 드물지만, 한때 나는 향수에 젖은 손수건의 냄새를 맡아도 실제로 아무 향기도 느끼지 못한다는 비구를 만난 적이 있습니다. 코로 냄새를 맡을 수 있더라도 코를 막거나 냄새의 대상이 없으면 냄새를 맡지 못합니다. 냄새는 공기에 의해 전달되어 코의 감성물질과 부딪혔을 때만 감지됩니다. 보통 사람들은 냄새 맡는 자가 사람이거나 존재라고 착각합니다.

사실 비식을 생기게 하는 것은 공기에 의해 전해진 냄새와 지속적인 흐름인 코의 감성물질의 부딪힘입니다. 봄, 들음과 마찬가지로 비식은 '전향하는 마음', 속행, '조사하는 마음' 등을 포함한 하나의 인식 과정입니다. 물론 여기서 핵심은 비식이 코와 냄새에 의존해서 끊임없이 일어나고 사라진다는 데 있습니다.

우리는 썩은 물질의 역겨운 냄새나 꽃향기에 모두 익숙합니다. 보통 사람은 자신이 냄새를 맡는다고 믿고 있지만, 수행자는 그것이 단지 코와 냄새와 의식의 결합으로 생기는 현상일 뿐이라고 알며, 모든 것은 끊임없는 흐름이며 영원하지 않다는 것을 깨닫습니다. 이것이 수행자와 보통 사람의 차이입니다.

느낌은 감각 접촉의 본성에 따라 즐거울 수도 있고 즐겁지 않을 수도 있습니다. 꽃향기나 향수의 냄새는 즐거운 느낌의 원인이 되지만 물질의 썩는 냄새는 불쾌하게 합니다. 평범한 냄새는 즐겁지도 괴롭지도 않은 느낌을 일으키는데, 이 느낌이 바로 덤덤한 느낌입니다. 이 느낌은 아주 미세하기 때문에 우리가 알아차리지 못합니다. 수행자는 냄새를 아는 마음인 비식을 주시해서 세 가지 느낌과 그것의 일어남, 사라짐을 알아차립니다.

설식舌識

맛을 아는 마음인 설식舌識은 혀와 음식의 부딪힘에서 일어납니다. 혀와 음식의 맛이 없다면 설식은 있을 수 없습니다. 그러나 혀가 건강하지 못해 감성을 잃으면 음식 맛을 못 느낄 것입니다. 보통 사람들은 먹거나 맛을 즐기는 어떤 존재가 있다고 생각합니다. 사실 혀의 감성 물질은 항상 변화하는 흐름에 있으며 이 물질과 음식의 맛이 부딪히면서, 앞서 설명한 심찰나를 포함한 설식이 일어납니다. 이 단계는 너무 빨리 전개되기 때문에 단 하나의 심찰나로 여겨집니다. 이 설식은 혀와 맛에 따라서 매 순간 변합니다. 달고, 시고, 쓴 것 등을 아는 것이 설식입니다.

혀와 맛과 아는 마음의 결합을 접촉[觸]이라고 합니다. 이는 모든 사람이 잘 아는 사실입니다. 그러나 보통 사람들은 맛을 느끼는 존재를 자기 자신이라고 생각합니다. 정신과 물질에서 일어나는 모든 활동을 주시하는 수행자만이 그것이 혀와 맛과 아는 마음에 의존하여 일어나는 하나의 현상이라는 것을 알 수 있습니다. 나중에 수행자는 그것이 끊임없이 흐르고 있으며 무상하다는 분명한 통찰지혜를 얻게 됩니다.

맛의 부딪힘이 있으면 즐겁거나 괴로운 느낌이 따라옵니다. 좋은 음식을 먹으면 즐겁고 그 음식을 좋아하지만 나쁜 음식이나 약의 쓴맛은 싫어합니다. 어떤 음식은 먹으면 덤덤한 느낌이 일어납니다. 덤덤한 느낌이지만 먹을 기회가 있다는 것은 선업의 결과입니다. 그러므로 그런 음식을 먹는 것도 즐거운 측면을 가지고 있으며 집착을 일으킵니다. 그러나 매 순간 정신과 물질을 주시하여 집중을 계발한 수행자는 모든 (즐겁고, 괴롭고, 덤덤한) 느낌이 일어나고 사라진다는 것을 경험으로 알게 됩니다.

덤덤한 느낌

사실 논장에서는 안식眼識, 이식耳識, 비식鼻識, 설식舌識의 경우 즐겁거나 괴로운 느낌이 없고 오직 덤덤한 느낌만 있다고 설명합니다. 그러나 명상을 하는 수행자가 아니라면 안식 등을 겨냥하는 것이 바람직한 일은 아닙니다. 수행자는 조사하는 마음, 속행, 등록하는 마음 등 몇 개의 심찰나와 함께하는 즐거운 느낌, 속행 혹은 접촉하는 순간의 괴로운 느낌을 포함한 모든 인식 과정을 다 알아차려야 합니다.

더구나 안식 등이 일어나는 순간 덤덤한 느낌이 일어나더라도 불선업의 과보가 일어날 경우에는 두려움과 같은 고통스럽고 불쾌한 대상에 접촉했을 때처럼 분명하게 괴로운 느낌이 따를 것입니다. 시끄러운 소리는 귀를 먹게 할 수도 있고 고약한 냄새는 두통을 일으킬 수도 있으며 상한 음식은 건강을 해칠 수도 있습니다. 마찬가지로 덤덤한 느낌도 네 가지 즐거운 감각대상을 조건으로 할 때는 즐거운 느낌이라는 뜻입니다. 우리는 아름다운 대상을 보고, 즐거운 소리를 듣기를 좋아합니다. 덤덤한 느낌은 선업의 산물이기 때문에 즐거운 특성을 갖고 있다는 증거입니다. 이와 관련하여 『청정도론』의 복주석서는 이렇게 말하고 있습니다.

"저급한 업이 숙성하여 일어난 덤덤한 느낌은 고통스러우며, 그렇기 때문에 저속한 성품을 가지고 있다."

다른 말로 하면, 불선업에 뿌리를 둔 덤덤한 느낌은 덤덤하고 중립적일 수 있지만 악업에서 생겼기 때문에 마치 오물에서 피어난 꽃처럼 저급합니다. 더구나 덤덤한 느낌은 괴로운 느낌만큼 나쁘지는 않지만 견디기 어려운 것이고, 그렇기 때문에 저급합니다. 사실 악행으로 인한 악업의 과보는 결코 좋을 수가 없고 아픔이나 괴로움을 면할 수도 없습니다. 그래서 복주석서는 인과의 연결고리에서 느낌의 기능을 이렇게 부연설명하고 있습니다.

"불선업에 원인을 둔 덤덤한 느낌은 바람직하지 않기 때문에 괴로움이라고 해야 한다. 선업에 원인을 둔 덤덤한 느낌은 바람직하기 때문에 즐거움이라고 해야 한다."

신식身識

접촉, 느낌 등의 또 다른 근원은 몸의 문이라는 감성물질입니다. 이것을 다음과 같이 말합니다.

"신식身識은 감각기관인 몸과 감촉 대상에서 일어난다. 몸의 촉감은 몸과 감촉 대상과 신식의 결합에서 생기고, 촉감은 느낌을 조건으로 한다."

여기서 약간의 설명이 필요합니다. 봄, 들음, 냄새 맡음, 먹음 등 각기 다른 물질적 활동은 눈, 귀와 같이 그에 해당하는 기관에만 관여합니다. 그것과 관련된 의식도 역시 두뇌의 어느 일정 부위에서만 일어납니다. 이러한 정신적·물질적 활동들은 위치와 지속 시간에 제한이

마하시 사야도의 12연기

있습니다. 먹을 때에는 오직 맛만 의식하고 들을 때는 오직 듣는 것만 의식합니다.

신식의 경우에는 몸의 모든 부위에서 나타납니다. 자신의 몸 어디든 어느 때든 그곳을 생각하면 감촉이 느껴집니다. 그러므로 그 영역이 광범위하고 오래 지속됩니다. 위빠사나 수행 초보자는 감촉을 알아차리는 것이 가장 중요하기 때문에 이 부분에 대해 좀 알아두어야 합니다. 감촉을 받아들일 수 있는 미세하고 민감한 감성물질은 몸 전체에 퍼져 있습니다. 그것은 몸의 건강한 부위에는 모두 존재하기 때문에 외부나 내부 물질과의 부딪힘을 통해 몸 어디서든 신식이 생길 수 있습니다. 이 물질적 현상은 영원하지 않고 순간에서 순간으로 흐르고 있습니다. 그것들은 전기 에너지가 전구로 전달되어 빛을 내는 것과 같은 것입니다.

이렇게 끊임없이 흐르고 있는 상태에서 아직 사라지지 않은 몸의 감성물질이 외부나 내부 물질과 충돌하면 거기서 신식이 생깁니다. 봄, 들음 등과 마찬가지로 이 신식도 감촉 대상을 조사하는 마음, 받아들이는 마음, 등록하는 마음과 같은 심찰나의 연속 과정을 거칩니다. 그러나 이 마음은 너무 빨리 일어나고 사라지기 때문에 신식은 단 하나의 심찰나만 거친 것처럼 느껴집니다. 감촉을 아는 신식은 항상 있습니다. 몸이 아닌 다른 대상에 몰두하고 있을 때는 마음이 드러나지 않는다는 것일 뿐입니다. 그러나 마음을 몸으로 겨냥할 경우에는, 예를

들어 몸과 바닥, 몸과 옷 등 부딪힘이 있는 어딘가에는 반드시 감촉이
일어납니다.

·
9

의심에서 벗어나다

●

연기법을 이해한다는 것은 의심과 환상[無明]으로부터 벗어난다는 의미입니다. 왜냐하면 이것으로부터의 자유는 성스러운 도의 첫 번째 단계인 수다원과를 얻은 수행자의 기본적인 특성으로서 연기법을 이해하는 것이 중요하기 때문입니다. 연기법을 모르면 부처님과 가르침 등에 대한 의심을 일으킬 수 있습니다. 의심에는 다음과 같은 여덟 가지가 있습니다.

첫째, 부처님에 대한 의심입니다. 이런 의심이 있으면 "부처님은 실제로 모든 번뇌에서 벗어난 분이었을까? 아니면 보통 사람이면서 제자들에게 맹목적으로 믿으라고 했을까?"라는 의문이 일어나 회의주의자가 됩니다.

둘째, 가르침에 대한 의심입니다. "도와 열반은 진정으로 탐욕과 성냄과 어리석음의 소멸을 보장하는가?"

셋째, 승가에 대한 의심입니다. "진정으로 번뇌에서 벗어난 성자들은 있는가? 무명과 의심을 극복한 수다원은 절대로 악처에 태어나지 않을까? 거친 감각적 욕망과 성냄에서 벗어난 사다함은 있는가? 감각적 욕망과 성냄에서 완전히 벗어난 아나함은 있는가? 모든 번뇌에서 벗어난 아라한은 있는가?"

넷째, 수행에 대한 의심입니다. "계를 지키고 알아차리는 수행은 더 높은 영적 진보에 유익하고 도움이 되는가?"

다섯째, 과거에 대한 의심입니다. "나는 과거에 존재했을까? 나는 과거에 왜 그리고 어떻게 존재했을까? 나는 전생에 어떤 사람이었을까? 나는 이끼에서 생겨났는가, 아니면 갑자기 존재계에 출현하였을까?"

여섯째, 미래에 대한 의심입니다. "나는 죽은 후에도 존재할 것인가? 내생에 나는 어떤 사람이 될 것인가?"

일곱째, 과거와 미래 모두에 대한 의심입니다. 복주석서에 의하면, 이 의심은 한 인간의 삶의 회전에서 과거와 미래 사이에 있는 현재를 의미하는 것입니다. 이 해석은 빨리어 경전에서 "이 현생에서 자아에 대한 의심이 생긴다"고 말한 것과 일치합니다. 그런 의심에서 다음과 같은 질문이 나올 수 있습니다.
"나는 진정 나 자신인가, 자아는 존재하는가, 존재하지 않는가, 만약 자아가 존재한다면 그것은 어떤 존재인가, 그것은 큰가, 작은가, 왜 그리고 어떻게 자아가 존재하는가, 그것은 창조되었는가, 아니면 갑자기 존재계에 출현했는가, 자아는 어디서 왔으며 마지막으로 몸이 해체된 후에는 어디로 가는가 등."
이러한 의문은 과거에 대한 의심 다섯 가지, 미래에 대한 의심 다섯 가지, 현재에 대한 의심 여섯 가지를 보여주는 것입니다. 자아나 에고에 대한 모든 환상에서 벗어나면 이런 의심들을 모두 극복할 수 있습니다. 이것을 의심으로부터 해방되는 청정[度疑清淨]이라고 합니다.

여덟 번째, 많은 의심을 불러일으키는 이 마지막 주제는 존재의 세계에서 원인과 결과와 인과관계를 최우선으로 강조하는 연기법입니다. 행은 정말로 참된 법에 대한 무지에서 비롯하는가? 재생은 정말로 업을 조건으로 일어나는가? 악업은 내생에 해롭고 선업은 내생에 유익하다는 것이 사실인가? 모든 현상에는 정말 원인이 있는가? 모든 것은 원자와 전자가 우연히 결합된 산물이 아닐까?

이러한 의심들은 연기법에서 설명하고 있는 인과관계의 사슬에서 원인의 고리인 무명과 행, 그리고 결과의 고리인 식 등에 초점을 둔 것입니다. 이런 의심은 결국 잘못된 견해[邪見]를 일으킵니다. 연기와 모순되는 잘못된 견해는 이런 의심에 뿌리를 두고 있습니다. 자신의 지적 수준이 미치지 못한 상태에서 삶의 본성을 추측하게 되면, 처음에는 의심으로 시작해서 나중에는 무명인 환상에 집착하는 회의주의자가 되어버립니다. 그러한 회의주의와 잘못된 견해는 연기를 모르기 때문에 생겨나는 것입니다. 연기법을 분명하게 이해하는 사람은 환상은 말할 것도 없고 의심도 갖지 않습니다.

최종적으로 분석하면 지구, 태양, 나무와 같은 생명이 없는 존재[無情物]와 마찬가지로 생명이 있는 존재도 원인과 결과의 복합체입니다.

인과의 법칙은 전 우주에 미치기 때문에 창조나 우연 발생이라는 것이 들어설 여지가 없습니다. 현대 과학은 생명 없는 물질계가 원인과 결과의 상호작용에 절대적으로 의존하고 있다는 압도적 증거를 제시하고 있습니다. 이는 생명이거나 마음이거나 물질이거나, 이 세상 모든 것은 조건 지어져 있다는 부처님 가르침의 진리와 다르지 않다는 것을 뒷받침하고 있습니다.

부처님은 인간의 내적 삶에 대한 조건 지어진 본성을 강조하셨습니다. 물질계는 윤회가 없고 재생과 괴로움도 따르지 않기 때문에, 부처님의 가르침에서는 외적인 무정물無情物의 세계를 다루지 않습니다. 불교인들의 최대 관심사는 생명체입니다. 생명체로 구성된 정신과 물질을 그대로 놓아두면 수없이 많은 생을 거치면서 대부분은 악처에서 괴로움을 겪습니다. 그러나 정신과 물질 과정을 이해하고 지혜롭게 행동한다면 해탈의 길로 점진해나갈 수 있습니다. 비록 아직 해탈은 하지 못했더라도 우리는 재생의 굴레 속에서도 더 좋은 삶을 성취하며 비교적 잘 해나갈 것입니다. 그러므로 12연기를 명확하게 이해하는 것은 번뇌의 완전 소멸을 보장하는 데 절대적으로 필요합니다.

10

재생연결식이
일어나는 원인

●

무명이 행의 원인이고 업의 형성이 재생의 원인이라고 설명했습니다. 이제는 재생연결식의 근원에 대해서 설명할 필요가 있습니다. 부처님께서는 『앙굿따라니까야』에서 선하거나 불선한 의도는 비옥한 들판에 비유하고 식은 씨앗에, 갈애는 들판을 적시는 수분에 비유하셨습니다.[1]

나무를 심으려면 들판과 묘상苗床이 있어야 합니다. 마찬가지로 재생연결식은 업이라는 기름진 들판을 전제조건으로 합니다. 업은 재생의 잠재력을 일어나게 합니다. 앞의 의식은 사라진 상태라도 재생의 잠재력은 정신과 밀접한 관련을 가진 채 그대로 남아 있습니다. 이는 마치 식물이 아직 싹은 트지는 않았지만 적당한 조건이 되면 싹이 트게 되어 있는 것과 같고, 범죄를 저지른 사람이 잠정적 죄수인 것과 같으며, 뛰어나게 일을 잘한 공무원이 그 업적으로 정부로부터 상을 받게 되는 잠정적 수상자인 것과 같습니다. 더 나아가 식물이 발아하려면 씨앗에 의존하는 것처럼 재생은 선하거나 불선한 식에 의존합니다. 선하거나 불선한 식은 일어났다 사라지지만 그 마음의 상태는 계속 흐르면서 자극을 줍니다.

1   『앙굿따라니까야』 주석서에서는 "선업과 불선업이 자라는 장소(ṭhāna)라는 뜻에서 업은 들판(khetta)이고, 업을 형성하는 식은 자란다는 뜻에서 씨앗(bija)이다. (씨앗을) 돌보고 자라게 하기 때문에 갈애는 물과 같다"라고 설명하고 있다.

이런 상태는 뱀이 허물을 벗는 것과 같이 앞선 업식의 결과입니다. 이런 의식 중에서 가장 두드러진 것은 업, 업의 표상, 태어날 곳의 표상을 대상으로 하는 사몰심입니다. 죽어가는 사람이 이런 징조나 표상을 만나는 것을 현현구족現現具足이라고 하는데, 이는 '행업을 조건으로 하는 내생의 전조'라는 의미입니다. 어느 의미에서 죽음의 마음이 재생연결식으로 전이됨을 나타낸다는 점에서 씨앗이 싹터 초목으로 성장하는 것과 유사합니다.

씨앗이 초목으로 자라기 위해서는 물이 필요합니다. 물이나 공기 중에 최소한의 습기라도 있지 않으면 씨앗은 싹이 트지 않을 것입니다. 마찬가지로 업이 내생의 근거가 되더라도 갈애가 없으면 재생이 일어나지 않습니다. 그러므로 아라한의 경우 보통 사람들과 마찬가지로 식과 업이 있다는 점에서 재생의 조건을 갖추었지만 갈애가 소멸했기 때문에 재생연결식이 일어날 수 없습니다.

갈애는 아라한이 아닌 사람들의 것으로, 범부에게는 갈애의 힘이 무엇보다도 강력합니다. 갈애는 감각대상을 즐겁고 매력적이고 바람직한 것으로 여기게 합니다. 갈애는 즐거움, 행복, 희망이라는 환상을 일으킵니다. 갈애는 좋은 것을 좋아하고 행복과 번영을 인생의 주목적으로 삼게 합니다. 갈애는 다른 마음의 작용들을 이끌어내는 업의 마음을 자극합니다.

죽음에 임박해서는 이런 마음의 작용들이 표상을 일으킵니다. 죽어가는 사람이 즐거운 표상을 보면 기뻐합니다. 그리고 활기차고 즐거워집니다. 이것은 업의 종자가 싹트기 시작했음을 보여주는 것입니다. 그는 괴로운 표상들을 받아들이지 않지만, 이 표상들은 여전히 그 자신과 연관되어 있고, 자신에 대한 이런 집착이 또다시 업의 종자를 싹트게 합니다.

그러므로 보통 사람인 범부의 경우에는 업[行], 업의 마음과 연결된 업식業識, 갈애 등 세 가지 조건으로 재생이 일어납니다. 재생을 위한 기름진 토양으로서의 업은 죽을 때 나타나는 표상이나 징후에서 명백해지고, 종자가 싹트는 것은 죽어가는 사람이 이런 표상이나 징후, 자기 자신에 기울이는 관심에서 나타납니다. 그래서 죽은 후에는 전생의 마지막 순간에 가진 마음의 작용을 조건으로 재생연결식이 일어납니다.

재생연결식은 전 생애에 걸쳐 정신과 물질, 육입, 접촉, 느낌 및 이들 상호관계에 작용합니다. 그런 의미에서 재생연결식은 현생의 씨앗이라고 볼 수 있습니다. 재생연결식은 정신과 물질과 피할 수 없는 밀접한 관계에 있습니다. 몸 안이거나 몸 밖이거나 모든 정신과 물질은 끊임없이 일어나고 사라지기 때문에 괴로움입니다. 그러나 우리는 무명으로 인해 괴로움을 보지 못하고 환상과 집착을 일으키며 감각대상을 추구하는 데 사로잡혀 있습니다. 이렇게 대상에 사로잡혀 있으면

마하시 사야도의 12연기

새로운 존재로 태어나게 합니다.

새로운 존재의 토대인 재생연결식과 함께 물질적인 몸의 토대가 일
어나고 접촉, 느낌과 같은 마음의 작용이 일어납니다. 재생연결식이
사라지면 탐욕, 분노, 만족, 인욕 등 선업이나 불선업을 유발하는 다
른 마음의 작용이 뒤따라 일어납니다. 이런 마음의 작용이 이번에는
앉음, 일어섬 등 육체적 행위를 하게 합니다. 그래서 부처님께서는
"마음citta[2])이 세상을 이끈다"고 가르치셨습니다. 부연설명하면 다음
과 같습니다.

"생각, 의도 등 마음이 세계loka[3])를 이끈다. 마음은 자기가 원하는 대
로 세상을 그려나간다. 모든 세상은 마음을 따라간다."

2   마음[心]으로 번역되짓는 찟따(citta)는 그림, 회화(繪畵)를 뜻하는데, 찟따는 특히 마음의 작용
인 수상행[心所, cetasika]과 구별되는 용어로 쓰인다. 마음을 의미하는 용어는 그 외에도 의(意)와 식
(識)이 있는데, 의를 뜻하는 마노(mano)는 여섯 가지 감각기관으로서의 마음을 말하는 것으로, 생각으
로서의 미세한 느낌의 사유에 해당한다. 그리고 식을 뜻하는 위냐냐(viññāṇa)는 여섯 가지 감각기관
[六根]과 그 대상[六境]이 부딪힐 때 그것이 무엇이라고 아는 마음이다. 경우에 따라 다르게 말하지만
다 마음을 뜻한다.

3   세상 혹은 세계로 번역한 로카(loka)는 우리 마음에 있는 미세한 계층이 구체적으로 구현된 것
으로 정신과 물질세계 모두를 뜻한다. 그래서 로카는 경우에 따라 중생들이 거주하는 세계일 수도 있
고 마음의 상태를 의미하는 세계일 수도 있다. 경전에 나타나는 세계는 다음과 같다. ① 존재의 세계는
마음의 상태에 따라서 색계, 무색계, 욕계로 구분하고 욕계는 다시 여섯 개의 욕계천상이 있고 그 밑으
로 선업계에 속하는 인간계와 악업계에 속하는 사악도의 세계가 있다. ② 반면에 『청정도론』에서는 세
계를 형성된 것들의 세상(saṅkhāra-loka), 중생의 세상(satta-loka), 공간의 세상(okāsa-loka)으로 나누
는데, 특히 형성된 것들의 세상은 육근이 육경에 부딪혀서 육식하는 과정을 말하는 것으로 모든 형성
된 것들인 유위법의 범위를 몸과 마음에 한정짓고 이것을 세계라 하였다.

여기서 세상은 존재의 세계를 말합니다. 마음은 존재를 바르게도 나쁘게도 이끌 수 있습니다. 믿음과 계행 등을 계발하는 선한 사람의 마음은 선행을 하도록 이끌 것이고, 법문을 듣고 위빠사나 수행을 하게 할 것입니다. 마음은 그를 높은 존재계에 태어나게 하거나, 아니면 열반이라는 목표로 인도해줄 것입니다. 반면에 선하지 못한 사람의 마음은 감각대상을 추구하고 불선행을 하도록 할 것입니다. 죽은 후에는 악도에 태어나 더 큰 괴로움을 받게 할 것입니다.

이 게송에서는 모든 정신과 물질이 마음의 지배를 받고 있다는 것을 보여주고 있습니다. 이는 식이 있기 때문에 감촉 등 정신과 물질 현상이 일어난다는 연기의 가르침과 일치합니다.

·

11

사대^{四大}의 요소를 통해
감촉을 안다

●

몸의 신체적 접촉을 알아차리는 수행자는 그것이 조건 지어져 있음을 압니다. 그것은 원인이 없는 것이거나 창조된 것이 아니라 사실은 감촉 대상과 건강한 상태의 감성물질과의 결합에 의존한다는 것을 압니다. 감촉 대상phoṭṭhappha[1]에는 땅의 요소[地大], 불의 요소[火大], 바람의 요소[風大]의 세 가지 종류가 있습니다.

땅의 요소[地大]

땅의 요소는 단단하다, 거칠다는 특성이 있으며, 이 특성은 닿는 느낌이 분명한 몸의 한 부분을 겨냥해 살펴보면 알게 됩니다. 부드러운 것과 거친 것은 본질적으로 다른 것이 아닙니다. 벨벳은 거친 것과 비교할 때는 다른 것에 비해 부드러운 대상이라고 하겠지만, 사람 눈과 같은 부드러운 부위에 부딪혔을 때는 거친 것입니다. 그러므로 부드러

---

1   감촉 대상이라고 옮긴 뽓탑빠(phoṭṭhabba)는 몸의 기능[身根]의 상대가 되는 것으로 더 정확히는 몸의 감촉을 말한다. 논장에서는 감촉을 지대(地大), 화대(火大), 풍대(風大)의 세 가지 중 하나라고 설명한다. 따라서 수대(水大)는 감촉으로 느끼지 못하고 의문(意門)을 통해서만 받아들인다. 이에 비해 접촉으로 번역한 팟사(phassa)는 '닿음'을 뜻하며 12연기 중 하나의 각지로 쓰인다. 여기서 닿음이란 물질적으로 대상에 몸이 부딪히는 것이 아니라 정신적으로 '만지는 것'이며, 그로 인해 모든 인식 과정이 시작된다. 구체적으로는 기능[根]이 대상[境]과 맞부딪혀서 인식하는 과정이다. 색·성·향·미·촉·법의 촉을 의미하는 phoṭṭhabba(감촉)는 물질에 속하고, 12연기에서 사용하는 phassa(접촉)는 심리현상으로서 심소법(心所法)에 속한다.

마하시 사야도의 12연기

운 것과 거친 것은 정도에 따라서 다를 뿐, 다른 종류가 아니고 상대적인 용어입니다. 부드러운 것과 매끄러운 것도 땅의 요소의 '특성'인 견고함을 의미합니다.

주석서에 의하면, 땅의 요소의 속성인 견고함은 다른 요소들이 의지해야 하는 근거로서, 이는 마치 모든 대상이 땅에 의지해야 하는 것과 같습니다. 예를 들면 쌀가루를 물로 반죽해서 덩어리가 되면 그 견고함에서나 단단한 성질이 많은 것으로 보아 땅의 요소라고 할 수 있습니다. 쌀가루는 물의 요소에 의해 결합되어 뭉쳐져 있습니다. 그 덩어리는 또한 따스함, 차가움과 관련 있는 불의 요소를 포함하고 있으며, 뻣뻣함과 팽창을 지탱시키는 바람의 요소도 포함하고 있습니다. 이렇게 쌀로 된 반죽은 네 가지 요소[四大]를 모두 함유하고 있는데 그 중에서 땅의 요소는 다른 요소들의 토대가 됩니다. 다른 세 가지 요소도 역시 쌀가루에서 나온 것입니다. 이렇게 쌀가루가 물의 요소 등을 지탱해주듯이 땅의 요소도 물질에 관계된 것을 지탱해줍니다. 이것이 땅의 요소의 '역할'입니다.

그러므로 수행자에게는 땅의 요소가 다른 요소들의 토대로 보입니다. 이것이 땅의 요소의 '나타남'이고, 이는 무거움과 가벼움에 관한 것입니다. 논장의 하나인 「법집론(法集論. Dhammasangani)」과 그 주석서에 의하면, 땅의 요소는 무거움과 가벼움이라고 기술하고 있습니다. 그러므로 물건을 옮길 때 무거움과 가벼움을 느낀다면, 그 느낌 혹은 생각은 땅의 요소의 '나타남'입니다.

수행자는 거친 것이나 부드러움을 통해 땅의 요소의 '특성'을 압니다. 수행자는 다른 물질들이 땅의 요소에 의존하고, 땅의 요소는 다른 물질을 지탱한다는 것을 알 때 그것의 '역할'을 깨닫고, 그것이 무거움이나 가벼움이라고 알 때 땅의 요소의 '나타남'을 깨닫습니다. 이렇게 땅의 요소를 특성, 역할, 나타남으로 아는 것은 정신과 물질의 성품을 구별하는 통찰지혜로 진리를 안다는 것입니다. 범부들은 땅의 요소와 접촉할 때 보통은 손, 발, 옷, 사람 등으로 이해합니다. 이러한 사고방식은 잘못된 것으로, 수행자는 알아차리는 수행을 통해 진리를 압니다.

불의 요소[火大]

불의 요소는 열을 의미합니다. 몸의 어떤 부분이 화끈거리고 눌려 있는 느낌이 있어서 자세를 바꿀 때 불의 요소가 분명히 드러납니다. 차가움 역시 약하지만 불의 요소의 하나입니다. 어떤 것은 다른 것과 비교해서 뜨겁기도 하고 차갑기도 합니다. 나무 그늘은 태양의 열기에 비해서 시원하겠지만 동굴이나 집 내부에 비해서는 덥습니다. 항아리 속의 물은 밖에 있는 물에 비해서 시원하겠지만 얼음물에 비하면 따뜻합니다. 뜨겁고 따뜻하고 차갑다는 것은 본질적으로 불의 요소를 의미하는 상대적인 용어입니다.

불의 요소인 열은 성숙과 성장에 없어서는 안 되는 필수 요소입니다. 열은 생명체를 성장시키고 숙성시켜줍니다. 나무, 건물, 대지, 바위 등이 낡아가고 쇠퇴해가는 것은 열이나 태양 때문이고, 흰 머리카락, 썩은 이빨, 주름살 및 다른 노화의 징후가 생기는 것은 몸의 열 때문입니다. 열이 많으면 성숙 과정이 더욱더 빨라집니다. 불의 요소는 물질을 부드럽고 유연하게 만듭니다. 그래서 수행자가 '뜨거움, 뜨거움' 하고 알아차리면 부드럽고 유연하게 만드는 그것의 '역할'을 깨닫게 됩니다.

열이나 차가움이 몸 안에서 나타날 때 알아차리는 수행자는 그것의 속성이 불의 요소라는 것을 압니다. 불의 요소가 사물을 부드럽고 유연하게 한다는 것을 알면 그 '역할'을 아는 것입니다. 이렇게 해서 수행자에게는 정신과 물질의 본성을 구별하는 통찰지혜가 일어납니다. 범부들은 불의 요소를 생각할 때 손, 남자, 여자 등과 같은 실체나 존재로 보지만 수행자는 그런 환상을 가지고 보지 않습니다.

바람의 요소[風大]

바람의 요소는 뻣뻣함과 단단함을 특징으로 합니다. 똑바로 앉아서 등을 펴고 자신의 내면을 들여다보고 있으면 단단함을 발견할 것입니다. 다시 팔을 펴고 마음을 팔에 고정시켜 보십시오. 뻣뻣함을 알 것입니다. 그러므로 만약 앉을 때 '앉음'이라고 마음으로 알아차리면 바람의 요소가 그 '특성'이라는 것을 알게 됩니다. 자아나 아뜨만 atman 등이 아니라 그냥 뻣뻣함이라는 것을 아는 것입니다. 바람의 요소에 대한 본성을 아는 이런 통찰지혜가 중요합니다.

그러나 수행자의 통찰지혜가 반드시 처음부터 뻣뻣함이라는 실재에 고정되어 있어야 한다는 것은 아닙니다. 여전히 실체나 자아 등의 개념이 마음속에 끼어듭니다. 왜냐하면 보통 사람은 초기 집중력이 약하고 마음이 여기저기 돌아다니기 때문입니다. 그의 마음은 항상 감각적 욕망이나 기타 장애의 지배를 받고 있습니다. 이는 고요함이나 통찰지혜와는 상충되는 것으로 그것을 향상시키는 데 방해가 됩니다. 그 결과 마음은 사대四大 등 실재하는 것에 고정되지 않습니다. 어떤 스승들은 모든 관념적인 것들이 시작부터 떨어져 나간다는 믿음을 갖게 할 수도 있지만 이것은 불가능합니다. 초보자가 장애를 받지 않고 청정한 마음으로 믿음을 갖는 것은 참으로 어렵습니다. 부처님에게서 직접 법을 듣고 성스러운 도를 성취한 사람들은 예외겠지만 다른 사람들이 그것을 성취한다는 것은 불가능한 일입니다.

위빠사나 수행을 한다고 처음부터 통찰지가 생기지는 않습니다. 정신과 물질을 알아차리는 동안 수행자가 집중력을 강화하여 망상에 빠질 틈이 거의 없어지면 지속적으로 알아차리게 됩니다. 이렇게 마음이 청정해진 단계가 되어야만 정신과 물질의 진정한 본성을 통찰하

마하시 사야도의 12연기

는 지혜가 생깁니다. 그렇더라도 '소멸의 지혜'에 이르기 전까지는 관념적인 개념들이 좀처럼 없어지지 않습니다. 그래서『청정도론』에서는 수행자가 '생멸의 지혜'의 초기 단계서부터 "탑 난간 위의 빛과 꽃을 보려 하고, 바다 속의 물고기와 거북이를 보려는" 경향이 있다고 말합니다. 그러나 나중에는 알아차릴 대상인 정신과 물질 그리고 알아차리는 마음이 차례대로 사라지는 것을 발견합니다. 형상이나 모양 등 관념적인 것은 더 이상 일어나지 않습니다.『청정도론』에서 말하는 바와 같이 "정지, 소멸, 붕괴에 주의력을 고정시키고 있다"는 것입니다.

그러므로 처음에 수행자는 자신이 알아차리고 있는 대상만 바르게 알고 있으면 됩니다. 발을 들어 올리는 순간 뻣뻣함, 즉 바람의 요소가 분명해집니다. 우리에게 이것을 알게 하려고 부처님께서는 "수행자는 걸을 때 자신이 걷고 있다고 알아차린다"라고 하셨습니다. 여기서 수행자는 자신이 걷고 있다는 사실을 그냥 알기만 할 뿐, 바람의 요소인 뻣뻣함을 숙고하라는 것이 아닙니다. 이는 명칭이 문제가 아니라 가장 중요한 것은 현상을 있는 그대로 보는 것이며, 수행자가 그것을 아는 것은 통상적인 용어로 알아차린다는 의미입니다.

또 바람의 요소는 몸 어느 부위의 움직임에서 나타납니다. 그 움직임과 배의 일어남, 꺼짐에서 뻣뻣함을 아는 것은 바람의 요소의 진정한 특성을 안다는 것입니다. 느슨함도 바람의 요소가 가진 특성입니다.

왜냐하면 우리가 어떤 것이 팽팽하다, 느슨하다고 말하는 것은 상대적이기 때문입니다. 움직이고, 구부리고, 기울이고, 옮기는 것도 바람의 요소의 기능입니다. 수행자는 손을 구부릴 때 손의 움직임을 알아차리면서 바람의 요소의 진정한 본성을 알게 됩니다. 또한 걸음 등을 지켜볼 때도 그것을 압니다. 그 순간에는 대상을 남자나 여자나 몸 등으로 생각하지 않습니다.

수행자는 단지 단계적인 움직임이 있는 것만을 아는데, 이것은 바람의 요소의 진정한 본성을 아는 것입니다. 수행자는 또한 한 장소에서 다른 장소로 움직일 때에도 무언가가 밀고 당긴다는 것을 압니다. 그런 식으로 그는 정신적 영역에 나타난 현상을 통해 바람의 요소를 알아차립니다. 이것이 경전에서 기술하는 바와 같이 '인도함으로 나타나는 현상'이라는 나타남[現起, paccupaṭṭhāna]에 의한 알아차림입니다.

추론으로 아는 것이 아니다

이상 땅의 요소, 불의 요소, 바람의 요소 등 세 가지 근본 요소는 오직 느낌을 통한 경험으로 알게 됩니다. 들음 등을 통해서는 알 수 없습니다. 여러분은 어떤 사물의 소리를 들을 수는 있지만 그것이 거칠고 부드러운지, 뜨겁고 차가운지, 뻣뻣하고 견고한지, 움직이는 것인지를 말할 수 없습니다. 사물의 냄새, 맛 형상에서는 절대로 그 사물의 근

마하시 사야도의 12연기

본 성품을 말해주지 않습니다. 그럼에도 불구하고 우리들은 흔히 '봄'을 통해 근본 요소를 확인할 수 있다고 믿고 있습니다. 바위나 쇳덩어리가 우리에게 단단하다는 인상을 주는 것은 의심할 여지가 없습니다. 하지만 이것은 '봄'을 통해 생긴 것이 아닙니다. 과거에 경험한 것을 유추해서 일반화한 것일 뿐입니다. '봄'을 통해 아는 것은 단지 시각적인 형상으로서 어떤 때는 단단한 땅인 줄 알고 잘못 디뎠다가 수렁에 빠질 수도 있고, 뜨거운 쇠막대기인 줄 모르고 잡았다가 화상을 입는 경우가 있는 것처럼 형상을 잘못 느낄 수 있습니다.

바람의 요소도 '봄'을 통해서는 알 수 없습니다. 왜냐하면 이것도 체험을 통해서만 알 수 있는 요소이기 때문입니다. 어떤 대상이 움직이는 것으로 보이는 것은 그것을 여기서도 보고 저기서도 보기 때문이며 그것이 움직인다는 생각은 단지 그 이동을 관찰해서 얻은 추론에 불과합니다. 그렇지만 멈춰 있던 두 대의 기차 중 한 대가 움직이기 시작하면 움직이지 않는 다른 기차도 움직이는 것처럼 보이고, 달리는 기차에 탄 승객에게는 창밖의 나무들이 반대 방향으로 달리는 것처럼 보입니다. 이러한 시각적인 착각은 운동의 진실성을 눈에 의지할 수 없다는 사실을 입증하고 있습니다.

한때 명상에 관심이 많은 나이 지긋한 남자 신도가 비구인 스승과 나눈 대화를 우리에게 말해주었습니다. 그는 베개를 집어 흔들면서 비구에게 물었습니다.

"자, 스님, 지금 어떤 법이 사라지고 있는 것을 보십니까?"

"바람의 요소가 사라지고 있는 것을 봅니다."

"스님, 틀렸습니다. 스님께서 눈으로 보고 계신 것은 시각적 형상일 뿐입니다. 보는 순간을 알아차리신다면 스님은 시각 대상에서 일어난 것만 아는 것일 뿐입니다. 보는 순간에는 바람의 요소에 관한 어떤 것도 체험적으로 알 수 없습니다. 위빠사나는 내관을 통해 실제로 아는 것을 우선으로 하는 수행입니다. 추론에 의해서 다른 사실을 주시하고 깨닫는 것은 그다음 일입니다. 감각대상에 해당하는 감각기관을 통해 각각의 감각대상을 알아차리는 것만이 바른 것입니다. 바람의 요소는 몸의 접촉에 의해서만 알 수 있는 대상입니다. 만약 우리가 걷거나 구부리거나 하는 동안 내관한다면 바람의 요소의 움직임을 알 수 있습니다. 지금 스님께서는 바람의 요소와 접촉하지 않으면서 그 소멸을 안다고 하셨습니다. 스님께서 말씀하신 것은 합당하지 않고 틀렸습니다."

이 제보자의 비평에는 많은 진리가 담겨 있습니다. 어떤 스승들은 『염처경』이나 다른 경전 등에서 나온 정보에 의존하지 않고, 오로지 자연적 현상만을 다루는 논장 관련 책들을 근거로 이론적 가르침을 주고 있습니다. 그리고 이러한 가르침에 따라 수행하는 수행자들도 있습니다. 그런 수행은 정신적 이익이 될지는 모르지만 진정한 통찰지혜나 성스러운 도의 단계에 이르려면 의지할 것이 못 됩니다. 추론적인 내관을 통해 통찰지혜를 얻을 수 있는 근기를 타고난 수행자는 일부 예외에 불과합니다.

가장 좋은 방법은 『염처경』에 있는 부처님의 가르침에 따라 여섯 가지 감각기관[六根]에서 일어나는 정신과 물질 현상을 알아차리는 것입니다. 이것이 부처님께서 말씀하신 "유일한 길ekayānomaggo"[2]입니다. 신식身識에 대응하는 몸의 느낌의 경우, 우리는 안팎으로 몸의 접촉이 있음을 알아차릴 때 몸의 감촉을 주시하고 인지해야 합니다. 그렇지 않으면 이 감촉은 무명이나 다른 번뇌와 결합해서 우리를 지배합니다. 우리는 항상하고, 행복하고, 자아가 있다는 환상을 가지고 있습니다. 그래서 접촉을 통해 몸의 어떤 부위에 집착하게 되면 우리는 그것을 영원한 것으로 생각하고 자신의 선호에 따라 차별을 둡니다. 만약 우리가 모든 접촉을 알아차려 그 감각의 무상하고, 불만족스럽고, 실체 없는 본성을 깨닫는다면 집착이 떨어지고 확실하게 깨달음과 열반으로 이끄는 위빠사나의 바른 도에 들어설 것입니다.

몸의 감성은 몸이 건강한 상태일 때는 전신에 고루 퍼져 있는 것이 특성입니다. 몸의 촉감을 느끼게 해주는 것들은 옷, 공기 등 많이 있습니다. 몸에도 머리카락, 피부 등 스스로 접촉하는 것들을 많이 가지고 있습니다. 그렇게 몸의 감성과 접촉 대상은 안팎으로 항상 존재합

---

2   『대념처경』에 나오는 전문은 다음과 같다. "비구들이여, 이것이 유일한 길이니, 중생을 정화하고, 슬픔과 비탄을 극복하게 하고, 육체적 고통과 정신적 고통을 사라지게 하며, 올바른 길에 도달하게 하고, 열반을 실현하기 위한 길이다. 이것이 바로 네 가지 알아차림의 확립[四念處]이다."

니다. 숙고해보면 몸의 모든 부위에 접촉할 가능성이 있으며, 아무리 작은 부위라도 접촉을 수용하지 않는 부위가 없음을 분명하게 알게 될 것입니다. 이러한 접촉이 신식身識을 생기게 합니다.

몸의 감성과 감촉 대상과 신식의 결합에서 아주 분명한 감촉[觸, phassa]이 생깁니다. 즐거운 감촉은 즐거운 느낌을 생기게 하고, 괴로운 감촉은 괴로운 느낌을 생기게 합니다. 감촉이 강하면 강할수록 그 느낌도 그만큼 강렬해집니다.

의문意門과 식識의 관계

생각하고, 상상하고, 인지하는 의식은 마음과 마음의 대상에 근거를 두고 있습니다. 그 토대를 형성하는 마음은 잉태된 순간부터 갖고 있는 잠재의식입니다. 이 잠재의식은 업에 의해 끊임없이 일어납니다. 그것을 기반으로 지각과 인지가 일어납니다. 잠들어 있을 때나 다른 것에 마음이 사로잡혀 있을 때의 정신 활동은 모두 잠재의식입니다.

잠재의식은 마음의 대상과 만나면 활동을 시작하여 의도와 인지가 일어납니다. 이렇게 우리는 오직 잠재의식을 토대로 할 때에만 생각하고 또 알 수 있습니다. 사실 이 마음은 의도와 인지가 없어도 항상 존재하지만 잠재의식은 강력할 때에만 정신 활동을 일으킬 수 있습니다. 때로는 졸려서 생각을 하지 못할 수도 있고 아무리 생각하려 해도 잘 떠오르지 않을 때도 있는데 이는 잠재의식이 약하기 때문입니다. 이렇게 잠재의식은 혼자서는 거의 기능하지 못합니다. 잠재의식의 동요나 잠재의식의 끊어짐[3]이 있을 때만 활동합니다.

이 잠재의식의 끊어짐이 의도와 인지를 일어나게 합니다. 주석서에서는 대상에 마음을 두는 전향식轉向識도 정신 활동의 근거가 되는 것으로 봅니다. 전향식은 인식 과정의 첫 번째 단계입니다. 그것은 대상에 전향하는 마음의 상태로 일어납니다. 전향이 민첩하고 예리하면 모든 중요한 사실과 대상을 알아차립니다.

훌륭한 작가는 책을 쓸 때 중요한 사실을 고려하고, 훌륭한 웅변가는 연설할 때 적절한 단어를 선택함으로써 글과 연설을 완벽하게 만듭니다. 더구나 이 전향식은 선한 대상으로 기울이는가, 불선한 대상으로 기울이는가에 따라 선업이 되기도 하고 불선업이 되기도 합니다. 실제로 우리는 전향식에서 의도와 지각이 생긴다는 것을 알 수 있기 때문에 내관과 인지를 시작합니다. 그래서 "토대로서의 마음에서 생긴 마음"도 역시 전향식을 언급한 것으로 이해해야 한다는 것입니다.

---

3   잠재의식은 한 중생이 삶의 과정에서 생명이 끝날 때까지 그 연속성을 유지시켜주는 역할을 하는 마음이다. 잠재의식의 심찰나는 육근(六根)으로 대상이 나타나지 않는 한 계속해서 흐르는데, 이렇게 의식이 지속되다가 한 대상이 나타나면 마음이 움직이게 된다. 이것을 '잠재의식의 동요[有分動]'라고 한다. 이렇게 흔들린 마음이 동적인 마음으로 전환하면 이것을 '잠재의식의 끊어짐[有分斷切, bhavaṅga-uppaccheda]'이라고 한다. 이렇게 잠재의식이 끊어지면 마음은 대상으로 전향한다.

정신 활동에서도 그만큼 중요한 것이 마음의 대상입니다. 우리가 사유할 때는 언제나 대상이 일어납니다. 마음의 대상이 없으면 정신 활동은 불가능합니다. 그래서 때로는 아무리 생각하려고 해도 그 생각이 안 나는 경우가 종종 있는데, 이는 중요한 사항인 대상을 떠올리지 못하기 때문입니다. 그렇기 때문에 정신 활동은 마음(잠재의식), 전향식, 마음의 대상, 세 가지의 결합에 의존합니다.

주석서에 의하면, 심장은 모든 정신 활동의 물질적 토대가 됩니다. 하지만 오늘날 서양 의사들은 환자의 병든 심장을 제거하고 건강한 대용물로 바꾸어놓습니다. 이 실험이 완전하게 성공한 것은 아니지만 이식된 심장이 며칠 동안은 기능이 지속되었다는 보도가 있었습니다. 이 뉴스는 인간의 정신생활에 있어 심장의 역할에 의문을 제기할 수 있습니다.

이 질문은 두 가지로 설명할 수 있습니다. 마치 도마뱀의 꼬리가 잘려 나가도 움직이는 것처럼 심장은 제거되었지만 그 잠재력이 소멸되지 않았을 수도 있고, 심장이 있던 자리에 잠재의식이 여전히 머물고 있을 수도 있습니다. 나아가 이식된 새 조직이나 안구(眼球)가 새로운 감성을 가지는 것처럼 이식된 심장이 몸에서 공급받은 피에 의해 활기를 되찾아 잠재의식이 다시 활성화할 수도 있을 것입니다.

이 질문에 대답할 수 있는 또 하나의 방법은 논장 관련 논서에 근거한 것입니다. 왜냐하면 아비담마 칠론[4] 중의 하나인 「빳타나(Paṭṭhāna, 發趣論)」에 보면 의식의 육체적 토대를 간단하게 "토대로서의 마음을 조건으로 한 육체적 기관"이라고만 설명하고 있기 때문입니다. 빳타나에서는 몸의 어느 특정 기관이나 부위를 구체적으로 명시하지 않았습니다. 그래서 이 경전에 의한다면 몸의 어느 특정 부위가 마음의 토대[5]라고 가정해도 좋을 것이며, 아마도 그것은 심장이나 머리의 어

---

4   논장 칠론은 BC 250년경부터 BC 50년경 사이에 순차적으로 성립했는데 다음과 같은 일곱 가지가 있다. ① 「법집론(法集論, Dhammasaṅgaṇi)」은 논장의 원천이 되는 책으로, 논장 주제를 열거한 법의 모음[法集]이다. 그래서 그 논모(論母, Mātika)에서는 선, 불선, 무기(無記)의 3개조(tika)로 된 22개의 목록과 2개조(duka)로 된 100개의 목록을 나열함으로써 가르침의 전체 법수를 개괄하고 있다. ② 「분별론(分別論, Vibhaṅga)」은 부처님께서 설하신 주요 가르침을 무더기[蘊], 장소[處], 요소[界], 기능[根], 연기(緣起), 염처(念處) 등 18개의 장으로 나누어 설명하고 있다. 학자들은 「분별론」의 원형이 칠론 중에 제일 먼저 결집된 것으로 보고, 3차 결집 혹은 그 이전에 결집된 것으로 추정하고 있다. ③ 「계론(界論, Dhātukathā)」은 요소(dhātu)에 관한 가르침으로, 여러 가지 법들이 무더기, 장소, 요소의 세 가지 범주에 포함되는가의 여부 등을 교리문답 형식으로 설명하고 있다. 짧은 14개의 장으로 구성되어 있으며 이런 분석을 통해 자아가 있다는 그릇된 견해를 척파하고 있다. ④ 「인시설론(人施設論, Puggalapaññatti)」은 여러 형태의 인간에 대해서 열 가지의 법수로 논의하고 있다. 여기서 개념이나 명칭을 뜻하는 빤낫띠(paññatti)를 시설(施設)이라고 번역하기 시작했다. ⑤ 「논사(論事, Katahatthu)」는 논장 칠론 중에서 부처님이 설하지 않으신 것으로 알려져 있다. 이는 제3차 결집을 주도한 목갈리뿟따 띳사 장로가 다른 부파의 견해를 논파하고 상좌부 견해를 천명하기 위해서 쓴 책으로, 부파 불교를 연구하는 데 귀중한 자료가 된다. ⑥ 「쌍론(雙論, Yamaka)」은 논장 전문 술어의 애매하고 잘못된 사용을 해결하기 위해 결집된 논서로서, 문제 제기를 항상 쌍(yamaka)으로 하기 때문에 쌍론이라 한다. ⑦ 「발취론(發趣論, Paṭṭhāna)」은 미얀마 논장 전통에서 가장 중요한 논서로 취급되고 있으며 총 5권의 2500쪽에 이르는 방대한 분량이다. 「법집론」에 나타나는 3개조로 된 22개의 목록과 2개조로 된 100개의 논모 전체에 대해 스물네 가지 조건(paccaya)을 적용시킨 난해한 책이다.

5   논장에 의하면, 안이비설신은 각각 눈, 귀, 코 등을 토대로 일어나지만 의식은 심장 토대 물질을 토대로 한다. 그리고 이 심장 토대는 심장 속에 있는 피의 반만큼의 양에 해당하는 피라고 주석서는 설명하고 있으므로 엄밀히 말하면 심장 자체는 아니다. 심장 토대라는 말은 빨리어 경전이 아닌 주석서 문헌에 나타나기 때문에 이견이 있기도 하지만, 의(意)와 의식(意識)은 심장 토대에 의지해서 일어난다는 것이 논장의 정설이다.

떤 부위일 수도 있습니다. 마음을 심장에 있다고 하고 싶지 않은 사람들은 머리를 그 육체적 토대라고 해도 좋을 것입니다.

여기서 우리는 논장의 주석서에 나오는 거미와 마음의 진행과의 유사성에 대해 언급할 필요가 있습니다. 거미는 파리를 잡기 위해 그물의 일종인 거미줄을 칩니다. 거미는 태어나서 며칠만 지나면 본능적으로 그렇게 할 수 있지만 이것과는 대조적으로, 태어난 지 1년이 된 아이는 혼자서 아무것도 할 수 없습니다. 거미는 거미집의 중앙에서 기다리고 있다가 줄에 걸리는 생명체는 모두 먹어치우고 제자리로 돌아옵니다. 이와 같은 방식으로 잠재의식은 심장을 거처로 하고, 자기 거처와 그 주변을 연결하고 있는 거미집의 거미줄처럼 심장에 의해 주입된 피가 혈관을 통해 온몸으로 퍼집니다. 그리고 눈에 있는 눈의 표상이 심장에 있는 잠재의식을 동요시키면 그것이 안식眼識 등 다음 과정을 진행시킵니다. 그러고 나서 잠재의식은 원래의 자리로 돌아옵니다. 소리, 냄새 등과 그에 해당하는 감각기관도 같은 방법으로 설명할 수 있을 것입니다.

이제 잠재의식과 그 기본 활동인 생각과 지각이 정신 활동의 주요 원천을 이룬다는 것이 분명해졌습니다. 시각 대상이 있을 때 눈을 기반으로 안식이 일어나고, 그러면 의식이 반응합니다. 마찬가지로 귀, 코, 혀 등을 토대로 한 이식耳識, 비식鼻識 등이 일어납니다. 신식身識의 경우 몸의 크기에 좌우되므로 미치는 영역이 넓습니다.

마하시 사야도의 12연기

감각대상이 분명하지 않을 때는 생각과 지각을 이루는 의식이 정신 활동을 지배합니다. 어떤 때는 너무 생각에 골몰하여 감각대상을 모두 알아차리지 못하고 지나칩니다. 어떤 중요한 일에 전념하면 잠이 오지 않기도 합니다. 그러면 잠재의식과 전향식과 의식 대상을 조건으로 하는 정신 활동을 토대로 잇따라 계속해서 일어나는 생각의 지배를 받습니다. 생각이 일어날 때마다 알아차리는 수행자에게는 생각이 일어나고 사라지는 것이 따로따로 분리되어 단편적으로 보일 것입니다.

모든 정신 활동은 마음, 마음의 대상, 인식에 의존합니다. 그다음에 이어서 정신적 표상과 접촉합니다. 이 표상은 실재하거나 실재하지 않거나, 존재하거나 존재하지 않거나, 생각할 때나 무엇을 하려고 할 때나 상상으로 존재합니다. 예를 들어 이미 『본생경』 이야기를 읽은 사람들은 이것에 익숙해져 있습니다. 그래서 그 이야기를 읽으면 미얀마 방식의 신앙과 전통으로 채색된 도시와 왕들에 대한 마음의 표상이 떠오릅니다. 이야기의 근원은 원래 인도이기 때문에 『본생경』에 나오는 사람들이나 장소가 인도의 문화와 생활방식을 따라서 기술되어야 하는데도 이런 역사적 사실과는 거리가 멀어집니다.

현대 소설은 도시, 마을, 남자, 여자, 범인 등의 표상을 불러일으킵니다. 독자는 이 모두가 순전히 허구이고 상상이라는 것을 알지만 읽는 동안에는 사실처럼 느껴지기 때문에 기뻐하고 슬퍼하며 스스로 좋은 이야기라는 감정이 일어납니다. 이 모든 것이 마음의 표상과 부딪혀서 일어나는 것입니다. 부처님께서 「브라마잘라 경(Brahmajāla sutta, 梵網經)」에서 말씀하신 바와 같이 "이런 가르침과 믿음은 분명하고 실제로 있는 것처럼 만드는 생생한 상상에서 나온다"는 것입니다. 요컨대 우리가 말하거나, 쓰거나, 믿음을 갖거나, 생각하거나, 마음을 자유롭게 그냥 내버려둘 때는 풍부한 상상력을 가질 필요가 있다는 것입니다.

상상을 하면 느끼게 됩니다. 즐거운 상상을 하면 즐거운 느낌을 가집니다. 예를 들어 과거의 풍요로움이나 혹은 미래에 풍요로워질 것이라는 상상을 하면 즐겁습니다. 반대로 불행한 상상을 하면 불행해집니다. 과거의 괴로움을 생각하면 괴로운 기억이 되살아나고, 마찬가지로 미래에 우리를 괴롭힐 것 같은 문젯거리를 예상하면 괴롭습니다. 이러한 괴로움의 원인은 친척이 죽었다는 소식을 듣고 비통해 했는데 나중에 그가 아직 살아 있다는 것을 알게 된 사람들의 경우처럼 순전히 상상일 뿐입니다.

즐겁지도 괴롭지도 않은 표상은 덤덤한 느낌을 일으킵니다. 그러면 우리는 행복하지도 불행하지도 않습니다. 사실 우리에게는 전혀 아무런 느낌이 없다는 인상이 들지만, 이는 단지 미세한 성질의 '덤덤한 느낌'이라는 것을 가리키는 것입니다. 주석서에서는 이것을 사슴의 발자취를 유추하면 알 수 있다고 했습니다. 사슴은 커다란 바위를 뛰어넘어도 발자국을 남기지 않기 때문에 흔적을 찾을 수 없습니

마하시 사야도의 12연기

다. 그러나 바위의 양쪽에 발자국이 있는 것을 발견하면 사슴이 바위를 뛰어넘었을 것이라고 추론합니다. 이와 마찬가지로 수행자는 즐거운 느낌인지 괴로운 느낌인지는 잘 알지만 덤덤한 느낌이 있을 때는 그것을 알지 못하고 오직 보고, 듣는 등을 알아차리기만 합니다. 그러나 그다음에는 다시 즐겁거나 괴로운 느낌을 느끼는데, 이때 수행자는 일상의 정신적 행위들을 알아차리고 있는 동안 그것이 덤덤한 느낌이었구나 하고 추론합니다.

그래서 부처님은 "마음과 마음의 대상을 조건으로 의식이 생긴다. 마음, 마음의 대상, 의식의 결합에 의해 감촉이 생기고, 이 감촉으로 인해 느낌이 일어난다"라고 말씀하셨습니다. 이는 존재, 자아, 창조주 또는 우연한 사건과는 아무런 관계가 없는 순수한 인과관계의 과정입니다. 빨리어로 '담마dhamma'라고 하는 이 가르침은 다섯 가지 감각대상뿐만 아니라 표상에 의한 대상들도 언급하고 있습니다. 다섯 가지 감각대상은 다시 정신 활동의 초점이 됩니다. 그리하여 보고, 들은 것 등과 보고, 듣지 않은 것 등 모든 감각대상을 의식에 포함해버립니다. 모든 감각대상은 감촉을 일으키고 감촉은 다시 느낌을 일으킵니다.

범부들에게는 이런 정신 활동들이 나, 에고, 자아atta라는 생각과 밀접하게 결부되어 있습니다. 이 생각은 인과의 사슬과는 무관한 환상입니다. 알아차리는 수행자는 체험으로 이를 깨닫습니다. 수행자는 모든 정신 활동을 알아차리고 그 원인을 추적합니다. 그러면 잠재의식과 전향식과 마음의 대상을 알게 됩니다. 그리하여 수행자는 모든 정신 활동은 자아나 창조주나 우연의 여지가 없는, 원인과 결과의 상호 관계만 의미한다는 것을 체험합니다.

또한 수행자는 정신 활동으로 감촉이 생기고, 그 감촉은 느낌을 생기게 한다는 것도 압니다. 수행자는 이론이 아닌 체험으로 아는 것입니다. 그는 이어서 모든 정신 활동을 알아차립니다. 만약 수행자가 수행처에서 수행하고 있는 동안 마음이 집으로 가 있으면 그는 주의를 그 쪽으로 겨냥하고 있으며, 그의 마음은 집을 생각하는 대상과의 접촉이 있는 것입니다. 이와 마찬가지로 우리가 알아차리고 있을 때 쉐다곤 파고다나 외국에 대한 생각에 부딪히면 이어서 그 마음을 혼란시키는 같은 생각이 뒤따라옵니다. 이러한 마음의 대상과의 부딪힘이 바로 감촉입니다.

마찬가지로 수행자에게는 감촉의 결과로 일어난 느낌이 분명합니다. 수행하는 중에 어쩌다 즐거운 무엇인가를 생각하면 기쁨을 느끼고, 슬펐던 일을 생각하면 슬픔을 느끼며, 뭔가 우스운 것을 생각하면 웃을 수가 있습니다. 그래서 수행자는 느낌이란 단지 감촉의 결과라는 것을 압니다. 하지만 정신과 물질이 일어날 때마다 알아차리는 수행자의 통찰지혜는 느낌의 원인을 아는 지혜보다 더 깊습니다. 왜냐하면 집중과 고요함인 삼매가 계발됨에 따라 수행자는 내관의 모든 대상과 함께 그 주체라고 하는 아는 마음[識]이 사라지는 것을 발견하기

마하시 사야도의 12연기

때문입니다. 그리하여 수행자는 생각, 느낌 등과 같은 모든 정신 활동의 무상함[無常]과, 불만족스러움과 의지할 수 없음[苦], 그리고 자아 없음과 비실체성[無我]을 꿰뚫어보는 분명한 통찰지혜를 얻습니다. 그러한 통찰지가 체험적인 깨달음이며 연기의 진가를 아는 것입니다.

간단한 요약

지금까지 우리는 감촉에서 시작해 느낌에 이르는 인과관계의 연결고리를 설명했습니다. 요약하면 다음과 같습니다.

무명이란 사성제를 모르는 것입니다. 무명으로 인해 범부들은 감각대상이 무상하고 실체가 없다는 것을 보지 못합니다. 그래서 범부들은 현생과 내생의 행복을 보장하겠다는 희망을 갖고 생각하고, 말하고, 행동합니다. 이렇게 생각과 말과 행동으로 표출되는 행위들은 선한 것도 있고 불선한 것도 있지만 이것 역시 업의 형성력인 행行입니다.

행은 새로운 존재를 생기게 합니다. 죽어가는 사람은 새로운 생의 재생연결식을 조건 짓는 업의 표상, 태어날 곳의 표상을 갖게 됩니다. 재생연결식을 결정할 특별한 대상이 없는 경우, 죽을 때 표상으로 나타난 태어날 곳의 표상이 반복해서 대상으로 나타납니다.

이 잠재의식은 보고, 듣는 등의 순간에 활동하게 됩니다. 그러면 눈과 형상에 의존하는 안식이 일어납니다. 이 안식은 의식의 상태에 속하는 것으로, 행에 의해 조건 지어지는 완전한 정신 활동입니다. 우리가 보고 듣는 것은 즐거울 수도 괴로울 수도 있는데 이에 따른 안식과 이식 등은 과거 행위에 따른 도덕적 특성, 이를테면 전생에 행한 선업이나 불선업에 따라 결정됩니다.

이는 여섯 가지 감각대상[六境]에서 생기는 여섯 가지 식[六識] 모두에 적용됩니다. 생각, 상상, 의도 등으로 구성된 정신 활동을 의미하는 의식은 잠재의식, 전향식, 육체적 토대, 마음의 표상에 의존합니다. 이 정신 활동인 의식은 일곱 개의 속행과 두 개의 등록하는 마음을 포함하고 있습니다. 여기서 등록하는 마음은 선업이나 불선업의 결과입니다. 속행은 업의 과보는 아니지만 논장에서는 행의 결과인 잠재의식에서 생긴다는 의미에서 '행을 토대로 하는 식'이라고 합니다.

식이 일어남과 함께 이에 따른 정신과 물질 현상(마음의 작용과 물질)도 일어납니다. 그래서 식은 정신과 물질을 일어나게 합니다. 그러나 식이 일어난 다음에는 여섯 감각기관과 여섯 감촉도 따라 일어납니다. 감촉은 마음, 마음의 대상, 감각기관의 결합을 의미합니다. 감촉은 즐겁거나 괴롭거나 즐겁지도 괴롭지도 않은 느낌을 일으킵니다. 마지막으로 덤덤한 느낌은 아무런 느낌도 없는 것 같지만 논장에 의하면, 사실은 참기 어려운 통증만 없는, 일종의 미세한 즐거움입니다.

마하시 사야도의 12연기

12

느낌[受]을 원인으로
갈애[愛]가 일어난다

즐겁거나 괴로운 느낌으로 인해 갈애[1]가 일어납니다. 갈애란 그칠 줄 모르는 갈망이나 굶주림입니다. 갈애는 갖고 있지 않은 감각대상이나 이미 가지고 있는 대상을 더 많이 갈망하는 것입니다. 그것은 물리지도 않고 만족을 모릅니다. 왜냐하면 모든 감각대상을 만족시키기에는 그 굶주림이 끝이 없기 때문입니다. 그래서 한 천인이 말하기를, 천인들도 먹거나 마실 것이 없어서 극도로 굶주린 아귀와 같이 온갖 감각적 즐거움을 누리면서도 항상 굶주린다고 했습니다. 이는 제법 그럴듯한 이야기입니다. 삼십삼천三十三天의 수명은 지상의 수백만 년에 해당하지만, 야마천夜摩天이나 타화자재천他化自在天과 같이 더 높은 천인계의 수명은 그보다 훨씬 더 길기 때문입니다. 끝도 없이 엄청난 즐거움을 평생 누리면서도 천인들은 채워지지 않는 갈애로 인해 결코 만족을 느끼지 못합니다.

인간도 마찬가지입니다. 가난한 사람들도 온갖 능력을 동원해서 감각적 쾌락을 추구합니다. 물론 가난하기 때문에 그들은 결코 그 욕구를 채울 수 없겠지만 부유한 사람, 고위관리, 사회의 상류층도 갈애를 채울 수 없는 것은 마찬가지입니다. 이는 갈애의 속성 때문입니다. 채우

---

1   갈애(渴愛)로 번역되는 딴하(taṇhā)는 갈증, 목마름 등을 의미한다. 즉, 감각대상을 애타게 구하는 것이다. 연기의 구성 요소로 보면 갈애는 무명과 함께 근본 원인이 된다. 그래서 사성제에서도 고의 원인인 집성제(集聖諦)를 말할 때 갈애를 괴로움의 원인으로 들고 있다.

면 채울수록 갈애는 더 늘어나기 때문에 가난한 사람보다는 부유한 사람들이 더 심하고, 가난한 나라보다는 부유한 나라가 더 가혹합니다.

여섯 가지 종류의 갈애

갈애는 즐거운 대상이나 좋아하는 남자 혹은 여자를 보면 절대로 싫증을 내지 않습니다. 갈애는 또 감미로운 소리나 향기로운 냄새, 맛있는 음식과 음료수를 갈구합니다. 이것이 몸의 촉감을 갈망하는 것인데, 이것이야말로 감각적 즐거움을 사랑하는 사람들에게 가장 지독한 갈애입니다. 갈애는 또한 눈, 귀와 같은 다른 육체적 기관에는 감지되지 않는 마음의 대상을 좋아한다는 뜻이기도 합니다. 그것은 정신적으로만 알 수 있는 대상입니다. 경전에 따르면, 마음의 대상은 다섯 가지 감성물질, 물의 요소 등 사대四大의 미세한 요소, 마음의 작용 그리고 형상이나 특성, 이름 등의 개념들을 뜻합니다.

사람들은 분명하게 보고, 똑똑히 듣고, 민감한 감촉을 바라기 때문에 건강한 감성물질을 갈망합니다. 그들은 자신의 입과 목과 피부를 촉촉하게 유지하기 위해 물의 요소를 추구합니다. 그들은 자신의 성과 이성異性이 있다는 것을 자각하고 좋아하기 때문에 남자답거나 여자답기를 갈망합니다. 사람들은 장수하기를 원하고 경쾌하게 움직일 수 있기를 바라는데, 이런 욕망은 미세한 생명의 물질과 몸의 가벼움 등에 대한 자신의 갈망을 나타내는 것입니다. 행복이나 좋은 기억력, 탁월한 지성에 대한 욕망은 바로 정신적 능력에 대한 갈애를 가리키는 것이고, 자신의 외모나 이성의 외모에 대한 사랑, 그리고 칭찬과 명성에 대한 욕망은 개념에 대한 갈망을 보여주는 것입니다.

여섯 가지 감각대상에 대해서는 여섯 가지의 갈애가 있습니다. 이 여섯 가지의 갈애는 단순히 감각적 욕망에 대한 갈애[慾愛]를 의미할 수도 있고, 상견常見을 의미하는 존재에 대한 갈애[有愛]와 결부될 수도 있습니다. 또한 갈애는 일부 사람들을 지나치게 감각적 쾌락에 집착하게 만드는 단견斷見과도 밀접한 관련이 있습니다. 이를 비존재에 대한 갈애[無有愛]라고 합니다. 그리하여 갈애는 여섯 가지 감각대상[六境]에 대응하는 여섯 가지 갈애마다 욕망에 대한 갈애, 존재에 대한 갈애, 비존재에 대한 갈애 등 세 가지 갈애가 있어서 열여덟 가지입니다. 이 열여덟 가지는 각각 내부 대상과 외부 대상이 있을 수 있으므로 모두 서른여섯 가지 갈애가 됩니다. 각각의 갈애는 과거나 현재나 미래와 관련될 수 있으므로 모두 백여덟 가지 갈애가 됩니다. 그러나 이 모든 종류의 갈애는 감각적 욕망에 대한 갈애, 존재에 대한 갈애, 비존재에 대한 갈애의 세 가지 갈애로 요약할 수 있습니다.

사람들은 괴로운 감각대상과 부딪히면 즐거운 대상을 갈망합니다. 통증으로 괴로운 사람들은 고통에서 벗어나려 합니다. 한마디로 주석서에서 언급한 바와 같이 괴로운 사람은 행복을 갈망합니다. 사람들은

마하시 사야도의 12연기

고통, 빈곤, 괴로운 대상과 느낌 등에서 벗어나기를 원합니다. 괴로움이 없는 것을 행복이라고 합니다. 우리는 불쾌한 선입견에 사로잡히지 않고 의식주에 대한 걱정이 없기를 바랍니다. 그러나 일단 생활필수품이 풍족해지면 또 다른 갈애를 만들어내려고 합니다. 그래서 주석서에서는 "부자는 더 많은 재산을 모으려 한다"고 말합니다. 왜냐하면 갈애는 만족을 모르는 속성이 있기 때문입니다. 우리는 살면서 계속해서 좋은 것들을 즐기기 원하고, 가진 재산이 늘어나기를 원합니다. 많이 가지면 가질수록 더 많은 것을 원하고, 삶의 질이 높으면 높을수록 그것을 향상시키려는 욕망도 커집니다. 느낌이 연료를 공급하고 또 지속시키기 때문에 갈애는 결코 끝나지 않습니다.

덤덤한 느낌과 관련한 갈애에 대해 주석서에서는 "그 느낌이 평온하고 미세하기 때문에 즐거운 느낌이 함께 한다"고 말합니다. 평범한 감각대상과 접촉할 때는 즐겁지도 괴롭지도 않은 느낌이 나타납니다. 그러나 이 덤덤한 느낌은 섬세하고 미세해서 즐거움의 색조를 띠고 있기 때문에 보다 더 짜릿한 즐거움을 갈망하게 됩니다. 덤덤한 느낌은 보통의 감각대상에 만족하지 못하고, 더 좋은 음식과 더 좋은 옷과 더 좋은 감각대상과 더 좋은 생활조건을 바라도록 부추깁니다.

간단히 말하면 즐거운 감각대상은 더 좋은 대상에 대한 갈애와 집착을 생기게 합니다. 괴로운 대상은 그것을 없애고자 하는 욕망을 생기게 합니다. 즐겁지도, 괴롭지도 않은 느낌을 일으키는 감각대상도 여전히 주어진 운명에 만족하지 못하고 더 좋은 것을 갈망합니다. 이 모든 것은 느낌이 어떻게 갈애를 생기게 하는지를 보여주는 것입니다.

갈애와 윤회

보고, 듣고, 냄새 맡고, 맛보고 감촉하는 순간에는 식과 함께 정신과 물질, 육입, 접촉, 느낌이 일어납니다. 아직 번뇌에서 벗어나지 못한 모든 범부에게는 느낌이 갈애의 원인이 됩니다. 그러면 갈애는 선행이나 불선행[慾有, 업의 생성]을 부르는 집착의 원인이 됩니다. 업의 생성은 특정한 조건하에서 재생을 일으킵니다. 그래서 중생들은 늙음, 질병, 죽음, 비탄 기타 모든 정신적·육체적 고통을 겪을 수밖에 없습니다. 이는 느낌이 어떻게 윤회의 괴로움을 만드는 원인이 되는가를 보여주는 것입니다.

식이 일어남과 동시에 부수적으로 정신과 물질, 육입, 접촉, 느낌이 일어나는 것은 아무도 막을 수 없습니다. 부처님과 아라한도 감촉이 있으면 그 결과로 즐겁고, 괴롭고, 덤덤한 느낌이 일어납니다. 그분들도 육체적인 고통에서 생기는 통증을 느낍니다. 그러나 그분들은 마음이 괴롭지 않습니다. 즐거운 느낌을 좋아하지도 않습니다. 그래서 갈애와 집착으로부터 자유롭습니다. 그분들은 즐거움이나 행복을 얻으려고 애쓰지 않고 업을 짓지 않고 살기 때문에 재생, 명색 등 괴로움의 원인들을 소멸시킵니다. 이것이 바로 번뇌에서 완전히 벗어난 아라한의 '괴로움의 소멸'입니다.

그래서 "성스러운 도로 즐겁거나 괴로운 느낌에 뿌리를 둔 갈애를 완전히 소멸시킴으로써 집착이 소멸된다"라고 말합니다. 아라한이 아닌 사람들에게 즐거운 느낌이나 괴로운 느낌이란 세상의 일이 잘되는 것을 바라는 것입니다. 그러나 성스러운 도의 단계를 순서대로 거쳐서 아라한과를 얻은 사람은 그런 것에 영향을 받지 않습니다.

보통 사람들로서는 믿을 수 없는 이야기겠지만, 사실 자신의 행복에 아무런 관심이 없는 아라한에게는 아무리 매혹적인 감각대상이라도 이끌리지 않습니다. 그래서 아라한은 갈애와 집착으로부터 완전히 자유롭고, 이것이 바로 업의 형성력인 행과 재생, 그리고 이에 따른 괴로움의 완전 소멸을 의미하는 것입니다. 그래서 "집착이 소멸하면 태어남의 원인인 업의 형성력이 소멸한다. 업의 형성력이 소멸하면 태어남이 소멸한다. 태어남이 소멸하면 늙음, 죽음, 비탄 등이 소멸한다"라고 말합니다.

아라한과를 성취하여 갈애가 완전히 소멸하면 모든 결과가 완전히 소멸합니다. 이것이 괴로움의 소멸입니다. 그렇다고 해서 행복이나 중생이 사라진다는 의미는 아닙니다. 단지 괴로움의 근원인 정신과 물질 현상이 소멸한 것일 뿐입니다.

아라한과의 성취가 갈애의 완전 소멸을 의미하는 것과 마찬가지로, 아나함의 도과를 성취한다는 것은 욕계에 재생하여 늙음과 죽음 등을 겪는 감각적 갈애가 소멸하는 것입니다. 수다원의 도과를 성취한 수행자는 악처에 태어나거나, 일곱 번 이상 재생하게 하는 모든 갈애의 소멸을 보장합니다. 그래서 악처의 모든 괴로움에서 벗어나고 욕계에서의 괴로움도 일곱 번 이상 겪지 않습니다. 이처럼 연기법은 갈애가 약화되면 괴로움도 적어진다는 의미를 함축하고 있습니다.

마찬가지로 위빠사나 지혜는 갈애의 '순간 소멸'을 보장합니다. 여섯 가지 감각대상은 즐겁거나 괴로운 느낌을 일으키는데, 위빠사나 지혜가 없으면 결국 갈애와 이에 따른 괴로움이 오게 되어 있습니다. 그러나 끊임없이 알아차리는 수행을 해서 위빠사나 지혜를 계발하는 수행자는 모든 현상은 오직 일어나고 사라진다는 무상, 고, 무아를 발견합니다. 그는 또한 즐겁거나 괴로운 느낌도 즉시 일어나고 사라진다는 것을 발견합니다. 그리하여 수행자는 일어난 느낌을 기뻐하지도 않고 다른 느낌을 갈망하지도 않습니다. 그래서 모든 갈애로부터 자유롭습니다.

성스러운 도를 통한 갈애의 소멸은 위빠사나에 의한 소멸과는 다른 것으로, 이 경우는 영원한 소멸이고 모든 감각대상에 대한 소멸이지만 위빠사나에 의한 소멸은 영원하거나 전반적인 것이 아닙니다. 오직 알아차리는 그 순간에만 갈애가 소멸하고 알아차리는 대상에만

국한됩니다. 그런 이유로 이를 번뇌의 '순간 소멸 혹은 일시적 소멸'
이라고 합니다.

명상을 하는 수행자는 보고 듣는 것 등을 있는 그대로 알아차립니다.
이와 같이 있는 그대로 아는 상태에서는 갈애가 생길 여지가 없으며,
그 결과 집착, 업의 생성, 재생이 더 이상 일어나지 않습니다. 다른 말
로 하면 갈애가 소멸함으로써 윤회의 바퀴가 부분적으로 단절되는
것이며 이를 '일시적인 열반'이라고 합니다.

마하띳사 장로 이야기

『청정도론』에는 사마타와 위빠사나를 함께 수행해서 갈애를 극복한
스리랑카의 마하띳사Mahā-tissa 장로 이야기가 나옵니다. 하루는 장로
가 탁발을 하기 위해 아침 일찍 숲 속 수행처를 떠나 아누라다뿌라로
가는 도중에 남편과 말다툼을 하고 집을 뛰쳐나온 한 여자를 만났습
니다. 여자는 장로를 보자 음탕한 욕정이 생겨서 유혹하듯 크게 웃었
습니다. 그러나 마하띳사는 그 여자를 바라보는 순간 이빨을 주시했
습니다. 그는 해골을 지켜보는 수행을 했기 때문에 여자의 전신이 뼈
무더기로 보였습니다.[2] 장로는 이 마음의 표상에 집중해서 선정을 얻
었습니다. 그리고는 이 선정 상태에서 해골의 표상을 알아차린 후에
아라한과를 얻었습니다.

장로는 계속 길을 가다가 도중에 그 여자의 남편을 만났습니다. 그 남자는 장로에게 어떤 여자를 못 봤느냐고 물었습니다. 장로는 뭔가를 보기는 했는데 그게 남자인지 여자인지 모르겠다고 대답했습니다. 그가 길을 가면서 본 것이라고는 해골이 전부였습니다. 그가 실제로 본 것은 여자의 이빨이었지만 알아차리는 수행으로 그녀의 몸에 대한 느낌을 해골의 표상으로 바꾸었습니다. 그래서 장로의 마음에는 그 여자에 대한 느낌에서 욕정이나 다른 번뇌가 생길 틈이 없었습니다. 그러고는 선정의 마음을 토대로 위빠사나 수행을 해서 번뇌에서 벗어나 아라한과를 얻었습니다.

수행하지 않는 사람들은 사람의 이빨을 보고 해골의 표상을 떠올렸다는 이 이야기에 의구심이 들지도 모릅니다. 그러나 수행을 해보지 않고서는 수행으로 무엇을 이룰 수 있는지 분명히 인식할 수 없습니다. 이에 대한 수련 없이 그냥 집중하는 것만으로는 마음의 표상을 만들 수가 없습니다. 왜냐하면 꾸준히 그리고 오랜 기간에 걸쳐 알아차리는 수행을 하기에 달려 있기 때문입니다. 표상은 인식[想]의 힘입니다. 계속해서 알아차리면 인식을 강화하고 그렇게 강해진 인식은 자

---

2   이러한 사마타 수행을 부정관(不淨觀) 또는 부정상(不淨想)이라고 한다. 부정관은 시체의 썩은 정도나 흩어진 정도에 따라 ① 부푼 것 ② 검푸른 것 ③ 문드러진 것 ④ 끊어진 것 ⑤ 뜯어 먹힌 것 ⑥ 흩어진 것 ⑦ 난도질당하여 뿔뿔이 흩어진 것 ⑧ 피가 흐르는 것 ⑨ 벌레가 버글거리는 것 ⑩ 해골이 된 것 등 열 가지로 나눈다. 이 부정관은 특히 탐욕이 많은 사람에게 적합한 수행법이라고 한다. 그만큼 명상 주제 중 가장 무섭고 어려운 주제지만 부정관을 하던 비구들이 자살하는 사건이 일어난 후로는 부처님 당시에도 더 이상 권장하지 않았다고 한다.

신이나 다른 사람의 어떠한 표상도 만들어낼 수 있습니다. 이런 마음의 기능은 『염처경(念處經, Satipaṭṭhāna sutta)』의 주석서에 나오는 이야기에서 입증하듯이 앵무새에게도 가능합니다.

앵무새 이야기

어떤 무용수가 비구니 처소에서 하룻밤을 지낸 후 영리한 앵무새 한 마리를 남겨두고 갔습니다. 앵무새는 사미니들이 돌봐주었는데 이름을 붓다락키따Buddha-rakkhita라고 불렀습니다. 주지인 비구니 스님은 정신적인 향상을 추구하는 사람들과 함께 사는 이 앵무새에게 무언가 명상할 것이 있으면 좋겠다는 생각을 했습니다. 그래서 스님은 앵무새에게 해골을 지켜보는 명상을 가르쳤습니다.

어느 날 아침 독수리가 앵무새를 낚아챘습니다. 그러나 어린 비구니들의 고함과 울부짖음에 독수리는 화들짝 놀라 앵무새를 떨어뜨렸습니다. 비구니들은 주지 스님에게 앵무새를 데려갔습니다. 주지 그님은 앵무새에게 독수리한테 잡혔을 때 무엇을 알아차렸는지 물었습니다. 앵무새는 "나는 해골이 끌려간다고 생각하고, 이것이 어디서 흩어질 것인가를 생각했습니다"라고 대답했습니다. 그러자 주지 스님은 "잘했다! 이 명상수행은 네가 윤회에서 벗어나는 데 도움을 줄 것이다"라고 말했습니다.

어떤 것을 끊임없이 지켜보면 언젠가는 마음이 하나로 고정될 것입니다. 앵무새조차도 해골을 표상으로 지켜볼 수 있는데 사람이 못할 이유가 없습니다. 앵무새는 자신과 다른 이들을 해골이라고 상상했습니다. 이러한 명상으로 앵무새는 독수리에게 잡혀갈 때 두려움, 성냄, 걱정이 없었습니다.

그렇기 때문에 알아차림을 확립하는 수행은 근심과 불안을 극복하고 정신적 · 육체적 고통을 없애는 데 도움이 되는 수행으로 칭송을 받습니다. 그러나 많은 사람이 법에는 전혀 관심이 없고 또 지켜보지도 않기 때문에 이야기 속의 앵무새만큼도 지혜롭지 못한 것입니다. 수행자는 이 앵무새보다는 나아야겠다는 결심을 해야 합니다.

만약 마하띳사 장로가 웃는 여인을 뼈로 인식하지 못했다면 인적 없는 숲 속에서 욕정을 일으켜 유혹에 넘어갔을지도 모릅니다. 설사 당시에 욕정이 없었다 하더라도 그녀가 남긴 영상이 언제가 그를 유혹에 빠지게 했을 것입니다. 그러나 다행스럽게도 그는 위빠사나 수행을 하면서 해골을 알아차렸기 때문에 번뇌를 극복하고 윤회에서 벗어나 궁극의 해탈을 얻었습니다. 여기서 위빠사나를 통한 갈애의 소멸을 '부분 소멸 혹은 일시적 소멸'이라 하고, 아라한과를 통한 갈애의 소멸을 '완전 소멸'이라고 합니다.

알아차림과 소멸

이와 같이 느낌에서 비롯한 갈애가 완전히 소멸하면 집착이 소멸합니다. 이는 갈애에서 비롯한 모든 결과가 소멸한다는 의미입니다. 무상·고·무아에 대한 알아차림은 갈애, 집착, 업의 생성, 태어남 등의 일시적 소멸을 보장합니다. 위빠사나 수행의 목적은 번뇌와 윤회의 고통을 끝내는 것입니다. 그러므로 이는 완전한 해탈을 추구하는 사람들이라면 누구나 주목할 가장 중요한 문제입니다. 이 수행을 하지 않으면 보고 듣는 등 매 순간마다 즐겁거나 괴로운 느낌이 일어나서 갈애를 일으키고, 업과 태어남의 원인이 됩니다.

보는 순간에 일어나는 식識은 전생의 무명과 행이 있기 때문입니다. 보는 것은 식, 정신과 물질, 육입, 접촉, 느낌과 함께 일어납니다. 경전들은 이러한 각각의 법을 인과관계의 측면에서 분리해서 다루고 있습니다. 그러나 실제로 이것들은 하나가 일어나면 다음 것이 따로 일어나는 것이 아닙니다. 행을 원인으로 식이 일어나면 그에 상응하는 정신과 물질, 육입, 접촉, 느낌이 함께 일어납니다. 이 모든 법은 과거에 있었던 업행의 결과입니다. 이것을 과보의 굴레라고 합니다. 다시 무명, 갈애, 집착이라는 번뇌의 굴레는 업의 굴레를 일으킵니다. 이 업의 굴레는 식, 정신과 물질, 육입, 접촉, 느낌이라는 과보의 굴레를 일으키고, 이 과보의 굴레는 다시 번뇌의 굴레[3]를 일으킵니다.

보는 순간에 이런 다섯 가지 과보[4]가 일어나지만, 대부분의 사람들에게는 그냥 보는 것을 의미합니다. 사실 본다는 것은 듣고, 냄새 맡는 등의 다른 정신과 물질 현상과 마찬가지로 식, 정신과 물질, 육입, 접촉, 느낌의 결과입니다.

본다는 것은 식과 함께 주의 기울임[作意]과 의도와도 관련이 있고, 정신과 물질로 이루어진 눈의 기관[眼根]과도 관련이 있습니다. 또한 눈의 감성, 형상, 안식, 마음의 대상이라는 네 가지 감각장소[處]도 있어야 합니다. 형상과 부딪히는 것은 감촉[觸]이고, 대상을 원인으로 한 즐거움이나 괴로움은 느낌입니다. 그러므로 다섯 가지 과보 모두가 보는 순간과 밀접한 관계가 있는 것입니다. 듣고, 냄새 맡는 등의 다른 현상에 대해서도 똑같이 이야기할 수 있습니다.

---

3   번뇌의 굴레(kilesa-vaṭṭa), 업의 굴레(kamma-vaṭṭa), 과보의 굴레(vipāka-vaṭṭa)는 존재가 윤회를 거듭하면서 돌고 도는 방식을 드러낸다. 여기서 가장 기본적이면서 중요한 회전은 번뇌의 굴레다. 무명으로 눈멀고 갈애에 내몰려서 사람은 여러 가지 선업과 불선업을 짓는다. 그러므로 번뇌의 굴레는 업의 굴레를 일으킨다. 업이 성숙하면 그것은 다시 과보로 익게 된다. 이렇게 성숙된 과보의 굴레는 또 다른 번뇌의 굴레를 낳는다. 『청정도론』에서는 이를 이렇게 설명하고 있다. "세 가지 굴레를 가진 존재의 바퀴는 쉼 없이 굴러간다. 여기서 행과 업의 생성[業有]은 업의 굴레이고 무명과 갈애와 집착은 번뇌의 굴레이며 식, 정신과 물질, 육입, 접촉, 느낌은 과보의 굴레다. 세 가지 굴레를 가진 존재의 바퀴는 번뇌의 회전이 끊어지지 않는 한 쉬지 않는다. 왜냐하면 조건이 끊어지지 않았기 때문이다. 계속 회전하면서 굴러간다고 알아야 한다."

4   여기서 다섯 가지 과보란 ① 기능[根, indriya] ② 대상[境, visaya] ③ 식[識, viññāṇa] ④ 접촉[觸, phassa] ⑤ 느낌[受, vedanā]을 말한다. 이를 다섯 가지 법[五法]이라고도 한다. 예를 들어 봄의 경우 눈, 형상, 안식의 세 가지가 서로 부딪혀서 시각 접촉이 일어나고 이 접촉으로 인해 느낌이 일어난다. 이런 다섯 가지 법은 듣고, 냄새 맡고, 맛보고, 감촉하는 등의 다른 감각장소에도 해당된다.

뿌리를 잘라내다

이상 다섯 가지의 정신과 물질 현상인 과보는 잇따라 하나씩 일어나서 우리가 사람이나 천인 또는 존재라고 부르는 것이 됩니다. 이는 실제로 다섯 가지 정신과 물질의 무더기인 오온五蘊을 일컫는 관용어입니다. 확고하고, 획일적이며, 영원한 존재는 없습니다. 실재하는 것은 오직 정신과 물질의 일어남, 사라짐일 뿐입니다. 그래서 보통 사람이라면 느낌에서 갈애, 집착, 업의 생성, 태어남의 괴로움으로 이어질 수 있는 과보의 연결고리를 알아차림이 있는 수행자는 통찰지혜로 끊어버립니다.

이것이 바로 느낌을 조건으로 한 갈애의 핵심 연결고리를 제거함으로써 삶의 수레바퀴인 연기를 멈추는 방법입니다. 보는 매 순간의 느낌에서 갈애가 일어나지 않도록 하기 위해 수행자는 육입에서 일어나는 모든 현상에 초점을 맞추어야 합니다. 이때 이러한 접촉 중에서 가장 분명한 것이 사대의 요소와 관련된 몸의 감촉[5]이므로 초보자는 몸의 감촉을 알아차리는 것부터 시작할 필요가 있습니다.

이 방법은 『염처경』에서 "(수행자는) 걸을 때 걷고 있다는 것을 안다"고 하신 부처님의 가르침에 부합하는 것입니다. 수행자는 어떻게

---

5   감촉 또는 좀 더 정확하게 몸의 감촉으로 옮긴 뽓따바(phoṭṭhabba)는 몸의 기능[身根]의 상대가 된다. 그리고 논장에서 말하는 감촉은 지대, 화대, 풍대의 셋 중 하나를 지적하는 것이다.

그것을 알까요? 수행자는 마음으로 '걸음, 걸음' 하며 알아차립니다. 수행자는 또한 서거나 눕거나, 팔을 구부리거나 혹은 다른 행위를 할 때에도 알아차리는 수행을 합니다. 알아차릴 몸의 동작이나 움직임이 없을 때에는 배의 일어남, 꺼짐에 주의력을 모아야 합니다. 수행자는 또한 내면에서 일어나는 생각이나 정신 활동, 느낌 등 어떤 것이든 알아차려야 합니다. 한마디로 수행자는 육입에서 일어나는 모든 정신과 물질 현상을 알아차려야 합니다. 집중이 계발되면 이러한 알아차림이 무상·고·무아를 꿰뚫는 통찰지혜를 얻게 되고, 통찰지혜는 갈애가 일어날 틈을 주지 않습니다. 갈애가 소멸하면 집착과 재생과 이에 따른 모든 괴로움도 소멸합니다. 이것이 바로 근본 원인인 갈애를 제거함으로써 윤회를 끊는 방법입니다.

오늘날 과학과 기술은 작동 방법을 모르면 작동시킬 수도 멈출 수도 없는 기계를 발명했습니다. 그 비밀을 아는 사람만이 핵심 버튼을 조작해서 기계를 돌아가게 할 수 있습니다. 이와 마찬가지로 연기법에서 말하는 윤회의 기본 핵심은 느낌을 원인으로 갈애가 일어난다는 것입니다. 그러나 이는 오직 느낌이 '오온의 흐름에 잠재된 성향'과 '대상에 잠재된 성향'이라는 두 가지 잠재성향[6]과 결부될 때만 해당됩니다.

아라한들은 이런 잠재적 성향에서 벗어났기 때문에 느낌은 있지만 갈애는 없습니다. 이렇게 갈애가 소멸하면 새로운 업이 일어날 여지

228   마하시 사야도의 12연기

가 없고, 과거의 업도 힘을 쓰지 못합니다. 그리고 완전한 열반[般涅槃]에 든 다음에는 더 이상의 재생이 없습니다. 그러나 보통 사람들은 잠재된 번뇌를 가지고 있는데, 이는 어딘가에 악한 욕망이 숨어 있는 것이 아니라 어떤 상황이 되면 일어날 가능성이 있다는 의미입니다.

그래서 이런 성향을 '오온의 흐름에 잠재된 번뇌'라고 합니다. 이 잠재된 성향은 정신과 물질을 알아차리지 못한 사람의 경우에 탐욕, 성냄, 어리석음과 기타 불선업을 만들어서 영원하고, 행복하고, 자아가 있다는 환상에 빠질 수밖에 없습니다. 위빠사나의 통찰지혜가 없이 감각대상에서 일어난 번뇌를 '대상에 잠재된 번뇌'라고 합니다.

번뇌와 알아차림 없음

보거나 들으면서 일어나는 탐욕과 성냄은 두 번째 잠재성향이 나타

---

6   잠재성향으로 번역한 아누사야(anusaya)는 오온의 흐름에 잠재된 성향(Santananusaya)과 대상에 잠재된 성향(arammananusaya)이 있다. 주석서에는 아누사야를 "자기가 속해 있는 정신적 흐름에 따라 누워 있다가 적당한 조건을 만나면 표면으로 드러나는 번뇌"라고 설명한다. 잠재성향은 출세간의 도에 의해 소멸되지 않는 한 언제든지 다시 일어날 수 있고, 모든 종류의 불선법(不善法)이 여기에 포함된다. 그중에서도 ① 감각적 욕망의 잠재성향 ② 존재에 대한 욕망의 잠재성향 ③ 악의의 잠재성향 ④ 자만의 잠재성향 ⑤ 사견의 잠재성향 ⑥ 회의적 의심의 잠재성향 ⑦ 무명의 잠재성향 등 일곱 가지가 두드러진다. 『청정도론』에 의하면, 사견과 의심의 잠재성향은 수다원의 지혜로 버리고, 감각적 욕망과 의심의 잠재성향은 사다함의 지혜로 버리며, 감각적 욕망과 악의의 잠재성향은 아나함의 지혜로, 자만과 무명의 잠재성향은 아라한도의 지혜로 버린다고 했다.

난 것입니다. 우리가 간직하고 있는 느낌들은 사라지지 않고 아름답거나 불쾌한 존재 혹은 사물로 남습니다. 그러므로 이런 기억을 떠올리면 탐욕, 성냄, 어리석음이 일어납니다.

탐욕은 갈애의 다른 이름입니다. 탐욕은 즐거운 느낌에서 비롯하지만 괴로운 느낌이 즐거운 느낌을 갈망하게 만들 수도 있습니다. 어리석음도 자기만족, 집착, 갈애를 가져옵니다. 그렇게 탐욕, 성냄, 어리석음은 느낌을 일으키고 이 느낌은 다시 윤회의 삶을 가져오는 갈애의 원인이 됩니다. 즐거웠던 느낌을 갈망하고 그리움에 젖지 않도록 할 수 있는 것은 오직 보거나 듣는 것을 있는 그대로 알아차리는 수행뿐입니다. 이런 수행을 하지 않으면 갈애가 우리를 지배하여 지금 현재와 다음 생까지도 괴로움에 이르게 합니다.

「모라 본생경Mora Jātaka」에 의하면, 공작으로 태어난 보살은 아침에 일어날 때와 저녁에 잠자리에 들 때면 항상 게송을 읽었습니다. 이렇게 공작은 700년 동안 사냥꾼이 놓은 덫을 피할 수 있었습니다. 그러자 사냥꾼은 암 공작을 미끼로 사용하게 되었고, 이 유혹에 넘어간 공작은 게송을 읽는 것을 잊어버리고 덫에 걸리고 말았습니다. 베나레스Benares에는 굿띨라Guttila[7]라는 하프 연주자가 있었습니다. 그는 한

---

7 『앙굿따라니까야』 주석서에 나오는 굿띨라(Guttila)와 「굿띨라 본생경(Guttila Jātaka)」에 나오는 굿띨라와는 다른 사람으로 여겨진다. 「본생경」에 나오는 굿띨라는 눈먼 노부모님을 모시기 위해 일부러 결혼하지 않은 악사로 나온다.

소녀를 사랑했지만 비웃음과 함께 거절당했습니다. 그러자 그는 밤에 소녀의 집 앞으로 가서 아주 감미로운 노래를 부르며 하프를 연주했습니다. 음악에 도취된 소녀는 무조건 달려 나오다가 발에 걸려 넘어져 죽었습니다. 「모라 본생경」에서는 여자의 목소리였는데 여기서는 남자의 목소리가 괴로움과 죽음을 가져왔습니다.

듣는 것이 무상하다는 것은 누구도 부정하지 못합니다. 들은 것은 무엇이든 그 자리에서 사라지도록 되어 있지만 우리는 여전히 계속해서 노래와 음악을 즐기고 있습니다. 만약 우리가 마음으로 '들음, 들음'이라고 알아차리면 그 소리가 무상하다는 것을 깨닫고, 즐거운 느낌이 갈애로 넘어가지 않습니다. 이는 집착의 '일어나지 않음'이고 이에 따른 모든 괴로움의 과보가 없다는 것을 의미합니다.

수행자도 가끔은 냄새를 맡을 때가 있는데 물론 이것을 알아차리고, 갈애로 넘어가지 않는 것을 보아야 합니다. 특히 먹을 때는 알아차림이 중요합니다. 알아차림이 없는 사람은 맛있는 음식을 먹을 때 즐거워합니다. 그는 이런 즐거움을 좋아하고 앞으로도 계속해서 갈구합니다. 맛있는 음식과 음료수에 대한 갈애는 강력하기 때문에 나쁜 음식으로 연명하고 사는 존재로 태어나게도 합니다.

그래서 「발라빤디따 경(Bālapaṇḍita Sutta, 愚賢經)」에 의하면, 맛있는 음식을 즐기기 위해 불선행을 한 사람들은 풀과 잎사귀 또는 사람 똥을 먹고 사는 축생으로 재생한다고 합니다. 나쁜 음식을 먹을 때도 맛있는 음식에 대한 갈애를 유발할 수 있습니다. 그러므로 수행자는 손과 입의 모든 움직임, 먹을 때의 느낌 등 먹을 때의 모든 것을 알아차릴 필요가 있습니다. 이렇게 알아차리는 수행을 통해서 수행자는 자신의 행동, 감각, 느낌을 알게 됩니다. 수행자는 이런 방식으로 모든 것의 무상을 꿰뚫어보고, 갈애와 이에 따른 괴로움을 소멸시키는 통찰지혜를 얻습니다.

생각과 촉감

촉감은 항상 온몸에 골고루 퍼져 있습니다. 또한 생각도 수행자가 잠들어 있을 때를 제외하고는 언제나 있습니다. 그러므로 위빠사나 수행의 대부분은 생각과 촉감을 수행 대상으로 합니다. 수행자는 달리 주시할 것이 없으면 몸의 촉감을 알아차립니다. 수행자는 즐겁거나 바람직하지 않은 일이 생기더라도 그 생각을 주시합니다.

수행 초보자는 그런 망상을 자주 하지만 수행이 깊어지고 집중이 향상되면 망상은 대부분 사라집니다. 어떤 수행자들은 가끔씩 법에 대한 생각을 하는데 이것도 알아차려야 합니다. 이런 생각들에 대한 내관內觀을 하는 것도 무상을 꿰뚫어보는 통찰지혜와 괴로움의 소멸을 보장합니다.

여기서 어떤 사람들은 위빠사나 수행에 관한 설명이 연기에 대한 법문과 무슨 관련이 있는지 의아하게 생각할 것입니다. 연기법은 각각의 원인을 조건 지어진 결과의 사슬을 지적하고 있습니다. 우리의 목적은 이러한 원인과 결과의 상호작용으로 인한 윤회의 고통을 어떻게 끝낼 수 있는가 하는 방법을 밝히는 것입니다.

그러므로 필요할 때는 언제나 수행에 대한 이야기를 해야 합니다. 예를 들어 "무명을 원인으로 행이 일어나고 행은 재생의 원인이 된다"라고 할 때, 무명을 제거하는 방법을 제시해야 합니다. 또한 최종적으로 괴로움을 가져오게 되는 식識 등에 관해서도 괴로움의 근본 원인인 갈애와 느낌 사이의 연결고리를 제거할 필요가 있음을 강조하지 않으면 안 됩니다.

세 가지 종류의 갈애

감각대상과 부딪혀서 일어나는 느낌을 바르게 알아차리지 않으면 감각적 욕망에 대한 갈애[慾愛], 존재에 대한 갈애[有愛], 비존재에 대한 갈애[無有愛] 중 한 가지의 갈애가 일어납니다.

첫째, 감각적 욕망에 대한 갈애는 감각대상에 초점을 맞춘 것으로 욕계 존재에서 가장 많이 일어나는 것입니다. 둘째, 존재에 대한 갈애는 상견常見과 밀접한 관계가 있습니다. 이는 존재가 영원하고, 육신이 소멸하더라도 자아는 불멸한다는 것을 전제로 합니다. 불교인들에게는 이런 믿음이 깊이 뿌리박혀 있지 않지만 불교도가 아닌 사람들은 이런 상견이 확고하기 때문에 그들의 정신적 자유에 절대적인 장애가 됩니다. 그들이 가진 존재에 대한 갈애는 영원한 자아가 있다는 환상을 가지고 감각적 즐거움을 좋아하는 것을 볼 때 분명히 알 수 있습니다. 셋째, 비존재에 대한 갈애는 단견斷見에서 비롯합니다. 이런 믿음은 불교인들 중에는 없지만 만약 그런 믿음을 가지고 있다면 진정한 불교 신자가 아닙니다. 비존재에 대한 갈애는 죽고 나면 생명의 흐름이 자동적으로 끝나기를 바라면서, 동시에 유물론적인 인생관을 근거로 쾌락을 즐긴다는 의미가 있습니다.

.

어느 것이든 이상 세 가지의 갈애는 느낌을 알아차려서 무상, 고, 무아를 깨닫지 못한 데서 비롯됩니다. 그러므로 갈애와 그 과보로 얻어지는 재생과 괴로움을 미연에 방지하기 위해서 수행자는 모든 현상을 알아차리고 모든 것을 있는 그대로 보도록 노력해야 합니다.

마하시 사야도의 12연기

13

갈애를 원인으로
집착[取]이 일어난다

●

갈애에서 집착이 일어납니다. 빨리어로 '우빠다나upādāna'는 '강렬한, 극심한'이란 뜻의 우빠upa와 '움켜쥐다, 잡다'라는 뜻의 아다나ādāna 의 합성어로 '꽉 움켜쥠', 즉 강렬한, 지나친 갈애라는 의미입니다. 집 착은 감각대상에 대한 집착, 사견에 대한 집착, 계율과 의식에 대한 집착, 자아의 교리에 대한 집착 등 네 가지가 있습니다.

감각대상에 대한 집착

감각대상은 감각적 즐거움에서 벗어나지 못한 모든 중생들의 욕망 을 부추깁니다. 이들 대상은 형상, 소리, 향기, 맛, 감촉의 다섯 가지 입니다.

시각 대상인 형상은 눈에 즐겁고 매력적인 대상입니다. 그것은 원래 아름다운 것일 수도 있고, 사람의 눈에 아름답게 보이는 것일 수도 있 습니다. 실재하는 것이거나 실재하는 것처럼 보이거나, 즐거운 형상 은 남녀 또는 소모품에서 찾을 수 있습니다. 여성의 모습은 남성을 매 혹시키고 남성의 모습은 여자를 매혹시킵니다. 옷, 보석, 자동차는 남 녀 모두가 원하는 것입니다. 욕망을 부추기는 것은 단지 형상이나 색 깔만이 아닙니다. 남성과 여성은 상호간에 외모뿐만 아니라 이성의

마하시 사야도의 12연기

몸 전체에 끌릴 것이고, 사람을 탐욕스럽게 만드는 소모품도 마찬가지의 이유일 것입니다. 동물의 울음소리가 사냥꾼의 추적에 도움이 되는 것과 같이 형상이나 색깔은 단지 욕망의 대상을 끌어들이고 확인해주는 역할을 할 뿐입니다.

감각적 즐거움의 대상인 소리는 남녀의 목소리, 노래와 음악으로 나타냅니다. 어떤 소리와 목소리는 참으로 감미롭게 들리지만, 어떤 것은 귀에만 감미로운 것처럼 들립니다. 또한 소리나 목소리를 들어서 즐거울 때는 단순히 소리에만 끌리는 것이 아니라 그 소리를 내는 모든 물건과 존재를 겨냥한 집착입니다.

감각적 즐거움의 대상인 냄새는 맛의 향이나 분말, 향수의 냄새와 같이 모든 종류의 향기를 포함합니다. 남자든 여자든 향기로운 것을 몸에 바르고 그 냄새를 즐깁니다. 사람을 매혹시키는 것은 단지 냄새만이 아니라 그 냄새를 내는 몸 전체입니다.

먹고 마시는 감각적 쾌락은 음식과 음료수에서 비롯합니다. 좋거나 즐거운 맛은 사실일 수도 있고 그렇게 느껴지는 것일 수도 있습니다. 돼지와 개, 다른 동물에게는 음식찌꺼기, 오물과 똥이 감각적 즐거움의 출처가 될 수 있습니다. 어떤 사람들은 쓰거나 매운 음식을 아주 좋아합니다. 어떤 사람은 술을 좋아합니다. 일반인들은 그 맛을 모르기 때문에 그들의 즐거움이 더 유별나게 보이는 것입니다. 먹는 즐거움은 음식에만 국한되지 않고 음식을 준비하는 과정이나 음식을 준비하는 남녀에게도 포함됩니다. 다른 사람에게는 별로 신통치 않은 솜씨로 준비한 아내의 음식을 좋아하면서 즐기는 남자를 보면 분명히 알 수 있습니다.

감각적 즐거움의 또 다른 원인은 몸이나 촉감입니다. 부드럽고 푹신한 침대, 편안한 옷, 겨울에 따뜻한 것과 여름에 시원한 것, 이성異性의 몸, 이 모든 것들이 접촉 대상으로서 촉감에 대한 갈애뿐 아니라 몸 전체로서의 유정물이거나 무정물에 대한 갈애를 일으키기도 합니다. 촉감은 몸 전체를 집착하는 길을 터줄 뿐입니다.

감각적 즐거움의 원천이 되는 대상으로서 유정물과 무정물이 있습니다. 금, 은, 보석, 쌀, 가축, 가금류, 자동차, 집, 땅, 시중드는 사람 등이 그것입니다. 사람은 이런 즐거움의 원천을 확보하기 위해 매일같이 일합니다. 그들은 좋은 음식, 좋은 옷, 좋은 집을 얻고 영화를 보고 기타 등등을 하기 위해 이런 것들을 추구합니다.

감각적 욕망갈애은 항상 감각대상에 대한 강렬한 갈애집착를 일으킵니다. 사람이 담배를 피우기 시작하면 새로운 습관을 즐기기 시작하고, 그 습관이 키워지면 중독되어버립니다. 어떤 대상을 극도로 좋아하면 그것을 얻지 못할 때 마음이 불안하고 좌절됩니다. 이런 식으로 갈애가 집착으로 발전합니다.

마하시 사야도의 12연기

집착은 갈애가 없으면 생길 수 없습니다. 외국의 음악과 노래는 미얀마 사람의 귀에는 흥미가 없기 때문에 이것을 들어도 열광하지 않습니다. 미얀마 사람은 개고기도 먹지 않습니다. 그들은 개고기를 싫어하기 때문에 그것에 대한 집착도 없습니다.

사견에 대한 집착

또 다른 종류으로 집착은 사견에 대한 집착입니다. 이는 세 번째와 네 번째 집착의 범주[1]를 제외한 모든 사견을 포함하고 있습니다. 그러므로 모든 사견은 집착이라고 간주해도 될 것입니다. 이제 사람들이 꽉 잡고 있는 열 가지 사견에 대해 자세히 설명하겠습니다.

첫 번째 사견으로 보시布施는 선업을 짓는 행위가 아니고 돈만 낭비하는 것이라는 견해입니다. 이 견해는 선행의 가치와 과보를 부정하는 것입니다. 그러나 사실 이것은 아무런 근거가 없습니다. 보시행은 보시의 기쁨을 줍니다. 이는 보시 받는 자의 물질과 정신을 이롭게 하며 심지어 굶주린 자의 목숨을 구하기도 합니다. 보시자는 평판이 좋고 큰 존경을 받습니다. 그리고 죽어서 천상에 태어납니다.

---

1   세 번째와 네 번째는 계율과 의식에 대한 집착(sīlabbata-parāmāsa-upādāna)과 자아론에 대한 집착(atta-vāda-upādāna)을 말한다.

죽은 뒤에 받을 보상을 의심하는 회의론자들을 납득시키기는 어렵습니다. 그러나 아라한이나 신통력을 가진 성자들은 다른 세상에서 일어나는 업의 과보를 생생하게 볼 수 있습니다. 이런 신통력의 하나는 천안天眼입니다. 천안이 있으면 보시자가 천상에서 잘 살고 있는 것을 볼 수도 있고, 보시하지 않고 악행을 저지른 자가 악처에서 고통 받는 것을 볼 수도 있습니다. 이런 광경은 신통력을 얻지는 못했지만 깊은 삼매를 얻은 일부 수행자들에게도 보입니다. 또한 일부에서는 이런 광경을 상상의 산물이라고 무시할 수 있겠지만, 다른 세계에 대한 설명을 받아들이면 믿을 수 있는 일입니다.

두 번째 사견도 역시 큰 규모로 보시한 것에 대한 업의 이익을 부정하는 것입니다.

세 번째 사견은 새해와 같은 날을 맞이하여 손님을 대접하고 선물을 주는 것은 업의 이익이 없다는 것입니다. 이 사견은 본질에 있어서 첫 번째 사견과 같습니다. 이는 고대 인도에서 유행하던 작은 보시행을 말하는 것으로 외도外道들이 무익하다고 배척하던 것입니다.

네 번째 사견은 도덕적인 선행이나 악행이 가져오는 과보를 부정하는 것입니다. 하지만 어떤 사람이 현생에 행한 업의 결과로 다음 생에 과보를 받는다는 증거는 많습니다. 이것을 신통력으로 입증할 수도 있습니다. 그러나 지나치게 감각적 즐거움을 좋아하는 사람들은 그냥 욕망에 자신을 맡겨두기를 원합니다. 그들은 자신의 물질적 향상에 방해가 된다고 생각되는 도덕적 가치와 이상에 눈살을 찌푸립니다. 그래서 그들은 업의 법칙을 부정하는 자신의 견해를 정당화하기 위해 많은 논리를 제시합니다. 이 모든 것을 종합해서 분석해보면 이런 사견은 감각적 즐거움에 대한 그들의 지나친 애착 때문입니다.

다섯 번째와 여섯 번째 사견은 어렸을 때 우리를 사랑으로 돌보아준 부모를 존경하고, 모시며, 부양할 이유가 없다는 것입니다. 그들은 부부 관계에 의해서 어쩌다 아이를 갖게 된 책임감으로 아이를 키우는 것이기 때문에 부모에게 감사해야 할 아무런 이유가 없다는 것입니다. 그래서 자식의 입장에서는 그것이 선행이 아니며, 부모에게 못되게 구는 것도 죄악이 아니라는 것입니다. 이는 끔찍한 견해로서 이런 사견을 가진 사람은 자기 자식들의 존경도 받지 못할 것입니다.

일곱 번째 사견은 인간계와 축생계를 제외한 다른 존재를 부정하는 것입니다. 이 견해는 동물이 인간으로 재생할 수 있다는 것을 부정합니다.

여덟 번째 사견은 인간이 천인계나 축생계 또는 지옥에 재생한다는 것을 부정합니다. 죽으면 삶이 끝난다는 단멸론斷滅論을 역설합니다.

아홉 번째 사견은 화생化生을 부정하는 것입니다. 다른 말로 하면 모태에 들지 않고 완전히 성장한 성인으로 나타나는 천인, 범천, 아귀, 아수라 등과 같은 존재를 부정하는 것입니다. 이 견해를 지지할 수 없는 이유는 세계 도처에 선하거나 악한 영을 만났다는 보고가 있고, 유령을 불러올 수 있는 무당과 심령술사도 있으며, 때로는 위빠사나 수행을 하는 수행자에게도 천인, 범천 등이 보일 때가 있기 때문입니다.

마지막 열 번째 사견은 이 세상과 보이지 않는 다른 세상에 대해 이야기하고 또 자신의 가르침대로 사는 사문이나 바라문이 없다는 것입니다. 이 견해는 자신이 직접 겪은 놀라운 경험으로 이 세상과 저 세상 이야기를 거침없이 할 수 있는 사람이 없고, 그들의 모든 가르침은 다 추측과 공론이어서 거짓이며 삿된 것이라는 의미입니다.

오늘날 이 견해는 종교를 비웃는 사람들의 공감을 얻고 있습니다. 이들은 스스로의 노력에 의해 있는 그대로의 세상을 보는 부처님과 아라한의 존재를 부정합니다. 그러나 이 견해는 기본 논리부터가 패배를 자초하고 있습니다. 왜냐하면 똑같은 이유에서 이 견해를 주장하는 사람 역시 이 세상과 저 세상을 잘 모르기 때문에 그 견해를 부정할 수밖에 없다는 것입니다. 부처님의 법은 최상의 통찰지혜에 바탕을 두고 있습니다. 그래서 이 법은 경험적인 조사를 근거로 하고 있으며 이에 대한 과학적 증거도 많습니다. 부처님 당시에 인도에서 불가지론不可知論[2])을 편 사람은 아지따Ajita였습니다. 아지따는 무조건 모든 종교의 가르침을 공격했는데 이에 따라 아라한과 부처님 또한 그런 비난의 대상이었을 것이라고 생각됩니다.

이상으로 열 가지 삿된 견해에 대한 집착을 말씀드렸습니다.

바른 견해[正見]

이상 열 가지 사견은 결국 업의 법칙을 부정하는 것입니다. 왜냐하면 업의 부정은 보시행이나 효도, 기타 선행에서 얻어지는 이익을 부정하는 것이기도 하고 또한 아라한과나 부처님의 지위를 얻는 데 필요한 공덕을 부정하는 것이기도 하기 때문입니다. 마찬가지로 다음에 언급하는 열 가지 바른 견해는 업, 즉 도덕적 과보에 대한 믿음에 근거하고 있습니다.

첫 번째 바른 견해는 보시를 유익하다고 하는 것입니다. 보시하는 사람은 적어도 받는 사람에게서 칭찬을 받습니다. 그들은 보시자를 존경하고 칭찬하며 보시자가 곤경에 처할 때는 도와줄 것입니다. 보시자는 죽을 때도 좋은 표상을 지닌 채 평온하게 죽어서 천인계나 인간

---

2   불가지론(不可知論)이란 초경험적인 존재나 본질은 인식이 불가능하다는 견해다. 이는 인도에서 육사외도의 한 사람인 산자야(Sañjaya)가 주장한 학설이었는데, 마하시 사야도는 아마도 아지따로 혼동하신 것으로 보인다. 산자야는 사리뿟따와 목갈라나 존자의 옛 스승이었는데, 내세나 선악의 과보와 같은 형이상학적 문제에 관해 애매하게 대답함으로써 확정적인 대답을 피했다.

계의 좋은 곳에 재생합니다. 좋은 곳에 재생하고, 최종적으로는 성스러운 도와 열반을 성취할 것입니다. 부처님, 벽지불, 아라한의 지위를 얻기 위해 기나긴 정신적 여정을 시작한 보살이나 그런 길을 간 사람들은 항상 보시행을 함께 했습니다.

보시 공덕으로 물질적인 풍요로움을 누리는 일부 사람들을 보면 분명히 알 수 있습니다. 어떤 사람들은 사업이나 농사 같은 것을 똑같이 시작하는데, 성과는 각기 다릅니다. 어떤 사람은 번영하는데 어떤 사람은 크게 나아지지 않습니다. 어떤 사람은 힘들이지 않고 성공하는데 어떤 사람은 힘들게 일하고도 번영하지 못합니다. 똑같이 했는데도 어떤 사람에게만은 이렇게 재운이 없고 차이가 나는 것은 의심할 여지 없이 전생의 보시 여부에 있습니다.

두 번째와 세 번째의 견해로, 업의 법칙을 믿는 사람은 아낌없는 보시는 물론, 손님 접대와 선물을 주는 등의 작은 보시행에도 업의 과보가 있다는 것을 의심하지 않는 것입니다.

네 번째 견해는 업의 법칙이나 도덕적 과보를 믿는 것입니다. 자신이 행한 선행이나 악행에 따른 대가가 있다는 것은 부정할 수 없는 인생사입니다. 부모와 스승의 가르침으로 올바른 삶을 사는 사람은 인기가 있고 남의 도움을 받으며 성장해서는 성공하여 유복한 신사가 됩니다. 마찬가지로 전생에 선업이 있으면 좋은 집안에 태어날 것이고 건강과 재산, 미모, 참된 친구와 같은 복을 얻을 것입니다. 악업에 대한 과보로는 병약하고, 가난하며, 추한 외모 등이 따른다는 것도 모두 잘 알고 있습니다.

다섯 번째와 여섯 번째 바른 견해도 업에 대한 믿음으로 부모님의 깊은 은혜를 받아들인다는 것입니다. 부모님은 임신한 순간부터 아이를 잘 보살핍니다. 어머니는 특별히 뱃속의 아이를 위해 건강과 음식, 움직임에 조심합니다. 만약 어머니가 훌륭한 불자일 경우에는 아이의 심성에 좋은 영향을 주기 위해 포살일³⁾을 지키고 부처님, 법, 승가에 대해 명상을 합니다. 아이가 태어난 뒤에도 부모는 아이에게 물질적으로 필요한 것들을 챙겨줘야 하고, 교육을 시키며, 적년기가 되면 인생을 출발할 수 있도록 경제적 지원을 해야 합니다. 이러한 이유 때문에 부모님을 공경하고 돌봐드리는 것은 우리의 당연한 의무입니다. 그리고 이는 헤아릴 수 없이 유익한 선업이 됩니다. 자기 부모를 공경하는 사람은 아무리 못해도 자기 자식에게는 공경을 받을 것입니다. 반면에 자기 부모를 박대하는 사람은 자기 자식들에게 멸시를 당할 것입니다.

---

3   포살일은 빨리어로 우뽀사타(uposatha)라 한다. 포살일에는 부처님 시대부터 불교신자들이 초하루, 보름, 그믐 등을 정해 절에 가서 8계나 10계를 지키면서 자신을 다스리고 공덕을 쌓았다. 그리고 비구들은 이날 한데 모여서 계목(戒目, pātimokkha)을 암송하면서 잘못을 참회했다. 우리나라도 고려 시대까지는 이 풍속을 철저하게 지켰다.

일곱 번째, 여덟 번째, 아홉 번째 견해는 이 세상과 보이지 않는 저 세상, 그리고 갑자기 출현하여 화생化生으로 생겨나는 천인과 같은 존재에 대한 바른 견해입니다. 이러한 바른 견해에도 역시 업의 법칙에 대한 믿음이 있어야 합니다. 왜냐하면 중생은 업의 법칙에 의해 죽은 후 자신의 업에 따라 축생이나 천인이 사람으로 태어나기도 하고, 반대로 사람이 동물이나 천인이 될 수도 있기 때문입니다.

이러한 사실은 어느 정도까지는 증명할 수 있지만, 이것을 알려면 신통력이나 위빠사나 통찰력 혹은 합리적인 사고 능력이 있어야 할 것입니다. 사마타 선정을 통해 전생을 기억하는 지혜를 얻을 수도 있고, 죽어서 새로운 존재가 된 사람의 모습 등을 엿볼 수 있는 천안을 얻을 수도 있습니다. 이러한 신통력은 위빠사나 수행을 하는 사람에게도 가능합니다.

사마타나 위빠사나 수행을 할 수 없는 사람들은 이성의 힘에 의존해야 합니다. 가끔씩 자신들의 전생을 기억할 수 있다는 사람들이 있는데, 불교 경전에서는 이들을 숙명지宿命智4)를 얻은 사람이라고 합니다. 이런 사람들은 사람, 축생, 유령이나 귀신으로 살아온 자신의 전

4　전생을 기억하는 숙명지(pubbe-nivāsa-anussati-ñāṇa)는 여섯 가지 신통지(六神通) 중의 하나다. 이 지혜는 사선정을 토대로 일어나기 때문에 원하기만 하면 수십만 생 이전도 기억할 수 있다. 그러나 전생을 기억하는 지혜(jātissara-ñāṇa)는 사선정의 상태에서 생긴 신통지가 아니기 때문에 제한적으로만 전생을 기억한다. 그러므로 사선정을 경험하지 않았더라도 전생을 기억하는 지혜가 갑자기 생길 수도 있고, 주석서에서는 추론(takka)에 의해서도 생길 수 있다고도 했다.

생을 이야기합니다. 이성적으로 생각해보면 이런 것들은 죽어서 이 세상에서 저 세상으로 가기도 하고, 반대로 저 세상에서 이 세상으로 오기도 하며 또 어떤 중생들은 곧바로 화생한다는 것을 명확하게 설명하고 있습니다.

여기서 현자가 제시한 내생의 문제에 대해 생각하는 방법을 언급하고자 합니다. 한 사람은 업과 내생에 대한 믿음을 받아들이고 다른 사람은 그런 믿음을 부정한다고 가정해봅시다. 이를 부정하는 사람은 보시와 지계와 같은 선행을 하지 않을 것이고 또 악행을 삼가지도 않을 것입니다. 그는 욕망에 자신을 내맡겨버릴 것입니다. 그렇기 때문에 그는 다른 사람들의 존경과 칭찬을 받을 만한 덕성이 없습니다. 만약 자신의 믿음과는 반대로 업과 내생의 법칙이 사실이라면 그는 죽어서 악처에 떨어질 것이며 수많은 생을 윤회하면서 고생할 것입니다.

반면에 업과 내생을 믿는 사람은 악행을 삼가고 선행을 할 것이며, 설사 업이나 내생이 없다고 하더라도 자신의 덕성으로 칭찬과 명성을 얻을 것입니다. 그는 자신의 선행을 관조하면서 기뻐할 것입니다. 선한 시민으로서 평화로운 삶을 살아갈 것입니다. 이러한 이익들은 분명히 현생에서 업에 대한 믿음을 가졌기 때문에 생기는 것입니다. 그리고 만약 사후의 세계가 정말 있다면 그는 내생의 행복이 보장됩니다. 이와 같이 이것은 현생에서나 내생에서나 어떤 경우에도 이익을 가져오기 때문에 그것을 받아들이는 것이 합리적입니다. 이것이 부처님께서 『맛지마니까야』의 「아빤나까 경(Apaṇṇaka sutta, 無戲論經)」에서 권하신 바와 같이 절대 오류가 없는 사유 방법입니다.

열 번째 바른 견해는 이 세상과 저 세상에 대한 최상의 지혜를 선언할 수 있고 또 그 가르침을 신뢰할 수 있는 고귀한 성품을 지닌 부처님과 아라한, 성자들에 대한 믿음을 가지는 것입니다. 이런 믿음은 업에 대한 믿음이 없으면 가질 수 없습니다. 왜냐하면 아라한과 부처님들이 얻게 된 정신적인 성취는 본질적으로 어느 정도는 업과 다를 바가 없는 바라밀 공덕에 달려 있기 때문입니다. 바라밀을 계발하는 것은 일종의 학습입니다. 마치 아이가 잘 교육받은 사람이 되기 위해 많은 것을 배우는 것처럼 보살도 깨달음을 얻기 위해 지혜를 구하고 바라밀을 닦아야 합니다.

바라밀과 업

어떤 부모나 어른들은 자기 아이를 영화관이나 극장에 데리고 가지만, 어떤 사람들은 탑이나 절에 데리고 갑니다. 이런 식으로 아이들은 좋은 습성이나 나쁜 습성을 키우기도 하고, 감각적 즐거움 대한 갈애를 키우기도 하며, 삶의 고귀함을 맛보기도 합니다. 좋은 습성과 좋은 수련은 일종의 바라밀이라 할 수 있습니다. 어떤 아이들은 자연스럽게 종교 생활에 기울이게 되고, 어떤 남녀는 대단한 열의와 노력으로 위빠사나 수행을 합니다. 이와 같이 종교에 대한 어떤 아이의 남다른 관심이나 정신생활에 대한 어떤 사람의 남다른 사랑은 전생의 바라밀에서 비롯한 것입니다.

싯닷타 태자는 수많은 생에 걸친 겁劫의 인생을 살면서 보시布施, 지계持戒, 출리出離 등과 같은 바라밀을 완성하고 점진적으로 계발함으로써 부처님이 되셨습니다. 이것은 한 생에서 쉽게 이룰 수 있는 문제가 아닙니다. 태자가 깨달음을 얻기 위해 호화로운 왕궁과 가족을 버릴 때 그 의지를 굳건하게 한 것은 바로 축적된 잠재적 업인 바라밀이었습니다. 오늘날 어떤 사람들은 자기 삶에 대한 환멸을 이야기하지만 사람으로 태어나서 위대한 보살의 출가는 고사하고 모든 재산을 다 버리고 비구가 되는 일은 힘든 것입니다.

보살은 지혜를 구하기 위해 수많은 전생을 거치면서 열과 성을 다한 불굴의 정신으로 다른 바라밀도 닦았습니다. 그 결과 마지막 생에 이르러 보살은 홀로 삶의 본성과 연기 등을 숙고하여 깨달음을 얻었습니다. 보살이 마침내 위없는 깨달음을 얻을 수 있었던 것은 보살의 바라밀 때문이었으며, 마찬가지로 벽지불과 아라한이 정신적인 성취를 하게 된 것도 바라밀 때문이었습니다. 그러므로 업에 대한 믿음은 아라한, 벽지불, 부처님이 되겠다는 큰 뜻을 품은 영적 지망자가 되게 하고, 이 믿음을 받아들이는 사람은 부처님과 다른 성자들이 지닌 최상의 지혜에 의심을 품지 않습니다.

간단히 말하면 사견에 대한 집착은 일반적으로 업의 법칙을 부정하는 것과 같은 뜻입니다. 이는 부처님 당시에도 그랬지만 불과 100년 전까지만 하더라도 그리 보편화되지는 않았습니다. 그러나 지금은 과학적 지식이란 이름으로 업의 법칙을 비판하는 책들 덕분에 사견에 대한 집착이 자리를 잡아가고 있습니다.

경전 말씀대로 사견은 대체로 갈애에 뿌리를 두고 있는데 물질에 대한 인류의 늘어만 가는 갈증과 함께 업에 대한 회의주의는 점점 커져가는 것 같습니다. 이들 사견에 맞서 스스로를 보호하는 것은 선한 사람들에게 달려 있습니다.

업을 부정하는 것은 별개로 하더라도 사견에 대한 집착은 상견, 단견과 같은 모든 사견에 대한 강한 집착을 의미하기도 합니다. 이외의 사견으로는 '계율과 의식에 대한 집착'과 '자아론에 대한 집착' 두 가지가 있습니다.

계율과 의식에 대한 집착

계율과 의식에 대한 집착은 잘못된 수행에 집착하는 것으로, 이는 괴로움의 소멸로 이끌지 못합니다. 이는 고통을 끝내는 방법으로 소나 개, 다른 동물들의 습관을 따라하는 잘못된 견해로서 부처님 당시 일

마하시 사야도의 12연기

부 고행자에게서 발견되던 모습입니다. 그들은 동물처럼 발가벗고, 먹고, 똥 누며, 네 발로 기어 다니고, 맨땅 위에서 잠을 잤습니다. 그렇게 살면 모든 악업이 정화되고 새로운 업이 생기는 것을 미연에 방지하며, 이로써 죽으면 괴로움에 종지부를 찍고 영원한 지복을 보장한다고 믿었습니다.

불교 신자에게는 이런 믿음이 있을 수 없지만, 아주 이상한 것을 좋아해서 남다른 견해와 성향을 가진 사람들이 있습니다. 『맛지마니까야』「견서계경(犬誓戒經, Kukkuravatika Sutta)」에 의하면, 소처럼 사는 뿐나 Punna와 개처럼 사는 세니야Seniya라는 두 고행자가 부처님을 찾아왔습니다. 두 사람은 부처님에게 자신의 고행에 무슨 이익이 있는가를 여쭈었습니다. 세존께서는 대답하기를 꺼려하셨지만 재차 의견을 묻자, 완전히 소나 개처럼 사는 고행자는 죽어서 소나 개로 태어날 것이라고 하셨습니다. 그리고 그런 수행을 하면 천인계로 간다고 믿는 것은 잘못이며, 그런 사견을 가진 사람은 죽어서 지옥이나 축생계에 떨어지기 쉽다고 말씀하셨습니다.

그러고 나서 부처님께서는 첫째로 나쁜 과보를 맺는 나쁜 수행, 둘째로 선한 과보를 맺는 선한 수행, 셋째로 선한 수행과 섞여 있는 나쁜 수행, 넷째로 선업과 악업의 완전한 소멸로 인도하는 성스러운 도의 수행에 대해 말씀하셨습니다. 이 설법을 들은 뿐나는 부처님의 제자가 되었으며, 세니야는 승가에 들어가서 법을 닦아 아라한과를 얻었습니다.

꼬라깟띠야 이야기

부처님 당시에 개처럼 사는 꼬라깟띠야korakhattiya라는 고행자가 있었
습니다. 하루는 부처님께서 릿차위5) 출신의 수낙깟따6)라는 비구와
함께 그 고행자 옆을 지나가셨습니다. 수낙깟따는 그 고행자가 네 발
로 기어 다니면서 땅바닥에 있는 음식을 손을 사용하지 않고 먹는 것
을 보았습니다. 그 고행자의 생활방식이 수낙깟따에게는 성자보다 훌
륭한 욕망 없는 아라한 같은 인상을 주었습니다. 사실 그 고행자의 생
활양식은 사악도 중 어느 한 곳에 떨어지게 하는 일종의 계율과 의식
에 대한 집착으로 높은 이상과 염원을 가진 사람이라면 용납할 수 없
는 일이었습니다.

수낙깟따는 취향과 욕구의 수준이 낮았기 때문에 이것에 이끌렸던
것입니다. 수낙깟따 비구는 그런 면에서 유별난 사람이었습니다. 그

---

5   릿차위(Licchavī)는 웨살리(Vesāli)를 수도로, 공화국 체제를 갖춘 왓지국을 대표하는 종족의 이
름이다. 왓지국은 몇몇 부족으로 이루어져 있었는데 부처님 당시에는 릿차위가 가장 강력한 체제를 갖
추었다. 릿차위국 간에는 강력한 단결력이 있었고 화려한 옷을 입고 화려한 마차를 타고 다녔기 때문
에 부처님은 삼십삼천의 천인들에 비유할 정도라고 하셨다.

6   수낙깟따(Sunakkhatta)의 이야기는 『디가니까야』 「청정경(Pāṭika sutta)」, 『맛지마니까야』 「수
낙깟따 경(Sunakkhatta Sutta)」, 『소부』의 「로마함싸 본생경(Lomahamsa Jātaka)」 등에도 나온다. 그
는 남들이 행하는 신통, 기적, 고행이나 우주의 기원 따위에 지나치게 관심이 많았다.

당시는 지금과 달리 부처님의 가르침과 부합되지 않는 삿된 견해와 삿된 수행을 선호하는 사람이 많았습니다. 이는 아마도 수많은 생을 거치면서 축적된 삿된 집착 때문일 것입니다.

부처님께서는 타심통他心通7)으로 수낙캇따의 생각을 아시고 이렇게 말씀하셨습니다. "너는 저 고행자가 아라한으로 보이는구나! 그러고도 네가 여래의 제자8)라는 것이 부끄럽지도 않은가?"

그러자 이 비구는 세존께서 고행자가 아라한인 것을 시기한다고 비난했습니다. 물론 이는 자신의 스승이 잘못되었다고 진실을 말해줄 때 어리석은 자가 하는 반박과 같은 것입니다. 부처님께서는 그에게 이익 될 것이 없는 비구의 환상을 없애주기 위한 목적에서라고 설명하셨습니다. 그러고 나서 부처님은 7일 뒤에는 그 고행자가 소화불량으로 죽어서 가장 낮은 아수라계에 떨어질 것이고, 시체는 어떤 묘지에 버려질 것이며, 만약 수낙캇따가 그곳에 가서 지금 어디에 있는가를 묻는다면 그 시체가 알려줄 것이라고 예언하셨습니다.

---

7   타심통(他心通, paracitta-vijānana)이란 남의 마음을 아는 지혜로 신족통(神足通), 천이통(天耳通), 타심통(他心通), 숙명통(宿命通), 천안통(天眼通), 누진통(漏盡通) 등 육신통의 하나다.

8   여래의 제자라고 의역한 삭까야뿟띠야(Sakkya-puttiya)는 '사끼야의 아들에 속하는'이란 뜻으로, 석가족 출신의 석가모니 부처님을 뜻한다. 초기 교단에서는 비구들이 자신을 이렇게 불렀던 것 같고 이것이 전해져 한문권에서는 출가자의 성을 석씨(釋氏)라 하고 불교 교단을 석씨 문중(釋氏門衆)이라고도 한다.

부처님께서는 여래에 대한 수낙캇따의 믿음을 되찾게 하려고 이런 예언을 하신 것입니다. 수낙캇따는 사마타 수행을 해서 선정과 천안天眼을 갖고 있었습니다. 천안으로 천인과 천녀를 보기는 했는데, 그들의 소리가 듣고 싶은 그는 부처님께 천이통天耳通을 얻는 방법을 가르쳐달라고 청했습니다. 하지만 그의 악업 때문에 천이통을 얻지 못할 것을 아신 세존께서 그 청을 들어주지 않자, 수낙캇따는 세존이 천이통을 얻지 못했다고 비난했습니다.[9] 그러면서 그는 세존이 자기 요청을 들어주지 않은 것이 시기심 때문이라고 생각하여 세존에 대한 믿음이 식어버렸습니다. 그래서 세존께서는 수낙캇따에게 감화를 주고 믿음을 회복시켜주기 위해 고행자의 운명을 예언하셨던 것입니다.

수낙캇따는 고행자에게 세존의 예언을 알려주며 과식을 주의하라고 경고했습니다. 고행자는 6일을 굶었지만 7일째 되는 날에는 더 이상 먹고 싶은 유혹을 견디지 못했습니다. 고행자는 한 신도가 제공한 음식을 게걸스럽게 먹고는 그날 저녁 소화불량으로 죽었습니다. 동료 고행자들은 부처님이 예언하신 묘지가 아닌 다른 장소에 내다버리려고 그의 시체를 끌고 갔습니다. 묘지에 도착해보니 부처님이 예언하신 종류의 풀이 있어서 바로 거기가 자신들이 피하려던 그 장소임을 알았습니다. 그들은 시체를 끌고 가려고 했지만 덩굴 풀에 얽혀 있어

---

9   『디가니까야』 주석서에 따르면 수낙캇따는 세존께 그 방법을 여쭈어서 천안통은 얻었지만 천이통을 얻으려는 청이 이루어지지 않은 이유는 전생에 계를 지닌 비구의 귀를 때려 귀머거리를 만들었기 때문이라고 한다.

서 아무리 옮기려고 했지만 허사였습니다. 그래서 고행자들은 시체를 그냥 거기에 버릴 수밖에 없었습니다.

수낙캇따도 그 소식을 들었지만 그래도 세존께서 하신 예언의 뒷부분이 틀렸다는 것을 증명하고 싶었습니다. 그는 묘지로 가서 시체를 툭툭 두드리면서 어디에 사느냐고 물었습니다. 시체는 일어나서 깔라깐지까Kālakañjika 아수라계에 있다고 말하고는 다시 바닥에 쓰러졌습니다. 깔라깐지까는 가장 낮은 아수라계입니다. 이 아수라는 괴물처럼 생기고 입이 너무 작아 제대로 먹거나 마실 수 없는 아귀의 한 종류입니다.

주석서에 의하면, 아수라인 아귀가 시체에 깃들게 된 것은 부처님의 신통력 때문이었다고 합니다.[10] 일부 심령술사들도 시체를 일으킬 능력이 있다는 것을 감안한다면, 부처님께서 신통으로 죽은 고행자를 부활시킨 것은 의심의 여지가 없습니다. 수낙캇따는 풀이 죽어서 돌아왔고 세존의 예언이 모두 사실임을 인정할 수밖에 없었습니다. 그럼에도 불구하고 수낙캇따는 부처님에 대한 확신이 없었습니다. 그래서 나중에 환속하여 세존을 비방했습니다.

---

10 『디가니까야』 주석서는 이를 다음과 같이 설명하고 있다. "어떻게 (죽은 자가) 말을 하는가? 부처님의 위력에 의해서다. 세존께서는 아수라의 모태로부터 꼬라캇띠야를 데리고 와서 몸을 풀어놓아 말을 하게 하셨다. 혹은 그 시신으로 하여금 (스스로) 말을 하게 하셨다. 왜냐하면 부처님의 영험한 능력은 생각으로 헤아릴 수 없기 때문이다."

잘못된 계율과 의식에 의한 또 다른 수행

소나 개처럼 사는 방식 외에도 잘못된 계율과 의식[11]이라고 할 수 있는 다른 수행이 있습니다. 어떤 사람은 코끼리나 말과 같은 동물들의 행동을 따라 합니다. 숭배한다는 의미입니다. 주석서에는 제왕에 대한 숭배를 언급하고 있는데, 이는 미얀마 사람들이 다양한 낫[토속신]을 숭배하는 것과 같은 것입니다. 미얀마 사람들의 낫에 대한 숭배는 윤회에서 벗어나려는 바람에서 비롯된 것이 아닙니다. 그것은 지금 당장 물질적 이익을 얻기 위한 희망에서 비롯한 것이기 때문에 계율과 의식에 대한 집착의 범주에 들지 않습니다. 그러나 일부 사람들이 낫 숭배를 위해 동물을 제물로 바치는 것은 계율과 의식에 대한 집착입니다.

또한 불, 용, 달, 태양, 정령에 대한 숭배도 있습니다. 숭배의 목적이 죽어서 행복을 얻거나 정신적 해탈을 위한 것이라면 이는 계율과 의식에 대한 집착입니다. 요컨대 사성제나 팔정도에서 벗어난 모든 수행은 그릇된 계율과 의식으로 분류되고, 구제 수단으로 거기에 집착하는 것은 계율과 의식에 대한 집착입니다.

---

11   계율과 의식[戒禁]으로 옮긴 실라밧따(sīlabbata)는 종교적인 금계와 의례, 의식을 지키면 청정해지고 해탈할 수 있다고 믿는 것으로, 자신이 속한 집단의 계율과 의식만이 옳다고 집착한다. 이는 중생을 삼계에 붙들어 매는 열 가지 족쇄 중에서 세 번째 족쇄이며, 네 가지 집착 중의 하나다. 성자의 초보 단계인 수다원도에 들면 유신견, 의심과 같은 족쇄와 함께 계금취견도 뿌리 뽑힌다.

정신과 물질에 대한 알아차림을 통해 최소한 수다원과를 성취한 수행자는 열반에 이르는 바른 길을 잘 알고 있기 때문에 잘못된 계율과 의식에 대한 믿음에 얽매이지 않습니다. 그는 정신과 물질의 내면을 알아차리고 팔정도를 닦는 것만이 괴로움의 종식에 이르는 길이란 것을 경험으로 압니다. 예를 들어 우리 선원에서 쉐다곤 파고다까지 가는 길을 경험으로 알고 있다면 누가 잘못된 길을 알려줘도 잘못 가지 않을 것입니다. 마찬가지로 수다원의 단계에 있는 수행자는 열반에 이르는 바른 길을 알고 있기 때문에 구원의 길로 통하는 신을 믿고, 토속신을 숭배하며, 고행하는 등의 믿음과 수행에 대한 환상을 갖지 않습니다.

바른 길을 모르는 사람은 그러한 환상에서 벗어나지 못합니다. 그들은 어리석은 부모나 스승이나 친구의 영향으로 그런 전도된 인식을 가졌거나 기본적 지식이 부족하기 때문에 그릇된 견해나 수행을 주장하는 책을 통해서 호도되었을 것입니다. 열반에 이르는 바른 길을 모르는 일반 사람들은 윤회를 되풀이하면서 수많은 스승과 수행을 만나게 된다는 것을 염두에 두어야 합니다. 만약 그가 그릇된 스승이나 수행에 빠지게 된다면 심한 괴로움을 겪을 뿐입니다. 고행은 단지 고난과 고통만을 가져올 뿐이고 동물을 제물로 희생시키면 반드시 악처에 떨어지게 됩니다.

색계 선정이나 무색계 선정을 완전한 구원이라고 믿는 것도 계율과 의식에 대한 집착입니다. 간단히 말해서 계율을 잘 지키고 세간의 선정을 성취하는 것은 훌륭한 일이지만, 위빠사나의 성스러운 도와는 거리가 먼 것인데도 그것을 완전한 해탈로 여긴다면, 이것도 계율과 의식에 대한 집착에 이를 수 있다는 것입니다. 『상윳따니까야』「웃다까 경Uddaka Sutta」은 무색계 선정을 통해 무색계에 이르게 된 선인 웃다까에 대해 언급하고 있는데, 그는 이로써 괴로움의 원인을 근절하고 종식시켰다고 선언했습니다. 또 다른 사문 알라라Ālāra도 이런 환상을 가지고 있었습니다. 이러한 환상과 집착 때문에 그들은 무색계에 재생하게 되었습니다. 그래서 부처님께서는 범천 바까Baka에게 이렇게 말씀하셨습니다.

"나는 욕계, 색계, 무색계에 내재하는 태어남, 늙음, 죽음의 본질인 위험을 본다. 나는 그들이 열반을 추구하면서도 여전히 존재에 얽매여 있음을 본다. 그렇기 때문에 나는 어떤 종류의 존재도 허용하지 않는다. 나는 모든 존재에 대한 집착을 끊었다."

두 선인과 마찬가지로 부처님의 가르침을 모르는 자는 절대로 목표를 이룰 수 없습니다. 영원한 행복을 추구한다고 하지만 잘못된 계율과 의식의 길을 따르기 때문에 윤회의 괴로움에 얽혀서 빠져나오지 못합니다. 그러므로 부처님의 가르침에서와 같이 바른 길[正道]을 가는 바른 노력[正精進]의 중요성은 아무리 강조해도 지나치지 않습니다.

마하시 사야도의 12연기

자아론에 대한 집착

자아론에 대한 집착을 의미하는 아따와두빠다나는 아따와다atta-vāda 와 우빠다나upādāna의 합성어입니다. 아따와다는 영혼이라는 실체를 믿는 것이고, 그 합성어인 아따와두빠다나는 모든 사람이 살아 있는 영혼이라고 보는 견해에 집착하는 것입니다.

자아론에 대한 집착은 '일반적인 집착'과 '깊게 뿌리박힌 집착'의 두 가지가 있습니다. 불교 수행자지만 지혜가 없는 사람들이 주장하는 일반적 집착은 팔정도를 닦는 데 해가 되지 않습니다. 불교 수행자들은 부처님의 가르침을 받아들여 영원한 영혼을 부정하고 정신과 물질만이 중생에 실재하는 것이라고 인정하고 있기 때문에 자아론이 깊게 뿌리박혀 있지 않습니다. 하물며 지혜가 있는 불교인들은 이 믿음에 쉽게 넘어가지 않습니다. 왜냐하면 그들은 보고 듣는 것은 오직 감각기관인 눈과 귀, 감각대상인 형상과 소리, 그리고 이에 상응하는 안식, 이식 등이 서로 결부되어 있음을 알기 때문입니다.

그러나 대부분의 사람들은 자아론에서 전적으로 벗어나지 못하고 있습니다. 위빠사나 수행자도 때로는 여기에 빠질 수 있으며, 성스러운 도를 얻지 못한 모든 사람을 유혹할 수 있습니다. 사실 자아론을 가르쳤던 사람들은 자아를 오온의 주인으로, 독자적인 실체로, 자유의지와 스스로의 결정권을 가진 것으로 설명하고 있습니다. 부처님께서 유행승遊行僧[12]인 삿짜까Saccaka와의 대화에서 물으신 것도 바로 이 자아에 관한 견해였습니다. 부처님께서 "그대는 이 몸이 그대의 자아라고 하는데 그러면 이 몸을 항상 잘 간수해서 즐겁지 못한 것으로부터 자유롭게 할 수 있는가?"라고 말씀하셨습니다. 삿짜까는 그렇지 않다고 대답했습니다. 세존께서는 그에게 계속해서 질문함으로써 사실은 오온에 대해 어느 것도 통제할 수 없다는 대답을 받아내셨습니다.

그래서 옛 불교 스승들은 "물질은 무아다rūpam anatta"라는 말을 "육체적 몸은 통제할 수 없는 것이다"라고 번역했습니다. 사실 이는 주체로서의 자아를 부정하는 것이고, 자아라는 실체가 있어서 통제한다는 잘못된 견해를 부정하는 것입니다. 범부들은 모두 이런 잘못된 견해를 갖고 있으며 자유의지대로 할 수 있다고 믿습니다. 이런 견해는 오직 위빠사나의 알아차림을 통해서만 완전하게 극복할 수 있습니다.

자아론을 가르치는 스승들은 자아가 육체적인 몸에 영원히 존재한다고 말합니다. 다른 말로 하면 자아는 전 생애를 통해 지속되는 동일한 개체라는 의미입니다. 또한 그들은 자아가 모든 행위의 주체라고 말합니다. 그렇기 때문에 행의 무더기[行蘊]와 자아를 동일한 것이라고

---

12 유행승(遊行僧)으로 옮긴 빠리바자까(paribbājaka)는 집을 떠나 수행하는 출가사문들을 통칭하는 말이다. 그래서 『맛지마니까야』 주석서에서는 "재가의 속박을 버리고 출가한 자"라고 설명하는데 여기에는 사명외도(邪命外道, Ājīvika), 니간타(Nigantha)와 같은 나체 수행자들은 포함되지 않는다. 한편 경전에는 부처님의 제자인 비구들의 출가를 빱빳자(pabbajjā)라고 해서 유행승과 구분하여 부른다.

말합니다. 이는 '내가 보고 듣는다'라는 믿음을 갖게 하는 환상입니다. 그들은 또한 자아는 느낌이 있는 생물체로서 행복과 불행을 느끼는 것도 자아라고 말합니다. 다른 말로 자아나 영혼을 느낌이라고도 합니다.

그러므로 자아론을 주장하는 사람들은 자아와 오온이 아무 관계가 없다고 주장하면서도 자아는 몸 등(몸과 관련한 것들)의 주인이고, 몸 안에 영원히 머물며, 주관하는 주체고, 느낌이라는 것을 인정하고 있습니다. 그래서 결국은 자아를 오온과 같은 것으로 봅니다. 자아에 대한 환상은 오온에 뿌리를 두고 있으며, 오직 알아차림을 통해서 오온의 진정한 본성을 아는 사람만이 여기서 완전히 벗어날 수 있습니다.

요약하면 네 가지 집착 중에서 첫 번째인 감각적 욕망에 대한 집착은 갈애에서 발전한 것입니다. 다른 세 가지 집착은 각각 대상에 따라 다른 것일 뿐입니다. 기본적으로는 자아에 대한 믿음과 팔정도가 아닌 다른 수행이 효율적이라는 믿음 기타 이 두 가지(감각적 욕망에 대한 집착과 사견에 대한 집착) 이외의 모든 잘못된 믿음과 결부되어 있습니다.

모든 잘못된 믿음은 갈애와 연결되어 일어납니다. 그렇게 하는 것이 좋기 때문에 그런 믿음에 집착합니다. 그래서 네 가지 집착은 의심할 여지 없이 갈애에서 비롯한 것이며, 이 때문에 부처님께서 "갈애를 원인으로 집착이 일어난다"라고 말씀하신 것입니다.

실제로 갈애는 원인이고 집착이 그 결과입니다. 감각적 욕망에 대한 갈애, 자아에 대한 믿음, 성스러운 도와 무관한 수행 기타 잘못된 믿음이 원인입니다. 이 갈애가 감각적 즐거움, 자아에 대한 믿음 등에 대한 집착으로 발전해서 그런 결과를 가져오는 것입니다.

마하시 사야도의 12연기

14

집착을 원인으로
업의 생성[有]이 일어난다

●

집착을 원인으로 생성[有, bhava]이 일어납니다. 생성은 업으로서의 생성[業有, kamma bhava]과 재생으로서의 생성[生有, upapatti bhava] 두 가지가 있습니다.

첫째, 업으로서의 생성은 재생에 이르게 하는 업을 의미합니다. 부처님께서는 이것을 낮은 욕계와 높은 색계 및 무색계에 이르게 하는 공덕행, 공덕이 없는 비공덕행非功德行, 흔들림이 없는 부동행不動行으로 설명하셨습니다. 부처님은 업의 생성과 새로운 존재를 일으키는 모든 업을 같은 것으로 보셨습니다.

이상 세 가지 행 중에서 공덕행은 욕계의 선한 의도 여덟 가지와 색계의 선한 의도 다섯 가지로 되어 있습니다. 비공덕행은 열두 가지 불선한 의도입니다. 부동행은 무색계의 네 가지 선한 의도입니다.

남의 것을 탐낼 생각이나 의도가 없고, 남의 생명을 해칠 의도도 없으며, 바른 견해를 갖는 것과 같은 욕계 선한 의도로 생겨난 업도 재생으로 인도합니다. 이러한 업은 공덕행에 포함됩니다. 간단히 말해서 업의 생성은 선하거나 악한 의도로서, 재생의 원인이 됩니다.

둘째, 재생으로서의 생성은 아홉 가지 종류가 있습니다.

마하시 사야도의 12연기

(1) 욕계의 존재[欲有]는 욕계의 정신과 물질을 가진 존재를 의미합니다. 다른 말로 하면 지옥, 아귀, 축생, 인간, 욕계 천상의 존재를 가리킵니다.

(2) 색계의 존재[色界有]는 물질을 가진 범천의 오온을 의미합니다.

(3) 무색계의 존재[無色界有]는 물질을 갖지 않은 범천의 정신적 무더기를 가진 존재를 의미합니다.

(4) 인식을 가진 존재[想有]는 거친 인식이 있는 존재로서, 무상유정천과 비상비비상천을 제외한 스물아홉 가지 존재를 의미합니다.

(5) 무상유정의 존재[無想有情有]는 무상유정천의 정신과 물질을 가진 존재를 의미합니다.

(6) 비상비비상의 존재[非想非非想有]는 가장 높은 범천의 정신적 무더기를 가진 존재를 의미합니다.

(7) 한 가지 무더기의 존재[一蘊有]는 물질의 무더기만 있는 존재를 의미합니다.

(8) 네 가지 무더기의 존재[四蘊有]는 네 가지 정신적 무더기를 가진 존재를 의미합니다.

(9) 다섯 가지 무더기의 존재[五蘊有]는 오온으로 구성된 존재를 의미합니다.

요컨대 재생으로서의 존재[生有]는 업의 결과로 생겨난 새로운 정신과 물질을 의미합니다. 그것은 식, 정신과 물질, 육입, 접촉, 느낌으로 구성되어 있습니다. 집착[取]에서 일어나는 생성은 기본적으로 업의 생성[業有]이며, 재생으로서의 존재[生有]는 단지 그 부산물에 불과합니다.

집착과 업의 생성[業有]

즐겁거나 괴로운 여섯 가지 감각대상과 부딪혀서 즐겁거나 괴로운 여섯 가지 느낌이 일어납니다. 느낌은 갈애를 일으키고 갈애는 집착으로 발전합니다. 감각대상에 대한 집착이 너무 지나칠 경우에는 한 가족이 다 같이 내생에도 만나자는 갈애가 되기도 하고, 또는 사랑하는 사람이 다 함께 열반을 성취하자는 갈애가 되기도 합니다. 멘다까 장자의 이야기에서는 사람의 지나친 집착이 어디까지 갈 수 있는가를 여실히 보여주고 있습니다.

멘다까 이야기

멘다까Mendaka는 전생에 부유한 상인이었지만 기근이 들어 비축해둔 양식도 점차 다 떨어지고 하인들까지 모두 내보내고 나니 결국 부인과 아들, 며느리 그리고 머슴 한 명만이 남았습니다. 멘다까의 아내와 식구들이 겨우 먹을 만큼의 밥을 지어 막 먹으려고 하는데 벽지불이 탁발을 나왔습니다. 벽지불을 보자 장자는 전생에 보시를 소홀히 한 악업으로 현생에서 배고픔에 허덕이게 되었다고 생각했습니다. 그는 벽지불에게 자신의 몫으로 받은 밥을 보시하면서 음식을 풍족하게 먹을 것과 내생에도 이 가족들과 함께하기를 기원했습니다. 그의 아내도 자기 몫의 밥을 보시하고 그와 비슷한 기원을 했습니다. 그의 아들과 며느리도 따라서 보시하면서 양식과 돈이 무한정 제공될 것과 아내와 남편, 부모와 하인들이 똑같이 다시 만나기를 기원했습니다.

장자와 그 가족의 기원은 욕계에 대한 집착이 얼마나 강력한 영향을 주는가를 명확히 보여주는 것으로, 오늘날 대부분의 사람도 이와 다를 바 없는 집착에 얽매여 있습니다. 그러나 더 지독한 것은 머슴 뿐나의 집착입니다. 자기 몫의 밥을 보시하면서 뿐나는 음식의 풍족함과 함께 내생에도 지금 이 가족의 머슴으로 태어나게 해달라고 빌었습니다. 그는 왕이나 장자로 다시 태어나겠다고 빌지 않았습니다. 그의 주인과 주인마님에 대한 집착이 너무 강력했기 때문에 이후에도 오직 그들의 머슴이 되기를 원했던 것입니다.

잠시 다른 예를 들면, 한때 정부 관리들 사이게 평판이 좋았던 촌장이 있었습니다. 그 당시에는 미얀마가 영국의 지배를 받고 있던 때였으므로 대부분의 고위 관리들이 영국인이었습니다. 촌장은 그들에게 경례하는 것을 무척이나 즐거워했습니다. 촌장은 관리가 자신을 부를 때 "예, 주인님!"하고 대답하는 것을 좋아했습니다. 그의 집착은 본질적으로 뿐나의 집착과 같습니다.

벽지불은 그들을 축원해주고 떠났습니다. 벽지불의 신통력을 통해 그들은 벽지불이 히말라야로 날아가서 다른 500명의 벽지불들과 음식을 나누는 것을 보았습니다. 바로 그날부터 장자와 가족들은 자신들이 행한 보시행의 놀라운 결실을 발견할 수 있었습니다. 쌀독이 가득 찼고 아무리 먹어도 쌀은 언제나 넘쳤습니다. 또 곡물 창고도 곡식으로 가득 차 넘치는 것을 알았습니다.

그들의 기도가 이루어져서 그들은 고따마 부처님 당시 마가다국[1]의 밧디야Baddiya 시에서 똑같은 가족 구성원이 되었습니다. 그들의 기도가 성취되었다는 소식이 너무나도 신기하고 놀라운 것이어서 왕이 대신을 통해 조사해보니 정말로 사실임이 판명되었습니다. 이 이야기는 율장에 나옵니다.

대상에 대한 감각적 욕망이 강력한 갈애로 발전하면 사람은 필사적이 되어 수단과 방법을 가리지 않고 그것을 손에 넣으려고 합니다. 오늘날 만연하고 있는 도둑, 강도, 사기, 살인 등은 모두 집착에서 비롯한 것입니다.

어떤 범죄는 감각에 대한 집착에 뿌리를 두고 있는가 하면, 어떤 범죄

---

1   마가다(Magadha)는 부처님 당시 인도 중원의 16국 중에서 꼬살라와 함께 가장 강성했던 나라이며 결국 16국을 통일하였다. 당시 수도는 라자가하였으며 빔비사라 왕과 그의 아들 아자따삿뚜가 왕위에 있었다. 마가다국은 후에 인도를 통일하고 마우리야(Maurya) 왕조를 세웠다. 부처님께서는 이 마가다 지방의 언어인 마가디로 법을 설하셨고 이 마가디를 바로 빨리어라 한다.

는 집착을 근거로 한 세 가지 환상 중 하나에서 일어납니다. 사람들은 자신의 불선한 욕망뿐 아니라 아내나 남편 등에 대한 맹목적인 집착 때문에 범죄를 저지르기도 합니다. 다음에 나오는 이야기는 감각적 집착에서 비롯한 불선업의 생성에 관한 것입니다.

「뿝파랏따 본생경」에 나오는 이야기

오래전 베나레스에 한 가난한 사람이 살고 있었습니다. 그에게는 두 꺼운 옷 한 벌밖에 없었는데 따자웅다인Tazaungdine 축제기간에 입으려고 옷을 세탁했습니다. 그런데 아내는 흰옷을 싫어하고 분홍색 옷을 간절히 원했습니다. 아무리 아내를 설득해도 안 되자 결국 남편은 아내의 옷을 염색하는 데 쓸 꽃을 훔치기 위해 왕궁 정원으로 몰래 들어갔습니다.

그는 경비병에게 붙잡히게 되었고 왕은 그를 찔러 죽이라고 명령했습니다. 그는 까마귀들이 눈을 쪼아대는 끔찍한 고통을 겪었습니다. 그래도 그는 아내가 원하는 것을 해주지 못하고 아내와 함께 축제를 즐기지 못한 자신의 무능력을 생각하며 몰려오는 정신적 고통에 비하면 이까짓 육체적 고통은 아무것도 아니라고 중얼거렸습니다. 이렇게 자신의 불운을 한탄하다가 죽어서 지옥에 떨어졌습니다.

오늘날에도 사랑하는 사람들의 압력으로 악행을 하는 사람이 많을 것입니다. 이러한 모든 악행은 집착에서 비롯하며 악처에 이르는 업이 됩니다. 그래서 『청정도론』에서는 "사람들은 감각적인 집착의 영향을 받아 현생의 감각대상에 대한 갈애와 이미 가진 대상을 유지하려는 갈애 때문에 몸과 말과 생각으로 악행을 한다. 이런 악행으로 대부분 악처에 떨어진다"고 말하고 있습니다.

바른 선행과 그릇된 선행

어떤 선행은 바르지만 어떤 선행은 바르지 못합니다. 일부에서 행하는 이른바 선행이라는 것은 해로운 것이고 또 그만큼 악업을 짓습니다. 예를 들면 어떤 사람들은 동물의 수명을 단축시켜 고통을 끝내주는 것이 선행이라고 믿고 있습니다. 모든 중생은 죽거나 고통 받는 것을 두려워하기 때문에 동물에게 고통을 주고 죽게 하는 것은 확실히 잘못된 것입니다.

어떤 사람은 고통스러운 불치병에 시달리는 사람을 빨리 죽도록 하는 것이 선행이라고 생각합니다. 그러나 환자는 고통에서 벗어나고 싶긴 하지만 죽기를 바라지 않습니다. 비록 환자가 죽고 싶다고 말하더라도, 불교의 관점에서 볼 때 중생을 죽게 하는 것은 잘못입니다. 만약 직접적으로나 간접적으로 부모를 앞당겨서 안락사를 시키면 그것은 지옥에 떨어지는 무거운 업의 과실입니다.

"인간계와 천인계의 감각적 즐거움에 대한 갈애를 원인으로 그리고 잘못된 가르침 등의 인도를 받아서 어떤 사람들은 자신의 목적을 위해 살생과 같은 악행을 범한다. 그러나 악업의 결과로 그들은 죽어서 악처에 떨어진다."

주석서에 의하면 그런 사람들의 잘못된 생각은 삿된 스승이나 전생에 지은 선업의 부족으로, 그리고 자신을 보호하지 못했기 때문에 생기는 것입니다. 삿된 스승에 의지하면 악업을 지었거나 전생에 악업을 많이 지었으면 현생에 삿된 견해와 삿된 습관을 얻기 쉬우며, 스스로 단속을 게을리 하면 유혹에 넘어가기 쉽습니다.

진정한 종교는 '선한 사람의 종교'로서 바른 법[2]이라고 합니다. 진정한 종교를 따르는 사람은 좋은 가르침을 듣고, 나쁜 행동과 말과 생각을 피하고, 내생에 대해서나 업과 그 과보 등에 대해 바른 견해를 가지고 있으며, 자신의 행복을 위해 선한 생각을 키워서 보시, 지계, 수행을 닦습니다. 보시, 지계, 수행은 해롭지 않으며 모든 사람이 받아들일 수 있기 때문에 진실하고 선한 법입니다. 살생, 도둑질, 학대, 기타 그릇된 행동을 하지 않는 사람에 대해서는 누구도 비난을 하지 않습니다. 지금 이 순간, 그리고 지금 이후의 행복을 위해 이행되는 선

---

2   바른 법[正法]이라 번역한 삿담마(saddhamma)는 '있는, 존재하는 법'이란 뜻으로, 주석서 등에서는 주로 부처님의 가르침이라는 의미의 '바른 법, 참된 법'으로 표현하고 있다. 이 바른 법은 교학, 수행, 통찰의 세 가지 측면으로 나뉜다.

행은 욕계에 대한 집착에서 비롯한 선업입니다. 이런 선업으로 인해 인간계나 천인계에 태어납니다. 그래서 『청정도론』에서는 이렇게 말하고 있습니다.

"참된 가르침을 들은 사람들은 업과 선행에 대한 효과를 믿고 있어서, 욕계의 부자나 귀족 혹은 천인으로 태어나서 유복한 삶을 사는 여권旅券을 가진 것과 같다. 그래서 그들은 감각적 욕망에 대한 집착의 힘으로 선행을 하고, 그리고 인간이나 천인계에 태어난다."

15

업의 생성을 원인으로 태어남이 있다

●

"업의 생성을 원인으로 태어남이 있다^{Bhava paccaya jæti}"는 말씀과 같이 재생은 선업이나 악업의 진행 과정에서 인간계나 천인계에서 생기기도 하고 악처에서 생기기도 합니다. 이렇게 태어남은 업이 원인이고, 업은 집착과 갈애의 결과이며, 갈애는 감각대상인 육경六境이 감각기관인 육근六根에 부딪혀서 일어난 것입니다.

다른 말로 하면 무명과 행 등이 전생에 일어난 것과 같이 현생에는 식, 정신과 물질, 육입, 접촉, 느낌이 일어납니다. 그리고 여기서부터 다시 갈애와 집착이 원인이 되어 새로운 재생을 일으킵니다. 이 상황은 마치 과거의 유죄판결로 감옥에 들어가 있는 동안 또 죄를 범하는 것과도 같고, 빚진 것을 다 갚기도 전에 새로운 빚을 지는 것과도 같습니다.

이렇게 새로 지은 업은 단 한 생에 일어나는 것만으로도 셀 수 없이 많습니다. 일정한 조건이 형성되면 이 많은 업 중 하나가 임종 때의 표상으로 나타나 재생으로 인도하고, 나머지 업은 윤회의 또 다른 때 나타나서 재생을 일으킬 것입니다. 전생에서부터 가지고 있던 엄청난 업의 힘이 남아 있으면 현생의 업보다 우선하여 임종의 표상으로 나타나게 되고 낮은 세상이나 높은 세상에 태어나게 합니다. 이런 경우에는 사후의 운명도 이 업의 성품에 따라 결정됩니다.

네 가지 종류의 업

업은 과보를 가져오는 방식에 따라 무거운 업, 습관적인 업, 임종 시에 지은 업, 이미 지은 업 등 네 가지 종류가 있습니다.

첫 번째는 무거운 업에 관한 것입니다. 무거운 업에도 선한 것과 악한 것이 있는데, 그중 무거운 악업은 ① 어머니를 죽이는 것 ② 아버지를 죽이는 것 ③ 아라한을 죽이는 것 ④ 부처님을 상처 입히는 것 ⑤ 승가를 분열시키는 것 등입니다. 무거운 업은 다른 업의 과보를 가로막고 재생을 일으킵니다.

무거운 선업에는 색계와 무색계의 선업이 있습니다. 색계 선정과 무색계 선정은 색계와 무색계에 재생하게 합니다. 무거운 악업을 지으면 죽어서 곧장 지옥에 떨어집니다. 그래서 반드시 지옥에 떨어지는 다섯 가지 무거운 악업이란 뜻으로 오무간업五無間業이라고 합니다. 아버지나 어머니를 죽인 사람은 알고 했거나 모르고 했거나 현생에는 절대로 선정이나 도과를 얻지 못하고 죽어서는 곧장 지옥으로 떨어집니다. 선정이나 도과를 얻지 못할 뿐 아니라 어떠한 선업도 그를 지옥에서 구제할 수 없습니다. 이는 다음의 아자따삿뚜Ajātasattu 이야기에서 분명히 알 수 있습니다.

아자따삿뚜 이야기

아자따삿뚜는 부처님의 헌신적인 제자인 마다가국 빔비사라 왕[1]의 아들이었습니다. 태자를 낳기 전에 왕비는 왕의 오른팔 피를 마시고 싶은 욕망을 느꼈습니다. 이를 알게 된 왕은 피를 뽑아 왕비의 욕망을 충족시켜주었습니다. 예언가들은 왕비의 뱃속에 있는 아이가 왕의 적이 될 것이라고 예언했습니다. 그리하여 모태에 있을 때 이미 아버지의 잠재적 적이라는 뜻인 '아자따삿뚜Ajātasattu'라는 이름을 갖게 되었습니다. 왕비는 아이를 지우려고 애썼지만 왕의 업과 아이의 업으로 그렇게 뜻대로 되지 않았습니다. 왕은 임신 중인 왕비를 잘 보호하여 아이가 태어났습니다. 나이가 들자 아이는 태자로 책봉되었습니다.

젊은 태자는 자신의 신통력을 이기적인 목적에 악용하는 사악한 데와닷따의 마수에 걸려들었습니다. 그는 뱀을 허리에 칭칭 감은 소년의 모습으로 변해 아자따삿뚜 앞에 나타났다가 다시 비구의 모습으로 되돌아왔습니다. 태자는 이에 깊은 감명을 받았습니다. 그도 그럴

---

1   빔비사라(Bimbisāra) 왕은 15세에 왕위에 올라서 52년간을 왕위에 있었고, 부처님보다 다섯 살이 위였다고 한다. 왕은 세존께서 깨달음을 얻으면 제일 먼저 라자가하를 방문해달라고 청했고 세존께서는 실제로 그렇게 하셨다고 한다. 그래서 세존께서 머물 수 있도록 죽림정사(竹林精舍)라고 하는 웰루와나(Veluvana)를 최초로 지었다. 이렇게 왕은 세존이 깨달음을 얻은 때부터 아들 아자따삿뚜에게 시해될 때까지 37년간 부처님의 든든한 후원자가 되어 불교가 인도 중원에 정착하는 데 큰 기여를 했다. 왕은 죽어서 사대왕천에서 비사문천(毘沙門天)을 모시는 자나와사바(Janavasabha)라는 야차로 태어났다고 한다.

것이 사람들은 기적에 매우 관심이 많고 그런 기적을 행할 수 있는 사람을 맹신하기 때문입니다. 태자는 데와닷따를 깊이 존경하게 되었고 헌신적인 추종자가 되었습니다.

데와닷따는 자신의 악한 계획을 성공시키기 위해서 또 다른 조치를 취했습니다. 그는 태자에게 사람은 오래 살지 못하니까 가장 혈기가 왕성한 지금 부왕을 죽이고 왕이 되어야 하며, 자신은 부처님을 죽여야 한다고 말했습니다. 태자는 왕의 생명을 빼앗는 데 실패했지만, 태자의 욕망을 알게 된 빔비사라 왕이 아들에게 왕위를 물려주었습니다.

권력을 물려받았는데도 데와닷따의 음모는 끊이지 않았습니다. 데와닷따의 사주를 받은 아자따삿뚜는 부왕을 감옥에 가두고 굶겼습니다. 오직 왕비만이 감옥에 가서 왕을 만날 수 있는 유일한 사람이었습니다. 왕비는 여러 가지 방법을 써서 왕에게 몰래 음식을 가져다주었지만 결국 왕비마저도 감옥에 가는 것이 금지되었습니다. 그날부터 왕은 아무것도 먹지 못했지만 그래도 마루 위를 걸으면서 몸의 상태를 조절하여 건강을 유지했습니다. 그러자 왕은 이발사를 시켜 빔비사라 왕이 걸을 수 없도록 상처를 내게 했습니다. 주석서에 의하면, 빔비사라 왕이 이렇게 발을 다치게 된 것은 전생에 신발을 신고 탑묘의 앞마당을 걸은 적이 있고 또 씻지 않은 발로 비구 전용 방석을 밟았기 때문이라고 합니다.

빔비사라 왕은 대략 67세쯤에 죽었습니다. 그의 아들 아자따삿뚜의 본마음은 사악하지 않았습니다. 아버지에게 나쁜 짓을 한 후에는 부처님께 헌신하고, 부처님의 사리를 숭배하여 소중히 안치했으며, 제 1차 결집[2] 때 열성을 다해 지원한 것을 보면 그의 선한 성품을 알 수 있습니다. 잘못된 길에 빠져 아버지를 살해하게 만든 것은 바로 나쁜 스승과 어울렸기 때문입니다. 아자따삿뚜의 삶은 우리가 특별히 명심 해야 할 교훈을 줍니다.

빔비사라 왕이 죽던 바로 그날, 아지따삿뚜의 왕비가 아들을 낳았습니다. 그 소식을 들은 그는 흥분하면서 아이에 대한 커다란 애정에 휩싸였습니다. 불현듯 자기 아버지 생각이 나서 감옥에 갇힌 왕을 풀어 주라고 명령했지만 너무 늦었습니다. 나중에 어머니로부터 부왕이 어린 시절의 자신을 얼마나 사랑하고 보살펴주었는지를 듣고 나서 그는 죄책감에 사로잡혔습니다. 그때부터 그의 인생은 비참하고 몹시

---

2   불멸 후 7일째 되는 날, 더 이상 성가실 게 없어졌으니 슬퍼할 필요가 없다는 늦깎이 비구 수 밧다(Subhadda)의 충격적인 말을 들은 마하깟사빠 장로는 이대로 놔두면 교법(sāsana)이 사라질 것을 우려하여 제차 결집을 개최했다. 마하깟사빠는 아자따삿뚜 왕의 후원으로 라자가하의 칠엽굴(七葉 窟)에서 500명의 아라한 비구들을 모아 부처님의 모든 교설을 결집했다. 아난다는 결집이 개최되기 바로 전날 아라한이 되어 참여할 수 있었다. 여기서 결집이라고 번역한 상기띠(saṅgīti)는 원래 합송(合 誦)이라는 뜻이다. 이때 경은 부처님을 가까이서 모시던 아난다 존자가 송출하고 율은 계율에 대한 이 해가 깊었던 우빨리(Upāli) 존자가 송출했다. 그리고 마하깟사빠는 이들에게 질문하는 역할을 했다. 1 차 결집에서는 적어도 율장의 경분별 부분과 경장의 4부 니까야는 확정되었지만 논장은 성립되지 않 았을 것이라는 것이 대부분 학자들의 의견이다. 아소카 대왕 재위 시절에 결행된 3차 결집에서는 지금 현존하는 형태의 삼장이 완성되었을 것이라고 본다.

불행했습니다. 밤에는 잠을 잘 수가 없었고, 지옥의 환영도 자주 나타나며, 부처님의 헌신적인 재가신도였던 아버지에게 지은 죄에 대한 양심의 가책에 시달렸습니다.

그래서 아지따삿뚜는 의사 지와까$^{Jīvaka3)}$의 안내로 부처님을 뵈러 갔습니다. 그때 세존께서는 1000여 명의 비구들에게 둘러싸여 있었습니다. 그러나 그들은 명상에 잠겨 있었기 때문에 누구도 말소리를 내거나 손이나 발을 움직이지 않고 모두 조용했습니다. 깊은 감명을 받은 왕은 "내 아들 우다야밧다^{Udayabaddha}가 축복을 받아서 이 비구들과 같이 평온하기를!" 하고 말했습니다. 아마도 그는 자신이 어떻게 권력을 쥐었는지를 아들이 알게 되면 아버지의 전철을 밟으려 할까봐 두려웠을 것입니다. 그러나 그의 두려움은 증손자까지 현실로 이어져서 아들들은 아버지들을 죽이고 왕위에 올랐습니다.

아지따삿뚜는 부처님에게 성스러운 생활을 해서 즉시 얻을 수 있는 이익이 무엇인가를 물었습니다. 세존께서는 성스러운 생활을 해서 얻

---

3 지와까 꼬마라밧짜(Jīvaka Komārabhacca)는 부처님의 주치의로 잘 알려진 명의(名醫)였다. 그는 라자가하의 기녀(妓女)였던 살라와띠의 아들로 태어났으며 태어나자마자 광주리에 담겨 쓰레기로 버려졌는데, 빔비사라 왕의 아들이며 아지따삿뚜와 이복형제인 아바야(Abhaya) 왕자가 이를 발견하여 키웠다. 그는 자라서 자신의 출신에 대해 알게 되자 딱까실라(Takkasilā)로 가서 7년 동안 의술을 배웠고, 라자가하로 돌아와 빔비사라 왕의 고질병을 치료해 유명해져서 왕과 궁중의 주치의로 임명되었으며, 부처님과 승가의 주치의 역할도 했다. 지와까가 부처님을 치료한 일화는 율장과 주석서 등에 나온다. 지와까는 수다원과를 증득한 뒤 항상 하루에 두 번씩 세존께 인사드리러 갔는데, 세존이 머무시는 왕사성의 죽림정사가 너무 멀어서 그가 소유한 망고 숲을 승가에 기증했다고 한다.

어지는 이익은 비구에 대한 재가자들의 존경, 청정한 계행, 세간에서 얻을 수 있는 초선정과 기타 더 높은 단계의 의식, 신통력, 번뇌의 소멸, 성스러운 도의 증득 등이 있다고 상세하게 말씀하셨습니다. 부처님의 설법을 듣고 아자따삿뚜는 부처님의 제자임을 공식으로 선언했습니다. 아버지를 죽이는 죄만 저지르지 않았더라면 그는 도의 첫 번째 단계인 수다원과를 얻었을 것입니다. 하지만 그는 그때부터 마음의 평화를 얻고, 부처님을 만나지 않았다면 죽어서 무간지옥에 떨어졌을 것이라는 두려움에서 벗어나게 되었습니다.

그 외에 아라한을 죽이고, 부처님에게 상처를 입히고, 의도적으로 승가를 분열시키는 세 가지 무거운 업이 있는데 이 악업을 지은 사람도 지옥에 떨어집니다.

습관적인 업

두 번째는 습관적인 업에 관한 것입니다. 과보를 가져오는 네 가지 업 중에서 두 번째 형태의 업은 습관적인 업입니다. 선한 계행을 지키지도 못하고 나쁜 습관을 없애려는 노력도 기울이지 않는다면 나중에 습관적인 업이 되어 내생에 나쁜 과보를 받습니다.

그래서 재가자는 반드시 오계를 지키며 살아야 하고, 계를 어겼을 경우는 계율을 지키겠다는 말로 다짐하고 한층 더 경계해야 합니다. 비구에게도 계청정戒淸淨은 매우 중요합니다. 율장의 계목戒目을 의도적으로 혹은 모르고 어겼을 경우 그것을 바로잡으려는 노력을 하지 않으면 습관적인 업이 되기 때문에 비구는 반드시 참회하고 계율을 지키겠다는 자신의 의지를 재확인해서 계청정을 회복하고자 노력해야 합니다. 일상의 보시, 부모와 스승에 대한 공경, 부처님에 대한 명상[佛隨念][4]이나 명상수행도 역시 습관적인 업으로, 이런 업은 그 과보를 즉시 받을 수가 있습니다.

임종 시에 지은 업, 이미 지은 업

세 번째는 임종 시에 지은 업입니다. 습관적인 업이 없는 경우에는 생의 마지막 순간, 임종 시에 지은 업의 과보를 받습니다. 논장에서는 임종 시에 지은 업이 습관적인 업보다 훨씬 더 강력하다고 기술하지만 어쩌면 이는 예외적인 경우에만 해당될 것입니다. 주석서에 나와 있듯이 습관적인 업이 우선하여 과보를 가져올 것입니다.

---

4   부처님에 대한 명상을 불수념이라고 하는데 이때 수념(隨念)은 원어로 anussati로서 '계속해서 알아차림'이라는 뜻이 있다. 『청정도론』에서는 이를 다음과 같은 열 가지[十隨念]로 정리하고 있다. ① 부처님을 계속해서 생각함[佛隨念] ② 법을 계속해서 생각함[法隨念] ③ 승가를 계속해서 생각함[僧隨念] ④ 계를 계속해서 생각함[戒隨念] ⑤ 보시를 계속해서 생각함[捨隨念] ⑥ 천인을 계속해서 생각함[天隨念] ⑦ 죽음을 계속해서 생각함[死隨念] ⑧ 몸에 대한 알아차림[身隨念] ⑨ 들숨날숨에 대한 알아차림[出入息念] ⑩ 고요함을 계속해서 생각함[寂靜念].

그러나 고대 불교 문헌의 이야기들을 교려해보면, 우리는 죽을 때 지은 업도 그럴 수 있다는 것을 확신할 수 있습니다. 50여 년간 많은 사람을 죽인 어떤 사람이 죽을 때는 사리뿟따 존자[5]에게 음식을 보시하고 법문을 들었습니다. 그러고 나서 천인계에 태어났습니다. 이런 이야기는 죽기 바로 직전 한 장로 스님을 친견한 후 천인으로 태어난 어느 스리랑카 어부의 경험담에서도 찾을 수 있습니다.

죽을 때의 긍정적인 업이 좋은 결과를 가져오는 것처럼 부정적인 업도 마찬가지입니다. 스리랑카의 한 재가자는 여러 해 동안 명상수행을 했지만 빛조차도 볼 수 없었기 때문에 실망했습니다. 그래서 그는

---

5   사리뿟따(Sāriputta) 존자는 날란다 지방의 큰 바라문 가문에 태어났으며 출가 전 이름은 우빠띳사(Upatissa)라고 하였다. 사리뿟따라는 이름은 어머니의 이름(Sārī)을 딴 것으로 사리의 아들이란 의미다. 목갈라나 존자와는 어릴 적부터 친한 친구로서 함께 출가하여 부처님의 두 상수제자가 되었다. 주석서에 따르면 사리뿟따 존자가 마지막 생에 고따마 부처님의 상수제자가 된 것은, 1아승지 10만 겁 전 아노마닷시(Anomadassī) 부처님 때 사라다(Sarada)라는 바라문이었을 때 목갈라나 존자의 전신인 시리왓다나(Sirivaddhana)와 함께 미래 부처님의 상수제자가 되고자 원을 세웠기 때문이라고 한다. 『본생경』을 보면 사리뿟따는 보살과 함께 생사윤회를 반복하면서 위기에 처한 보살을 여러 번 구해주었을 뿐만 아니라, 보살이 바라밀을 완성하는 데 많은 도움을 주었다. 『밀린다왕문경』에 따르면 사리뿟따 존자는 수만 생 동안 보살의 아버지, 할아버지, 삼촌, 형, 아들, 조카, 친구였다고 한다. 부처님은 종종 법의 주제만 제시하고, 그 주제에 대해 상세한 설법은 사리뿟따 존자를 시키고 부처님이 최종으로 승인했다고 한다. 그래서 법의 사령관[法將, Dhammasenāpati]이라고 불렸다. 상수제자로서 사리뿟따는 불법을 체계화하는 임무를 맡았고 이것이 논장의 시작이었다. 부처님은 삼십삼천에 임하여 마야 부인을 위시한 천인들에게 논장을 설하셨는데, 사리뿟따는 세존으로부터 논장을 듣고 다시 500명의 제자들에게 전수했다고 한다. 존자의 뛰어난 지혜는 부처님의 인정을 받아 지혜를 가진 자 중에서 으뜸으로 여래의 바로 다음가는 지혜라는 칭찬을 받았다. 자비심도 뛰어나고 설법에서도 으뜸이어서 그의 가르침으로 아라한과를 성취한 제자가 수도 없이 많았다. 삼보에 대해 증오심이 많은 바라문이었던 어머니의 임종이 다가오자 그는 고향인 날라까로 돌아와 어머니를 위해 설법을 하여 수다원과를 얻게 한 후 그도 역시 자기가 태어난 방에서 반열반에 들었다.

부처님의 가르침은 해탈의 길이 아니라고 단정하게 되었고, 이러한 삿된 견해로 말미암아 죽어서 아귀계에 떨어졌습니다.

수행을 해서 빛 등을 보지 못했다는 것은 방법이 잘못되었거나, 잘못된 노력을 했거나, 아니면 기본 바라밀이 부족했기 때문일 것입니다. 부처님 당시에 수낙캇따라는 비구가 천안天眼은 얻었으나 천이天眼를 얻지 못한 것은 그럴 만한 바라밀이 없었고, 게다가 그의 악업마저 장애가 되었기 때문입니다.

그러므로 수행자는 수행을 해도 원하는 결과가 나오지 않는다고 낙담할 필요가 없습니다. 바른 도를 따라 수행을 하면 신기한 체험을 하게 됩니다. 마음이 고요하고 청정해지면 알아차릴 대상인 물질과 알아차리는 마음이 인과관계에 따라 끊임없이 빠르게 일어나고 사라지는 것을 분명하게 구별합니다. 이 단계에서 수행자는 빛을 보게 되지만, 설령 빛을 분명히 보지 못하더라도 위빠사나 지혜 계발에 아주 중요한 기쁨, 희열, 경안, 평온 등과 같은 깨달음의 요소[七覺支][6]를 경험합니다. 정신과 물질을 그냥 숙고만 해서는 그런 높은 의식 상태에 이

6   깨달음의 구성 요소로 옮긴 보장가(bojjhaṅga)는 bodhi(覺, 깨달음)와 aṅga(分, 요소, 인자)의 합성어다. 그래서 깨달음으로 이끄는 요인 또는 통찰지를 이끌어내는 인자를 의미한다. 일곱 가지 깨달음의 요소[七覺支]는 다음과 같다. ① 알아차림의 깨달음의 요소인 염각지(念覺支) ② 법을 검토하는 깨달음의 요소인 택법각지(擇法覺支) ③ 정진의 깨달음의 요소인 정진각지(精進覺支) ④ 희열의 깨달음의 요소인 희각지(喜覺支) ⑤ 편안함의 깨달음의 요소인 경안각지(輕安覺支) ⑥ 삼매의 깨달음의 요소인 정각지(定覺支) ⑦ 평온의 깨달음의 요소인 사각지(捨覺支).

르지 못합니다.

네 번째로 이미 지은 업katatta-kamma[7]이 있습니다. 이는 일생에 단 한 번만 짓는 업이라는 의미로 습관적인 업이나 임종에 이르러 지은 업이 없는 경우 작용하는 업입니다.

---

7 『청정도론』에는 업이 성숙되는 순서를 다음과 같이 설명하고 있다. "네 가지의 다른 업이 있다. 무거운 업, 습관적인 업, 임종에 이르러 지은 업, 이미 지은 업 등이다. 유익한 것이거나, 해로운 것이거나, 무겁거나 가벼운 업 중에서는 어머니를 살해한 업의 경우나 선정력과 같은 고귀한 경지에서 지은 업이 무거운 업이고, 이것이 먼저 과보로 나타난다. 마찬가지로 습관적인 것과 습관적이지 않은 것 중에서는 좋은 행위거나 나쁜 행위거나 습관적인 것이 먼저 과보로 나타난다. 임종에 이르러 지은 업이란 임종 시에 기억하는 업으로, 기억하는 것에 따라 태어난다. 이상 세 가지에 포함되지 않지만 자주 반복하여 지은 업을 이미 지은 업이라 한다. 앞의 세 가지 업이 없을 때는 이 업이 재생연결을 일으킨다."

마하시 사야도의 12연기

·

16

태어남은
괴로움이다

●

이미 상세히 설명한 바와 같이 인과의 사슬에서 업의 역할은 "행을 원인으로 식이 일어난다"라는 가르침에서 강조한 바 있습니다. 죽어 가는 사람은 자신의 업과 관련된 표상에 집착하기 때문에 죽은 뒤에는 임종 시의 집착을 원인으로, 업에서 생긴 물질과 재생연결식이 뒤따릅니다.

감각대상에 부딪혀서 느낌이 일어나고 느낌은 다시 갈애를 일으킵니다. 느낌이 즐거운 것인지 괴로운 것인지는 문제가 되지 않습니다. 즐거운 느낌은 즐거운 대상에 대한 집착을 일으키는 반면 괴로운 느낌은 즐거운 대상에 대한 갈애를 일으킵니다. 갈애가 강해지면 미친 듯이 갈망하는 집착으로 발전하고, 그러면 이를 충족시키고자 하는 행위나 노력이 따르게 됩니다. 사람들은 자신의 필요와 욕망을 충족시키는 데 도움이 되기를 바라면서 선행이나 악행을 합니다. 재생을 일으키는 것은 바로 갈애에 뿌리를 둔 업의 생성입니다. 재생은 어느 중생계에서 일어나든 상관없이 괴로움과 결부되어 있습니다.

축생이나 기타 낮은 단계의 악처에서 겪고 있는 괴로움을 강조할 것까지도 없습니다. 인간계에서도 괴로움은 피할 수 없는 삶의 현실이기 때문입니다. 사람의 괴로움은 어머니의 자궁에서부터 시작됩니다. 태어난 다음에는 먹고 살기 위해 힘들게 일해야 하고 따돌림과 폭력에 시달립니다. 설사 생존경쟁에 내재된 괴로움에서 벗어났다 하더라도 결국은 늙음, 질병, 죽음과 대면하지 않으면 안 될 것입니다. 잉태되는 순간부터 사람은 이런 피할 수 없는 삶의 괴로움을 향해 매 순간 다가가고 있습니다. 겉보기에는 걱정 없고 행복한 삶을 사는 것 같아도 그의 정신과 물질은 언제나 늙어서 쇠퇴하는 과정 속에 있습니다.

인도에는 늙음, 질병, 죽음의 불가피함을 강조하는 설화가 있습니다. 늙어가는 것을 두려워하는 한 사람이 불로장생의 약을 입에 넣고 허공으로 올라서 하늘에 숨었습니다. 다른 사람은 질병으로부터 피하기 위해 바다 속에 숨었으며, 또 다른 사람은 죽음을 피하기 위해 히말라야의 동굴에 숨었습니다. 세 사람의 아들이 아버지를 찾아 나섰는데 첫 번째 사람은 아주 추하게 늙어 있었고, 두 번째 사람은 병들어 죽었으며, 세 번째 사람은 이미 죽어 있었습니다. 모든 사람은 늙고 병들고 죽게 되어 있습니다.

일단 사람으로 태어나면 이러한 존재의 괴로움을 막을 수 있는 그 어느 것도 없습니다. 그래서 부처님께서는 『법구경』에서 이렇게 말씀하셨습니다.

"하늘이건 땅이건 바다 속이건 죽음을 피할 수 있는 곳은 어디에도 없다."

슬픔과 비탄

해체될 수밖에 없는 정신과 물질의 테두리 안에서 태어남이 있는 한 죽음과 기타 늙음, 질병이라는 두 가지 삶의 괴로움은 피할 길이 없습니다. 태어남은 슬픔, 근심, 비탄, 고뇌에 이르게 합니다.

우리는 가족의 일원이 죽을 때 슬퍼합니다. 슬픔은 끔찍이 사랑하는 아들이나 딸을 잃었을 때 걷잡을 수 없게 됩니다. 또 다른 슬픔의 원인은 악의에 찬 관리나 강도, 도둑, 화재, 홍수, 태풍, 마음에 들지 않는 상속자들 때문에 재산을 잃는 것 등입니다. 또한 질병에 시달리고 건강이 나빠지는 것도 슬픔의 원인이 됩니다. 어떤 환자는 너무 침체되어 있기 때문에 그 정신 상태가 병의 회복에 방해가 됩니다. 계율을 성실하게 지키는 비구나 재가자의 경우는 계행이 깨질 때 불안해집니다. 「알람부사 본생경Alambusā Jātaka」에 나오는 선인 이시싱가sisinga 는 한 천녀의 유혹으로 자신의 청정한 계행이 훼손되자 극심한 비통으로 괴로워했습니다. 잘못된 스승의 지도로 삿된 견해를 얻어 바른 견해를 거부하고 난 후 자신의 잘못을 깨달은 사람들이 겪는 근심과 후회도 고통입니다.

그 외에도 살면서 생기는 불운은 많습니다. 예를 들어 사고나 강도 피해, 생계나 생필품 확보의 어려움 등 슬픔과 고뇌, 비탄을 야기하는 것들이 그것입니다.

지옥, 축생, 아귀계에서 받는 육체적 고통은 깊이 생각해볼 것도 없습니다. 사람도 역시 의식이 있기 때문에 괴로운 감각대상과 부딪힐 때마다 고통을 겪습니다. 이렇게 정신적인 괴로움까지 겪으면 엎친 데 덮친 격으로 곤욕을 치르게 됩니다.

그러나 성냄으로부터 자유로운 아라한이나 아나함과 같은 성자에게는 이런 것이 없습니다. 육체적인 괴로움이 오더라도 평온을 유지합니다. 또한 알아차리는 수행자도 자아에 대한 환상이 없기 때문에 내가 아프다고 하는 연민을 갖지 않습니다. 그래서 괴로운 느낌으로 고통 받을 때 그 느낌을 알아차려야 한다는 부처님의 가르침이 중요한 것입니다.

사람들은 과거에 겪었고, 현재 겪고 있으며, 또 미래에 겪을지도 모르는 좌절과 불행을 생각할 때 불행해집니다. 곤경에 처하여 불운을 안고 사는 자신을 발견할 때 쓰라린 상처를 느낍니다.

이 모든 괴로움의 뿌리는 재생입니다. 삶이란 온통 괴로움일 뿐으로 여기에 자아는 없으며, 설령 그것을 즐기는 자아가 있다 하더라도 좋을 것은 하나도 없습니다. 연기법에 의하면 한 존재에서 다른 존재로 이어주는 유일한 연결고리는 인과관계입니다. 한 존재의 무명을 근거로 갈애와 업의 생성 등이 일어나서 식, 정신과 물질, 육입, 접촉, 느낌의 다섯 가지 결과가 일어납니다. 이러한 결과는 태어남으로 시작해서 늙음과 근심 등 다른 괴로움을 겪으며 죽음으로 끝납니다.

부처님의 이런 가르침은 행복과 자아가 실재한다는 환상에 의지하는 범부들에게 호소력이 없을 것입니다. 그러나 무아와 괴로움은 틀림없이 실재하는 사실로서 이는 천상의 삶에서도 예외가 아닙니다. 일부 땅에 붙어사는 천인[地神][1]들은 살아남기 위해 치열한 싸움을 해야 하기 때문에 사람보다 더 비참합니다. 그들을 위니빠띠까 천인[2]이라고 하는데, 낮은 천인의 부류에 속하는 유령이나 악령 따위가 여기에 해당됩니다. 하늘에 사는 어떤 천인들은 거처도 좋지 않고 딸린 시종들도 많지 않기 때문에 행복하지 않습니다. 천인들의 왕인 제석천왕조차도 자신은 부처님 법이 선포되기 훨씬 전에 쌓은 선업으로 천상에 태어났기 때문에 그다지 빛을 내지 못하는데, 부처님 시절에 쌓은 선업으로 자기보다 더 빛을 내는 천인들을 보면 숨어버릴 수밖에 없다

---

1   땅에 붙어사는 천인[地神, bhumma-deva]은 천상에 거주하지 않고 외딴 곳의 숲이나 산, 사당 등을 의지해서 산다. 이들 중에서 힘이 있는 천인은 두세 가지 원인으로 재생연결식을 일으킨다. 그들은 공덕이 모자라서 어렵게 살아가는 저급한 천인들을 포함한 무리를 거느리기도 한다. 레디 사야도는 이런 천인들을 '원인 없는 재생연결식을 가지고 태어난 천인'이라고 말한다.

2   위니빠띠까(vinipātika) 천인은 위니빠띠까 아수라라고도 하는데, 타락한 아수라라는 뜻이며 그들은 사악도가 아닌 선처에 속하는 아수라다. 이들은 노란색, 흰색, 검은색, 황금색, 검푸른 색을 띠기도 하고, 크기와 모양도 다르다. 인식도 인간과 마찬가지로 세 가지 원인을 가진 자, 두 가지 원인을 가진 자, 원인 없는 인식을 가진 자 등으로 서로 다르다. 이들은 천인들처럼 큰 위력을 갖지는 못하고, 가난한 인간들처럼 위력이 없으며, 겨우 몸을 가리는 천조차도 얻기 힘들 만큼 어려울 수도 있다. 어떤 경우는 상현(上弦)에는 고통 받고 하현(下弦)에서 즐거움을 얻는 천인도 있다. 이들은 마을이나 마을 가까운 곳에 살면서 사람들이 버린 음식 등을 먹고 사는 정령들로, 음식을 구하지 못하면 사람들을 괴롭히거나 홀린다고 한다.

고 마하까사빠 장로[3])에게 고백했습니다.

이와 같이 제석천왕이라고 해서 항상 행복한 것만이 아닙니다. 이는 제석천왕의 시중을 드는 천녀들도 마찬가지여서 지위가 높은 여왕인 천녀들 사이에 있으면 자신이 보잘것없어 보이기 때문에 비참하고 불행하다고 마하까사빠 장로에게 말했습니다. 어떤 천인들은 죽음의 예고로 몸에 장식한 꽃이 시들고 양 겨드랑이에서 땀이 나며 기타 노쇠의 징조[4])가 다가와 불행해집니다. 또 어떤 천인들은 천상의 즐거움에 몰두하고 있는 동안 사람이 뇌졸중으로 목숨이 끊어지듯 갑자기 죽기도 합니다. 죽음은 촛불이 꺼지듯 한순간에 일어날 수도 있습니다. 이는 천인 수브라흐마의 이야기에서도 뒷받침해주고 있습니다.

3   마하까사빠(Mahākassapa) 장로는 마가다의 마하띳타에서 바라문으로 태어났으며 이름은 삡빨리(Pippali)였다. 그는 결혼을 원치 않았으나 부모의 강권에 못 이겨 자신이 만든 조각과 똑같은 여자가 있다면 결혼하겠다고 말했는데, 부모는 그 요건을 갖춘 밧다 까삘라니(Bhaddā Kāpilānī)라는 처녀를 사갈라에서 발견했다. 그러나 그들은 결혼을 원하지 않았기 때문에 서로 합의하에 첫날밤은 꽃줄로 갈라놓고 각기 따로 지냈다. 삡빨리는 60여 개의 호수를 소유하고 정원사만으로도 인근 40여 개 마을에 흩어져 살 정도로 부자였다. 어느 날 그는 쟁기질하는 논에 갔다가 벌레가 새에 쪼여 먹히는 것을 보고 그것이 자신의 죄임을 직감하고 출가를 결심했다. 동시에 아내 밧다도 까마귀들이 곤충을 잡아먹는 것을 보고 출가를 결심했다. 그들은 함께 머리를 자른 뒤 발우를 손에 들고 하인들을 뒤로한 채 집을 떠났고 갈림길에서 헤어졌다. 까사빠는 죽림정사의 향실에서 부처님을 뵙고 제자가 되었고 밧다는 후에 빠자빠띠 고따미(Pajāpati Gotamī)의 비구니 교단에 출가했다. 그는 부처님의 반열반 후 교단을 이끌고 1차 결집을 주도하였으며 두타(頭陀) 제일로 불렸다.

4   『맛지마니까야』 주석서에 따르면 천인들은 죽음이 임박하면 ① 화환이 시들고 ② 옷이 낡으며 ③ 겨드랑이에서 땀이 나고 ④ 몸에 나쁜 색깔이 나타나고 ⑤ 천인이지만 천인의 자리에 앉아 있지 못하는 것 등 다섯 가지 조짐이 나타난다고 한다.

천인 수브라흐마 이야기

천인인 수브라흐마Subrahma가 즐거운 시간을 보내고 있는데, 나무 위에서 노래를 부르며 꽃을 따던 그의 시종 천녀들이 갑자기 죽어서 지옥에 떨어졌습니다. 수브라흐마 천인은 시종들이 지옥에서 고통 받고 있는 것을 보았고, 동시에 자신도 며칠 뒤에 죽어서 그들과 똑같은 운명에 처할 것임을 내다보았습니다.

소스라치게 놀란 천인은 부처님을 찾아가서 두려움 없이 살 수 있는 곳을 알려달라고 말했습니다. 그러자 세존께서는 알아차림과 같이 깨달음으로 이어지는 칠각지七覺支를 닦고, 두타행頭陀行5)과 바른 노력[四正勤]6)을 하는 것 외에는 그 어떤 존재에서도 구제받을 곳은 보이지 않는다고 말씀하셨습니다. 이것이 번뇌를 끊고, 감각기관을 제어하여 번뇌를 멀리 하고, 모든 것을 놓아버리는 열반에 도움을 주는 것이라

---

5 두타행(頭陀行, dhutaṅga)은 부처님 당시 마하까사빠 존자가 으뜸이었다. 『청정도론』에는 다음과 같은 열세 가지의 두타행을 언급하고 있다. ① 분소의(糞掃衣)를 입는 수행 ② 삼의(三衣)만 수용하는 수행 ③ 탁발음식만 수용하는 수행 ④ 차례대로 탁발하는 수행 ⑤ 한자리에서만 먹는 수행 ⑥ 발우의 탁발음식만 먹는 수행 ⑦ 나중에 얻은 밥을 먹지 않는 수행 ⑧ 숲에 머무르는 수행 ⑨ 나무 아래 머무는 수행 ⑩ 노천에 머무는 수행 ⑪ 공동묘지에 머무는 수행 ⑫ 배정된 대로 머무는 수행 ⑬ 눕지 않는 수행 등.

6 바른 노력으로 옮긴 삼마빠다나(sammā-ppadhāna)는 사정근(四精勤)을 말하는 것으로, 이 사정근에는 ① 이미 일어난 불선법을 버리려는 노력 ② 아직 일어나지 않은 불선법을 일어나지 않게 하려는 노력 ③ 아직 일어나지 않은 선한 법을 일으키려는 노력 ④ 이미 일어난 선한 법을 증장시키려는 노력 등 네 가지가 있다. 이 사정근은 팔정도의 여섯 번째인 바른 정진[正精進]의 내용이며, 오근(五根, pañca-indriya)과 오력(五力, pañca-bala)의 두 번째인 정진에 속하는 것이다.

고 하셨습니다. 이 말씀을 들은 천인과 그의 시종들은 첫 번째 단계의 성스러운 도를 얻었습니다.

여기서 우리가 눈여겨봐야 할 것은 천녀들의 갑작스런 죽음입니다. 즐거움을 추구하는 데 몰두하다가 갑자기 죽게 된 이들의 운명은 정말 무서운 것입니다. 왜냐하면 그들은 그 불선업의 충격으로 지옥에 떨어졌을 것이기 때문입니다. 죽음을 예고하는 어떤 조짐이라도 보이면 두려움으로 고통은 더 커집니다.

즐거움에 대한 집착에서 비롯한 괴로움은 욕계에서만 일어나는 일이 아닙니다. 이런 괴로움은 무색계 범천들에게도 마찬가지입니다. 범천계에는 성적 쾌락이나 다른 감각적 쾌락이 없습니다. 범천들은 그저 보고, 듣고, 생각하기만 할 뿐 보고, 듣는 대상에 성적인 연상을 하지 않습니다. 그러나 『청정도론』에서 말하는 바와 같이, 일부 사람들은 소문이나 억측으로 범천계의 감각적 쾌락이 인간이나 천인계보다 훨씬 더 좋을 것이라고 믿고 있어서 범천계의 감각적 쾌락에 대한 갈애를 키워나갑니다. 이것이 바로 다름 아닌 색계 선정이나 무색계 선정으로 인도하는 감각적 갈애로서 최종적으로는 그들을 색계 범천계나 무색계 범천계에 태어나게 합니다.

일부에서 범천계의 감각적 즐거움을 생각하거나 말하는 것은 놀랄 만한 일도 아닙니다. 부처님에 대해서나 부처님의 참된 가르침을 잘 아는 사람은 이런 생각을 하지 않겠지만 어리석은 사람들에겐 아마도 설득력이 있을 것입니다. 인도의 종교 서적들은 범천이 아내와 함께 있는 것으로 묘사하고 있고,[7] 어떤 사람들은 열반에 대해서도 아름다운 궁전이 있고 자신의 가족과 시종들이 함께 살 수 있는 천국으로 생각하고 있습니다.

감각적 즐거움에 대한 집착은 지나친 갈애

여기서 말하는 감각적 즐거움에 대한 집착은 감각적 즐거움에 대한 지나친 갈애만을 뜻하는 것이 아니라, 색계와 무색계에 대한 갈애의 형태로 진행된 것을 의미합니다. 『청정도론』에 의하면, 수행자는 성스러운 도의 마지막 단계에 가서야 비로소 지나친 갈애로부터 벗어날 수 있습니다. 색계선과 무색계선을 얻으려고 온갖 노력을 하는 배경에는 바로 이 갈애가 있습니다. 범부에게 있어 이 같은 선정은 색계와 무색계 선정을 의미합니다. 범부들에게는 이런 선정이 감각적 갈애를 근거로 한 색계나 무색계의 업을 바라는 노력[業行]을 의미합니다. 그 결과로 색계 범천이나 무색계 범천계에 태어납니다. 이렇게 태어난 순간부터 정신과 물질은 쉬지 않고 늙음이나 죽음이라는 두 가

7　불교에서 보는 견해로는, 욕계 천인들은 아내가 있지만 범천인은 이미 거친 감각적 욕망을 제거했기 때문에 아내가 없으며 성별 구분도 없다. 그래서 독신 수행하는 것을 브라흐마짜리야(brahma-cariya)라고 한다.

지 삶의 현상이 일어납니다. 범천이 늙는 것은 사람이 늙는 것처럼 그렇게 분명하지 않지만 그래도 역시 쇠퇴하게 되고 그 진행이 끝나면 죽음을 피할 수 없습니다.

범천의 삶은 증오가 없기 때문에 슬픔, 근심, 걱정 등이 없습니다. 또한 범천은 몸의 감성물질이 없기 때문에 육체적인 고통도 없습니다. 그러나 범천도 모든 유형의 존재들이 가지고 있는 태어남, 늙음, 죽음에서 벗어날 수 없습니다.

그러므로 늙음과 죽음에서 벗어나려면 재생의 가능성을 제거하려는 노력이 선행되어야 합니다. 재생을 피하기 위해서는 불선업을 가져오는 선도 피해야 합니다. 업의 존재가 없으면 집착과 갈애도 일으키지 않습니다. 이러한 목적을 달성하려면 느낌에서 그치고 무언가에 대한 갈애로 발전하기 전에 정신적 진행 과정을 멈추어야 합니다. 이렇게 느낌에서 일어나는 모든 현상의 무상, 고, 무아를 알아차려서 갈애로 넘어가지 않는 것이 갈애와 재생과 기타 늙음, 죽음에 이르는 인과관계의 연결고리를 피하는 유일한 방법입니다. 이것이 괴로움의 일시적인 소멸을 의미하는 것으로 수행자는 성스러운 도로서 위빠사나 지혜를 계발할 때 단번에 극복할 수 있습니다.

17

재생의 원인이 되는
사건에 대한 집착

●

사견에 대한 집착은 내생과 업을 부정하는 견해에 집착하는 것입니다. 그러므로 죽으면 모든 것이 소멸한다고 주장하는 단견斷見은 사견에 대한 집착의 일종입니다. 이런 견해를 가진 사람은 선행을 할 필요도 없고 악행을 삼갈 필요도 없을 것입니다. 그는 내생의 행복을 위해 아무런 일도 하지 않을 것이고, 수단과 방법을 가리지 않고 가능한 인생을 즐기려 할 것입니다. 도덕적 양심이 없기 때문에 그가 하는 행위는 대부분 불선업으로서 악처에 태어날 임종의 표상을 일으키게 합니다. 이는 「아귀사」에 나오는 아귀인 난다까Nandaka[1] 이야기에서 분명히 알 수 있습니다.

난다까는 오늘날 서인도의 뭄바이 지방 북쪽에 있는 수랏타Surattha국을 다스리던 삥갈라Piṅgala 왕의 장군이었습니다. 난다까는 보시 같은 것은 쓸데없다고 하는 삿된 견해를 고수하고 있었습니다. 그리고 죽어서 벵골 보리수에 사는 아귀가 되었지만 그의 딸이 한 비구에게 음식을 보시하면서 그 공덕을 아버지에게로 돌리자, 그는 천상의 음료수와 음식을 무한정으로 얻게 되었습니다. 그제야 그는 업의 진실을

---

1   「아귀사(餓鬼事)」에 따르면 난다까(Nandaka)는 불심 깊은 그의 딸 웃따라(Uttarā)가 아버지 이름으로 어느 아라한 비구에게 보시를 한 순간 천상의 행복을 얻게 되었다. 난다까는 삥갈라 왕의 단견을 버리게 하려고 담마아소까 왕과 회담을 마치고 돌아오는 왕을 자신의 처소로 초대하여 부처님의 가르침을 따르라고 훈계했다고 한다.

깨닫고 전생에 삿된 견해에 집착했던 것을 후회했습니다.

어느 날 그는 삥갈라 왕을 자신의 처소로 데리고 와서 천상의 음식을 왕과 시종들에게 대접했습니다. 왕이 깜짝 놀라서 어찌 된 영문인지 묻자 아귀는 그의 삿된 견해와 부도덕성, 그리고 보시를 극렬히 반대한 업의 과보로 이런 낮은 세계에 재생하게 된 내력을 이야기하고, 갑자기 그 운명이 바뀌게 된 것은 자기 딸이 공덕을 나누어준 덕분이라고 했습니다. 그는 또한 자신이 인간세계에 있는 동안 삿된 견해를 가지고 성자를 헐뜯었던 자들과 함께 죽은 후 지옥에서 겪어야 했을 무서운 고통에 대해서도 이야기했습니다.

이 이야기가 주는 교훈은 행위에 대한 업의 과보가 없다는 등의 사견에 집착해서 불선행을 하면 악처에 태어나게 된다는 것입니다.

주석서에서는 또한 단멸로 인해 소멸하거나 혹은 더 높은 존재의 세계로 간다고 한다면 단멸론에 대한 집착으로 천상이나 범천계로 가야 하겠지만 천인과 범천은 죽으면 모든 것이 끝난다는 생각을 하지 않는다고 말합니다.[2] 단멸론은 대체로 사람들이 악행을 저지르도록

---

2   『청정도론』에는 다음과 같이 언급하고 있다. "다른 사람은 욕계의 행복한 존재, 색계, 무색계 존재 중 어느 한 곳에서 자아가 끊어지면 모든 것이 완전히 끝난다는 단견을 가지고 거기에 이르는 업을 짓는다. 그 업이 업의 생성[業有]이고, 업으로부터 생긴 무더기들이 재생으로서의 존재[生有]다. 인식을 가진 존재들이 여기에 포함된다. 견해에 대한 집착은 그 종류를 분석하고 또 종합하여 설명한 욕계, 색계, 무색계 존재 모두의 조건이 된다."

만듭니다.

업을 일으키는 행위는 상견常見에 의해서도 유발됩니다. 상견은 나만의 실체가 있다는 환상을 가지는 것으로, 선업과 불선업에 따라 내생에도 그 과보를 짊어져야 할 영원한 자아가 있다고 믿습니다. 그래서 상견을 가진 사람은 스스로 선행이라고 생각하는 일에 헌신합니다. 그 선행의 일부는 사실상 선하지 않을 수도 있지만 어찌 되었든 그 행위는 선하거나 악하거나 재생과 괴로움의 원인이 됩니다.

미신은 나쁜 곳에 재생하게 한다

선인 찟따와 삼부따 이야기

업을 일으키는 행위의 또 다른 주요 원인으로는 역시 미신을 들 수 있습니다. 수많은 미신 중에는, 예를 들어 하위계급의 사람을 보면 재수가 없다든지 집안에 벌집이 있거나 이구아나가 살면 반드시 가난해질 징조라든지 하는 경우입니다. 이런 미신의 영향을 받아 불가촉천민3)을 가혹하게 대하거나 벌을 죽이는 것과 같은 악행을 할 수 있습니다. 이런 사실은 「찟따삼부따 본생경Cittasambhūta Jātaka」에서도 입증하고 있습니다. 「본생경」에서는 보살이 하위계급인 짠달라4)에 속하는 찟따Citta라는 이름의 남자였습니다. 그때 아난다는 삼부따

Sambhūta라는 이름으로 보살의 사촌동생이었습니다. 그들은 대나무 춤을 추면서 먹고 살았습니다. 하루는 미신을 많이 믿는 장자의 딸과 상위계급의 바라문 딸이 시종들을 데리고 소풍을 나왔다가 두 춤꾼을 보고 재수 없다고 생각하며 집으로 돌아갔습니다. 그러자 소풍을 즐기지 못하게 된 성난 시종들은 두 남자를 두들겨 팼습니다.

그 뒤 두 춤꾼은 탁실라Taxila로 가서 바라문으로 위장하고 공부에 몰두했습니다. 머리가 좋았던 찟따는 학생 지도자가 되었습니다. 하루는 스승이 그들을 바라문교의 호주護呪[5]를 암송할 곳으로 보냈습니다. 거기서 뜨거운 우유를 무심코 마시다가 입을 데인 삼부따가 자신이 쓰는 사투리로 "칼루, 칼루(참으로)"라고 외치니까 찟따도 무심결

---

3   카스트는 인도의 독특한 신분계급 제도를 말한다. 고대 사회에서는 사제(司祭) 계급인 브라마나(brāhmaṇa), 왕후나 무사 계급인 크샤트리야(kṣatriya), 농공 · 업에 종사하는 서민 계급인 바이샤(vaiśa), 노예 계급인 수드라(śūdra)의 구별이 있었지만, 점차로 종족, 종교, 직업 등에 따라 세분화하면서 현재에는 그 종류가 2천~3천에 이른다고 한다. 다른 카스트 사이에는 식사와 결혼이 금지되고, 극히 복잡하고 엄격한 풍습과 계율을 지켜왔으나 현대에 와서 바라문 계급은 그 특성을 고집하고, 크샤트리야는 서북 인도의 라지푸트족 및 지주 계급 등에서 모습이 남아 있으며, 바이샤는 일반 상업자에 의해 대표되고 있다. 또 카스트에도 들지 못하는 최하위층인 불가촉천민이 있는데 인도 독립 후로는 평등한 사회적 지위를 보장받고 있다.

4   짠달라(caṇḍāla)는 불가촉천민(不可觸賤民)을 말한다.

5   호주(護呪)로 번역되는 빠릿따(parittā)는 질병이나 악령이나 다른 여러 위험들로부터 보호하는 주문을 뜻한다. 이 호주는 빨리 5부경에 보호의 목적으로 독송되는 경으로 등장한다. 『밀린다왕문경』에는 보경(寶經), 온호주(蘊護呪), 공작호주(孔雀護呪), 다작가 호주, 아따나니야 호주, 앙굴리말라 호주 등이 있는데, 상좌부 불교권에서는 「길상경(Maṅgala sutta)」과 「자애경(Mettā Sutta)」도 호주에 넣고 있다. 그중에서도 특히 「길상경」과 「자애경」, 「앙굴리말라경」 등은 지금도 아침저녁으로 널리 독송되고 있다.

에 "닉갈라! 닉갈라!(내뱉어)"라고 소리쳤습니다. 이렇게 혀를 잘못 놀린 탓에 그들은 상류층 바라문 학생들에게 신분을 들키고 말았습니다. 둘은 흠씬 두들겨 맞고 학교에서 쫓겨났습니다.

그들은 스승의 권유로 숲 속에 들어가 선인仙人[6]이 되었습니다. 죽어서는 축생계에 태어났는데 처음엔 두 마리 사슴으로, 그다음 생에는 두 마리의 독수리로 태어났습니다. 그 후 찌따는 바라문 수장의 아들로 태어나서 자신이 살아온 세 전생을 기억했습니다. 그는 선인이 되어 선정과 신통력을 얻었습니다. 삼부따는 왕이 되어 자신이 전생에 낮은 계급이었음을 기억하고 감각적 즐거움을 추구하면서 세월을 보냈습니다.

찟따는 자신의 신통력으로 동생이 아직 영적으로 미숙하다는 것을 알았습니다. 그래서 50년을 기다린 다음 왕의 정원으로 갔습니다. 선인이 전생에 자신의 형이었음을 알아본 왕은 선인에게도 왕실의 즐거움을 나누어주려 했습니다. 그러나 선행과 악행의 과보를 아는 보살은 제어, 출리, 이욕의 삶을 살기로 맹세했습니다.

그는 왕에게 전생에 그들이 하위계급인 짠달라로, 사슴으로, 독수리로 있을 때도 서로 가까운 관계였음을 상기시켰습니다. 보살의 목적

---

6   선인(仙人)이라고 번역한 isi는 숲 속 고행자를 뜻한다.

은 업에 따른 별난 인생 과정을 지적하여 좀 더 낳은 영적 진보를 위해 왕도 선인이 될 것을 촉구하는 것이었습니다. 그러나 삼부따는 세속의 즐거움을 포기하기가 어려웠습니다. 그래서 보살은 히말라야로 되돌아갔습니다. 그 뒤 왕도 세속의 즐거움에 환멸을 느끼고 선인이 기다리는 히말라야로 들어갔습니다. 선인이 된 왕은 고행자로서 영적 수행에 매진해서 선정과 신통력을 얻었습니다.

사냥꾼 꼬까 이야기

이 이야기에서 우리가 강조하고자 하는 것은 미신은 악업을 일으킨다는 것입니다. 악업의 원인이 되는 미신의 역할은 『법구경』 주석서에 나오는 사냥꾼 꼬까Koka 이야기에서도 여실히 드러나고 있습니다.

부처님 당시 어떤 마을에 꼬까라는 사냥꾼이 살았습니다. 하루는 사냥꾼이 개를 데리고 사냥하러 숲으로 들어갔다가 도중에 탁발하러 가는 한 비구를 만났습니다. 사냥꾼은 이를 나쁜 징조라고 생각했습니다. 그런데 공교롭게도 그날따라 양식에 쓸 짐승을 단 한 마리도 잡지 못했습니다. 돌아오는 길에 사냥꾼은 또 그 비구를 만났습니다. 격분과 증오심에 눈먼 사냥꾼은 비구를 향해 개들을 풀었습니다. 비구는 도망쳐 나무 위로 기어 올라갔습니다. 그는 별로 높지 않은 가지에 앉았는데 사냥꾼은 날카로운 화살촉으로 비구의 발을 찔렀습니다. 비구는 번갈아가며 이쪽 발을 들었다 저쪽 발을 들었다 할 수밖에 없었는데 그러는 중 그의 가사가 풀어져 스르르 미끄러졌습니다. 가사는 사냥꾼의 몸 위로 떨어지게 되었고, 그렇게 가사를 두른 사냥꾼을 본 개들이 그가 비구인 줄 알고 공격했습니다. 그리하여 사냥꾼은 자신의 개에게 물려 죽었습니다. 자기 주인을 죽인 것을 알게 된 개들은 도망쳐버렸습니다. 비구는 나무에서 내려와 이 사실을 부처님께 보고했습니다. 그러자 부처님께서 이렇게 말씀하셨습니다.

"청정하고 허물없는 사람에게 어리석은 자가 악행을 하면 그 결과가 다시 그에게 돌아간다. 마치 바람을 향해 뿌린 먼지처럼."

이 이야기에서 사냥꾼이 참혹하게 죽어서 악처에 태어나 괴로움을 겪게 된 것은 모두 악행에서 비롯한 것인데, 그 악행은 사냥꾼의 미신 때문이었습니다. 어떤 사람들은 점성가가 별자리를 보고 자신들에게 좋지 않은 징조라고 말하면 놀랍니다. 그래서 그들은 불상에 꽃과 초를 올리고 비구들에게 보시를 하며 법문을 듣고 명상을 합니다. 또 어떤 사람들은 자신의 불길한 꿈과 관련하여 악운이 닥칠 것을 피하기 위해 비구들에게 호주를 외우게 합니다. 그들의 선행은 좋은 곳에 재생하게도 하지만 악행 때문에 재생하는 것과 마찬가지로 이 또한 괴로움이 따릅니다.

꼬살라 왕 이야기

어떤 어리석은 사람들은 닥쳐올지 모르는 불운을 막기 위해 악행을 저지릅니다. 『본생경』에는 왕들이 신을 달래기 위해서 네 마리 염소, 네 마리 말, 네 명의 사람을 제물로 바치는 이야기가 나옵니다. 부처님 당시에도 꼬살라 왕[7]이 이런 종류의 의식을 치르려 한 적이 있었습니다.

꼬살라 왕은 한 유부녀에게 반해 그녀의 남편을 먼 곳으로 심부름 보냈습니다. 그는 주어진 임무를 완수하고 당일에 도성으로 돌아오지 못하면 처벌을 받게 되어 있었습니다. 사람은 왕명을 완수하고 해가

---

7   빠세나디 꼬살라(Pasenadī-Kosala)는 마하꼬살라의 아들이었다. 그는 학문과 기술에 능통하였으며 왕위를 물려받은 후 선정(善政)에 힘썼으며 뇌물과 부패를 청산하려 애썼다고 한다. 그의 정비인 말리까(Mallikā)는 불심(佛心)이 깊은 사람으로 그녀가 기증한 정사도 있다. 꼬살라 왕은 부처님과 같은 해, 같은 날에 태어났으며 일찍부터 부처님과 교분을 맺어 죽을 때까지 헌신한 신도였다. 여러 문헌에 따르면, 그는 석가족의 딸과 결혼하여 부처님과 인척관계를 맺고자 했는데, 자부심이 강한 석가족은 마하나마(Mahā-nāma)와 하녀 사이에서 난 딸을 왕녀라고 속여 보냈다. 이들 사이에서 난 아들인 위두다바(Vīdūdabha) 왕자는 후에 성장하여 까삘라왓투를 방문했다가 이 이야기를 듣고 격분한 나머지 모반을 일으켜 왕이 되었고, 석가족을 정복하여 남녀노소를 가리지 않고 무참히 살육하였다. 빠세나디는 마가다로 가서 아자따삿뚜의 도움을 청하려 했지만 라자가하에 도착했을 때는 이미 성문이 닫혀 있었고, 노후한 몸에 피로가 엄습한 그는 성 밖에서 객사했다고 한다. 아자따삿뚜가 그의 시신을 수습하고 위두다바를 공격하려다가 대신들의 조언으로 그만두었다. 꼬살라 왕의 아들 브라마닷따(Brahmadatta)는 부처님 문하에 출가하여 아라한이 되었고, 그의 여동생 수마나(Sumanā) 공주도 출가하여 아라한이 되었다. 제따 숲을 기증한 제따(Jetā) 왕자도 그의 아들이었다. 부처님께서 후반부의 24여 년간을 사왓티에 머무실 정도로 꼬살라와 부처님과는 인연이 많았다. 후대 주석서인 「아나가따왐사(Anāgatavaṁsa)」에 따르면 빠세나디 꼬살라 왕은 네 번째 미래불이 될 보살이라고 한다.

지기 전에 돌아왔으나 성문이 닫혀 있어서 도성에 들어갈 수 없었기 때문에 기원정사에서 하룻밤을 보냈습니다. 욕정과 삿된 욕망에 사로 잡힌 왕은 왕궁에서 잠을 이룰 수가 없었습니다. 그때 왕은 전생에 간통을 범했기 때문에 지옥에서 고통받고 있는 네 명의 남자 목소리를 들었습니다. 왕에게 이런 지옥의 소리가 들린 것은 어쩌면 부처님의 뜻인 신통력 때문이었을 것입니다. 왕은 소스라치게 놀라서 아침이 되자 고문인 바라문에게 조언을 구했습니다. 바라문은 그 소리가 불운이 닥쳐올 징조이므로 그것을 막기 위해서는 각각 100마리씩의 코끼리와 말 등을 제물로 바쳐야 한다고 말했습니다.

왕은 제물을 준비했습니다. 자기 한 목숨을 구하기 위해 수많은 산목숨을 희생시키라고 지시하니 인간의 본성이란 얼마나 잔인한 것입니까? 제물들 가운데는 사람들도 있었으며 그들의 울음소리를 들은 말리까 왕비[8]가 왕에게 가서 부처님의 조언을 구하라고 청했습니다. 부처님께서는 왕에게 그 비명 소리는 그와 아무 상관없다고 안심시켜 주었습니다. 그 소리는 까사빠 부처님[9] 당시에 유부녀를 유혹한 네 명의 젊은이가 지금 로하꿈비 지옥[10]에서 고통을 받으면서 내는 소

---

8   말리까(Mallikā)는 꼬살라 왕의 정비로서, 『밀린다왕문경』에서는 그녀를 선업의 과보가 현생에서 바로 결실을 맺고 그 명성이 천인들에게까지 미친 일곱 사람 중 한 명이라고 말한다. 말리까는 한때 부처님에게, 왜 어떤 여자들은 평범한 용모에 가난하고 어떤 여자들은 아름답고 부유한가를 물었는데, 부처님은 아름답고 부유한 여자들은 전생에 화내지 않고 보시에 힘썼기 때문이라고 설명하셨다.

9   까사빠 부처님(Kassapa Buddha)은 행운의 겁[賢劫, bhadda-kappa]에 출현한 과거 네 분의 붓다 중에 세 번째로 고따마 부처님 바로 전대에 출현하신 부처님이다.

리라고 하셨습니다. 그들은 지금 뉘우치고 있으며 뒤늦었지만 지옥에서 벗어나면 선행을 하겠다는 소망을 표현하기 위해 애쓰고 있다고 하셨습니다.

왕은 크게 놀라서 이제 남의 아내에게 욕정을 품지 않겠다고 맹세했습니다. 왕은 부처님께 지난밤은 잠을 이룰 수 없어서 얼마나 길게 느껴졌는지 모른다고 말씀드렸습니다. 왕의 심부름을 갔다 온 사람은 어제 1유순(由旬)[11]이나 되는 먼 길을 다녀왔다고 말했습니다. 그러자 부처님께서 다음과 같은 게송을 읊으셨습니다.

"잠 못 이루는 자에게는 밤이 길고
지친 여행자에게는 1유순이 멀며
참된 가르침을 모르는 어리석은 자에게는
생사윤회의 길이 멀다."

이 게송을 듣고 많은 사람들이 수다원과 그 밖의 성스러운 도의 단계에 이르렀습니다. 왕은 제물로 준비한 중생들을 풀어주라고 명했습니

---

10   로하꿈비 지옥(Lohakumbhī-niraya)은 쇠솥지옥이란 뜻이다. 이 지옥에 태어나는 중생들은 극심한 열로 고통을 받는다. 이 지옥은 전 지구의 밑바닥에 걸쳐 뻗어 있고, 수는 4나유타(nayuta)이며, 깊이는 10만 유순이라고 한다. 그리고 용해된 쇳물로 가득 차 넘치는 큰 쇠솥과 같이 생겼다고 한다.

11   유순(由旬)으로 음역한 요자나(yojana)는 고대 인도의 길이 단위로서 소를 멍에 매어 쉬지 않고 한 번에 갈 수 있는 거리로, 대략 7마일, 즉 11킬로미터의 거리라고 한다.

다. 부처님의 말씀이 없었다면 왕은 불선업을 지었을 것입니다. 이 이
야기에서도 미신은 악행으로 인도한다는 것을 보여주고 있습니다.

종교에 대한 집착

종교에 대한 집착으로 선업이나 불선업을 짓기도 합니다. 대체로 사
람들은 자신의 종교만이 진리이며 다른 모든 종교는 잘못된 것이라
고 생각합니다. 그래서 사람들은 자신의 종교를 퍼뜨리려 하고 강제
로 다른 사람을 개종시키며 믿지 않는 사람들을 박해합니다. 이러한
모든 악행은 종교에 대한 집착이나 광신에서 비롯한 것입니다.

또한 업행은 이데올로기나 세상사에 대한 견해의 집착에서 비롯할
수도 있습니다. 어떤 사람들은 모든 수단을 동원해 자신의 교리를 다
른 사람에게 강요하려 하고 온갖 방법으로 전파하며 자신에게 동조
하지 않는 사람들의 단합을 불신하고 명예를 훼손하며 중상모략을
일삼습니다. 이러한 모든 의도와 행위는 집착에서 비롯한 업의 생성
입니다.

요컨대 자아를 믿는 견해가 아니더라도 수행이나 믿음에서 비롯한
모든 망상 견해에 대한 지나친 집착을 의미하는 것으로 업을 일으키
는 행위입니다.

마하시 사야도의 12연기

계율과 의식에 대한 집착

어떤 사람들은 사성제와는 아무런 관련이 없는 다른 수행으로도 구제받을 수 있다고 생각합니다. 이런 믿음을 '계율과 의식에 대한 집착'이라고 합니다. 동물을 숭배하고, 동물의 생활 방식을 따라 하고 구원을 목적으로 종교적 의식과 의례를 집행하는 것도 바로 이 계율과 의식에 대한 집착입니다.

『청정도론』에 의하면, 어떤 사람들은 구제받기 위한 방법으로 계율과 의식을 믿고 인간이나 천상계, 색계, 무색계에 태어나는 업행을 합니다. 『청정도론』은 인간과 다른 상위의 세계로 가는 업에 대해서만 언급하고, 악처로 가는 업에 대해서는 언급하지 않고 있습니다. 그렇다고 해서 계율과 의식에 대한 집착이 불선업이 아니라고 말하는 것은 아닙니다. 주석서에서 계율과 의식에 대한 집착이 불선업이라고 말하지 않은 이유는 그것이 너무나 명백하여 그럴 필요가 없었기 때문입니다.

『맛찌마니까야』의 「견서계경(犬誓戒經, Kukkuravatika Sutta)」과 또 다른 경전에서는 소나 개처럼 행동하고, 말하고, 생각하면 소나 개로 태어난다고 말합니다. 또한 사견을 받아들이고 철저히 실천하지 않더라도 지옥이나 축생계에 떨어진다고 했습니다. 말할 것도 없이 이런 것에 집착하여 신의 제물로 동물을 죽인다면 악처에 떨어집니다. 그리고 어떤 형태로든 숭배, 의례, 의식과 결부된 집착에서 비롯한 다른 악행들은 악처에 이르게 됩니다.

요컨대 괴로움에 대한 해결책으로 행하는 계율과 의식이 효과가 있다고 생각하는 모든 믿음은 다 계율과 의식에 대한 집착입니다. 『청정도론』의 주석서들을 종합해보면, 심지어 해탈에 이르기 위한 방법으로 전통적 계율과 세간의 선정수행에만 의지하는 것조차도 계율과 의식에 대한 집착이라고 합니다. 알라라^{Ālāra}나 웃다까^{Uddaka}가 얻은 무색계 선정도 이런 집착에서 비롯한 것이며, 유일신에 대한 믿음을 근거로 많은 사람이 하는 행위도 역시 그렇습니다. 이 집착에서 비롯한 모든 행위는 재생과 괴로움으로 인도합니다.

자아론에 대한 집착

마지막은 자아론^{ego-belief}에 대한 집착입니다. 이는 자아의 실체가 있다는 확고한 신념으로 자아는 영원히 존재하며 바로 이 자아가 행동하고, 말하고, 생각하는 주인공이라는 것입니다. 이런 집착으로부터 자유로운 사람은 거의 없습니다. 보통 사람들은 보고, 듣고, 움직이는 것이 '나'라고 믿고 있습니다. 자아의 실체에 대한 이런 환상에 빠지면 자기만을 사랑하는 요인이 되어 자신의 행복만을 챙깁니다. 꼬살라 왕의 질문에 대답하는 말리까 왕비의 이야기에서는 누구나 자기 사랑에 빠지지 않은 사람이 없고 그 힘도 강력하다는 것을 강조하고 있습니다.

말리까 왕비 이야기

말리까는 원래 꽃장수의 딸이었습니다. 그녀는 어느 날 길에서 부처님을 뵙고 자신의 음식을 드렸습니다. 식사를 마친 세존께서는 아난다에게 소녀는 꼬살라 왕의 왕비가 될 것이라고 예언하셨습니다. 바로 그날 꼬살라 왕은 전쟁에 패해서 말을 타고 도망쳐왔습니다. 완전히 지치고 절망에 빠진 왕이 화원에서 쉴 때 말리까가 상냥하게 왕의 시중을 들었습니다. 크게 감동한 왕은 말리까를 왕궁으로 데리고 가서 정비로 삼았습니다. 부처님의 예언대로 그녀가 지은 새로운 선업과 전생의 선업이 실현된 것입니다.

하지만 말리까는 다른 비빈들처럼 그리 예쁘지 않았습니다. 게다가 가난한 가문의 출신인 말리까는 왕궁 사람들 속에서 기를 펴지 못했습니다. 그래서 말리까의 기운을 북돋아주기 위해 하루는 왕이 왕비에게 누구를 가장 사랑하느냐고 물었습니다. 왕이 기대하던 대답은 "폐하를 가장 사랑합니다"였습니다. 그러면 왕도 누구보다 왕비를 더 사랑한다고 말할 작정이었고, 이런 사랑의 표현으로 자신과 왕비가 더 친밀해지고 왕비가 왕궁에서 마음 편히 지낼 수 있을 것이라고 생각했습니다.

그런데 지혜로운 여인 말리까는 확신에 찬 용기를 가지고 누구보다도 자기 자신을 사랑한다고 솔직하게 대답했습니다. 말리까도 왕에게 누구를 가장 사랑하는가를 물었습니다. 왕도 역시 다른 누구보다 자기 자신을 더 사랑한다는 것을 인정할 수밖에 없었습니다. 왕은 이러한 대화 내용을 부처님께 보고했습니다. 그러자 세존께서는 이렇게 말씀하셨습니다. "이 세상에 자기 자신보다 남을 더 사랑하는 사람은 없습니다. 그러므로 사람들은 연민을 가지고 다른 사람을 학대하지 말아야 합니다."[12]

여기서 부처님이 '자기 자신atta'이라고 하신 것은 유신견에서의 자아나 아뜨만[13]을 의미하는 것이 아닙니다. 통속적인 의미에서 자아를 말하는 것이고, 자기와 남을 구별하기 위해서 말하는 자기 자신입니다. 그러나 유신견은 자기 사랑의 원천입니다. 유신견이 강할수록 자기 사랑도 커집니다.

12   경전에 나오는 부처님의 말씀은 다음과 같다. "마음으로 모든 방향을 찾아보았지만, 어느 곳에서도 자기 자신보다 사랑스러운 자를 얻을 수 없네. 이와 마찬가지로 다른 이들도 자기 자신이 사랑스러워. 그러므로 자신의 행복을 원하는 자는 남을 해치지 않네."

13   아뜨만(atman)은 힌두교와 인도 철학에서 말하는 자아(自我), 개아(個我), 진아(眞我)로 만물 속에 내재하는 영묘한 힘을 뜻한다. 인도의 철학자들은 이 말을 둘러싸고 많은 학설을 전개했다. 우파니샤드나 베단타 학파에서는 이를 보편적 실재라고 생각하여 세계 원리인 브라만(梵)과 같은 성질의 것이라고 하고, 현실의 나인 아뜨만은 브라만과 하나가 됨[梵我一如]으로써 최고의 진리에 도달할 수 있다고 했다. 삼키아 학파에서는 아뜨만을 순수 정신 원리인 푸루사(purusa)로 보고, 물질적 원리인 프라크리티(prakriti)와 대치시킴으로써 세계의 생성을 설명한다. 이들은 이런 불변하는 아뜨만이 매 생애마다 재육화하는 것이 윤회라고 하지만, 불교에서 말하는 윤회는 그 주체가 없는 연기적 흐름이다. 즉, 힌두교의 윤회는 아뜨만의 전변인 환생이지만 불교의 윤회는 갈애를 근본 원인으로 한 재생이다.

우리는 나보다 남을 더 사랑하지 않습니다. 아내나 남편이나 자식을 단지 배우자 동반자 부양자로만 사랑합니다. 모성애나 부성애는 귀중한 보석을 사랑하는 것만큼이나 현실적입니다. 그래서 만약 누군가가 자기 자신보다 다른 사람을 더 사랑한다고 말한다면 그 말은 새겨서 들어야 합니다. 생사의 위기에 부딪히면 어머니도 자기 자식을 돌보지 않게 됩니다.

한때 사막을 가로질러 가는 대상隊商과 함께 여행하던 여인이 있었는데, 대상들이 떠나는 데도 모르고 잠들었다가 아이와 함께 뒤에 남게 되었습니다. 태양이 하늘 높이 떠올라 모래가 점점 뜨거워지자 엄마는 광주리를 놓고 자기 발밑에 옷가지를 두었습니다. 계속해서 모래가 뜨거워져 참을 수 없게 되자 결국 엄마는 아이를 깔고 앉을 수밖에 없었습니다. 그래서 어머니마저도 자기를 보호하기 위해서는 자식을 희생한다는 이야기가 나오게 된 것입니다.

이러한 자기 사랑은 자아에 대한 믿음인 유신견을 토대로 한 것이기 때문에 사람은 자기 자신과 가족의 행복을 위해 수단과 방법을 가리지 않습니다. 또한 자신의 이익을 위해 악행도 서슴지 않습니다. 그러나 영원한 자아가 있다는 믿음은 선업을 짓게도 합니다. 어떤 사람들은 이 믿음이 동기가 되어 내생의 행복을 위한 보시, 지계, 선정 등을 닦습니다. 그 과보로 천인과 범천계에 태어나겠지만 거기서도 역시 늙음, 죽음, 기타 삶의 괴로움을 겪어야 합니다.

요컨대 현생이나 내생의 행복을 추구하는 모든 노력[行]은 다 유신견에 뿌리를 두고 있습니다. 이러한 업행은 '감각적 욕망에 대한 집착'에서 비롯한 행과는 다릅니다. 업의 노력은 자기 실체에 대한 집착이 근본 원인이지만, 감각적 욕망에 대한 집착은 감각적 즐거움에 대한 갈애가 뒤에서 밀고 있습니다. 그러나 유신견에 강하게 집착하는 사람들에게는 이기주의가 감각적 욕망과 밀접하게 결부되어 있습니다.

유신견으로부터 완전히 자유로운 성자들은 오직 선행을 할 때만 감각적 즐거움에 대한 집착에 의해서 행동합니다. 그래서 아나따삔디까, 위사카, 마하나마[14]와 기타 성자들이 행한 보시, 지계, 수행은 인간이나 천상계보다 나은 삶에 대한 것이거나 혹은 높은 단계의 도를 얻기 위한 욕구에서 비롯한 것입니다.

욱가 장자 이야기

아나함의 도과를 성취한 성자는 색계와 무색계의 지복과 아라한과를 얻으려는 욕구 때문에 선행을 할 것입니다. 물론 아라한이 되면 감각적 갈애를 제거할 수 있습니다. 아나함인 수행자의 경우는 욱가 장자[15]의 이야기에서 드러난 것처럼 아라한이 되기 위한 욕구에서

14　마하나마(Mahā-nāma)는 석가족 왕의 한 사람으로 아누룻다(Anuruddha) 존자의 형이고 세존의 사촌이다. 세존께서 『앙굿따라니까야』에서 그를 뛰어난 보시를 하는 자들 중 으뜸이라고 칭찬하실 정도로 정성을 다하여 세존을 모시고 승가를 후원했다.

선행을 합니다.

욱가는 웨살리Vesāli 시의 장자였습니다. 부처님께서는 욱가 장자가 구족한 여덟 가지 놀라운 덕성에 대해 말씀하셨습니다. 한 비구가 세존께서 말씀하신 그 덕성이 무언인지를 묻자 욱가는 그것이 무엇인지는 잘 모르겠지만 자신은 다음과 같은 여덟 가지 특유한 덕성을 구족하고 있었다고 말했습니다.

(1) 그가 부처님을 처음 보았을 때 고따마Gotama는 실로 완전히 깨달은 부처님이라는 단정을 내렸다.

(2) 그는 부처님의 법문을 듣고 사성제에 대한 아나함의 통찰지혜를 얻었다. 그는 오계를 지키고 성관계도 금했다.

(3) 그는 네 명의 젊은 아내를 두고 있었지만 아내들에게 자신은 이제 더 이상 부부관계를 하지 않을 것이니 친정으로 돌아가거나, 그녀가 선택한 남자와 결혼하도록 허락했다. 가장 나이 많은 아내의 요청으로 그녀의 애인에게 보내면서 기꺼이 결혼식까지 치러주었다.

(4) 그는 모든 재산을 덕성 높은 성자에게 보시하기로 했다.

(5) 그는 비구들을 공손하게 대했다.

---

15 욱가(Uggā)는 키가 크고 덕스러운 성품을 지녔기 때문에 Uggā(고상한)라고 불렸다. 세존께서는 『앙굿따라니까야』에서 욱가를 마음에 흡족한 공양을 올리는 자들 가운데 으뜸이라고 칭찬하셨다.

(6) 그는 비구들의 법문을 공경하는 마음으로 경청했으며, 비구들이 법문하지 않으면 자신이 법문을 했다.

(7) 천인들이 그에게 와서 "부처님의 교법[16]은 매우 훌륭합니다"라고 말하면, 그는 그들이 그렇게 말하거나 말거나 법은 훌륭한 교법이라고 대답했다. 그는 천인들과 대화하면서도 자만하지 않았다.

(8) 그는 낮은 욕계에 머물게 하는 오하분결五下分結[17]로부터 완전히 벗어났음을 스스로 알았다.

이러한 여덟 가지 덕성을 구족하고 아나함의 도과를 성취한 욱가는

16　교법(敎法)이라 번역한 사사나(sāsana)은 '메세지, 전갈'의 뜻으로 부처님께서 설하신 아홉 부류의 교설[九分敎]을 말한다. 이는 서술 형식이나 내용에 따라 경전을 분류한 체제로서 구분교 외에 구분설(九部設) 또는 구부경(九部經)이라고도 한다. 이는 다음과 같다. ① 계경(契經, Sutta)은 경 가운데 장행 내지 산문 부분이다. ② 중송(重頌, Geyya)은 먼저 산문으로 서술한 후 다시 운문으로 읊은 경의 부분이다. ③ 수기(授記, Veyyākarana)는 주석(註釋), 수역(授譯) 또는 별기(別記)라고도 하고 불제자들의 생사인과를 적거나 불법의 심의(深意)를 분명히 적은 부분이다. ④ 고기송(孤起頌, Gāthā)은 운문체의 경문이다. ⑤ 감흥어(感興語, Udāna)는 부처님이 질문 받지 않았는데도 스스로 감흥이 일어나 설한 시의 문구다. ⑥ 여시어(如是語, Itivuttaka)는 '이와 같이 부처님께서 말씀하셨다'로 시작하는 경으로 감흥어와 유사하다. 이는 주로 부처님의 윤리적인 가르침을 담고 있다. ⑦ 본생경(本生經, Jātaka)은 부처님의 전생담을 실은 경이다. ⑧ 미증유법(未曾有法, Abbhuta-dhamma)은 부처님의 공덕의 위대함을 찬탄한 부분 또는 신비하고 불가사의한 미증유의 일들을 기록한 부분이다. ⑨ 교리문답(方廣, Vedalla)은 인명(因明), 정리(正理)에 의거해 불법의 깊은 뜻을 자세히 설한 부분이다. 그리고 십이분교(十二分敎)로 분류할 경우에는 여기에 ⑩ 인연담(因緣譚, Nidāna) ⑪ 비유(譬喩, Apadāna) ⑫ 논의(論議, Upadesa)가 포함된다. 이와 같이 사사나는 부처님이 평생 설하신 교설[一代敎說]을 통틀어 일컫는 말로서 부처님의 가르침이나 종교적 체계로서의 불교를 뜻한다.

17　오하분결(五下分結, orambhāgiya-saṃyojana)은 열 가지 족쇄 중에서 처음 다섯 가지 거친 족쇄인 유신견, 회의적 의심, 계율과 의식에 대한 집착, 감각적 욕망, 악의 등을 말한다. 열 가지 족쇄에 대해서는 20장에 나오는 '부처님의 명성'(361쪽) 부분을 참조할 것.

　　　　　　　　　　　　　　　　　　　　마하시 사야도의 12연기

어느 날 자신이 소중히 아끼는 음식과 가사를 부처님께 바쳤습니다. 세존께서는 다음과 같이 보시의 성품에 대해 말씀하셨습니다.

"자신이 즐거워하는 것이나 자신이 매우 소중히 여기는 것을 보시하는 사람은 자신이 갈망하는 것을 얻는다. 높은 덕성을 지닌 성자에게 보시하는 사람은 보통 사람들이 하기 힘든 보시행을 하는 것이다. 그러므로 그는 자신이 간절히 원하는 것을 얻는다."

몇 년 뒤 욱가는 죽어서 범천계인 정거천净居天에 태어났습니다. 그리고 얼마 뒤 부처님을 찾아와 예배를 드렸습니다. 그러고는 전생에 자신의 가장 소중한 음식을 부처님께 보시할 때 간절히 소망하면서 목표를 세웠던 아라한과를 얻었노라고 말씀드렸습니다. 부처님께서는 다시 한 번 보시가 가져다주는 업의 이익을 말씀하셨습니다. 보시자가 아주 소중히 하는 것을 보시하면 아주 소중한 것을 얻고, 진귀한 것을 보시하면 진귀한 것을 얻으며, 크게 칭찬할 만한 것을 보시[18]하면 크게 칭찬할 만한 과위果位를 성취한다고 말씀하셨습니다.

이 이야기가 주는 교훈은 자신이 가장 아끼고 소중히 하는 물건들을

---

18   『앙굿따라니까야』의 「마음에 흡족한 공양을 올리는 자 경(Manāpadāyī sutta)」에서 부처님은 다음과 같은 게송을 읊으셨다. "마음의 흡족한 공양을 올리는 자는 마음의 흡족함을 얻고, 으뜸가는 보시를 한 자는 다시 으뜸가는 것을 얻고, 뛰어난 보시를 한 자는 뛰어난 것을 얻고, 최상의 보시를 한 자는 최상의 경지를 얻도. 으뜸가는 보시를 하고 뛰어난 보시를 하고 최상의 보시를 하는 사람은, 태어나는 곳마다 긴 수명과 명성을 얻는구나."

보시하는 업의 과보로 성스러운 삶의 최고선인 아라한과까지도 얻을 수 있다는 것입니다. 욱가의 보시는 아라한과를 얻고자 하는 욕구에서 유발된 것으로, 이러한 욕구 또는 '감각적 즐거움에 대한 집착'이 바로 추진력이 되는 것입니다.

어떤 사람들은 '감각적 욕망에 대한 집착'과 아라한이 되고 싶은 욕구를 동의어로 사용하는 것에 반대할 수도 있습니다. 그래서 차라리 선한 의욕[19]이라고 부르는 것이 낫다고 하겠지만 그렇다면 그들은 보시, 지계와 같은 성자들의 선행은 어떤 종류의 집착인지 설명해야 할 것입니다.

위빠사나 수행과 집착

위빠사나 수행도 마찬가지로 존재의 괴로움에서 영원히 벗어나고자 하는 사람의 '감각적 욕망에 대한 집착'에 속한다고 봅니다. 범부는 네 가지 집착에서 벗어나기 위해서 명상하지만, 성자들은 '감각적

19　의욕으로 옮긴 찬다(chanda)는 '자극, 고무, 열의, 욕망, 하고자 함, 의지' 등을 뜻한다. 여기서 의욕은 하고 싶은 것을 뜻하고 행위를 해서 어떤 결과를 성취하고자 하는 것을 나타낸다. 이런 의욕은 탐욕(lobha)이나 갈망(rāga)과는 구별되어야 한다. 욕망과 갈망 등은 불선한 것이지만 열의나 의욕은 다른 것과 같아지는 마음의 작용이기 때문에 고결한 목표를 달성하려는 선한 바람의 역할을 한다. 물론 경에서는 종종 chanda가 lobha, rāga와 동의어로 쓰이기도 하지만, 불선법을 버리려는 열의나, 선법을 증득하려는 의욕 등은 이로운 것으로 나타내기도 한다.

욕망에 대한 집착'을 극복하기 위해 명상해야 합니다. 이렇게 위빠사나 수행은 집착을 정복하기 위해 하는 것입니다.『청정도론』이나 논장 칠론 중의 하나인 삼모하위노다니[20]와 같은 다른 주석서에 의하면, 무명으로부터 벗어나기 위해 선행을 해야 한다는 면에서는 무명이 선행의 간접적 원인이 되겠지만 위빠사나 수행도 역시 이와 같은 해탈을 위해서 해야 할 욕계 선행의 하나라고 합니다.

그렇다면 위빠사나 수행을 하면 재생하는가에 대한 의문이 일어납니다.『앙굿따라니까야』의 주석서와 빳타나 주석서拔取論에서는 그럴 가능성이 있음을 지적하고 있습니다.『앙굿따라니까야』 주석서에 따르면, 처음 세 가지 바른 견해[正見]는 좋은 곳에 재생하게 하고 마지막 두 가지 바른 견해인 '과의 바른 견해'와 '위빠사나의 바른 견해'는 수행자를 윤회에서 벗어나게 합니다. 그러나 박식한 쭐라바야 장로[21]에 의하면, 수행자는 아라한과를 얻기 전까지는 일곱 번 재생해야 한다고 합니다. 「발취론」에 의하면, 존재의 조건인 '무량함'[22]을 알아차리면 욕계에 재생한다고 했습니다. 또한 주석서에서는 무의도를 성자

---

20   「삼모하위노다니(Sammohavinodani)」는 논장 칠론 중의 하나인 「분별론(Vibhanga)」의 주석서다.

21   쭐라바야(Cūla-bhaya) 장로는 스리랑카의 유명한 주석가로 쭐라바야 삼장법사라고 불렸다. 명석한 기억력을 지녔다고 한다.

22   『앙굿따라니까야』 주석서에 따르면 무량함(appamāna)이란 그 범위를 잴 수 없는 출세간적인 것이라고 한다. 일반적으로 무량은 자(慈)·비(悲)·희(喜)·사(捨)의 사무량심을 뜻하지만 논장의 이런 문맥에서는 도와 과를 뜻하기도 한다.

의 반열에 드는 '성숙의 의도'[23]라고 정의하고 있습니다. 그러므로 아라한과를 얻기 전까지는 위빠사나 수행을 해도 재생한다고 보는 것이 타당합니다.

그러나 위빠사나는 모든 감각대상의 무상, 고, 무아를 꿰뚫는 통찰지혜를 통해서 윤회로부터 벗어날 것을 보장하고, 감각대상을 갈망하는 번뇌를 막아주는 통찰지혜를 보장할 수 있습니다. 이렇게 갈애가 일어나지 않는다는 것은 업과 재생이 일어나지 않는다는 것을 의미합니다. 이렇게 위빠사나 통찰지혜는 '일시적 버림'에 의해 업과 그 윤회의 과보를 상쇄하도록 도와줍니다. 더구나 수행자는 추론적인 일반화를 통해 알아차린 현상들의 무상, 고, 무아를 깨닫습니다. 그리하여 그는 '억압에 의한 버림'[24]에 의해서 번뇌와 그에 따른 잠재된 업을 멀리합니다. 그러면 번뇌를 근절하는 성스러운 도의 지혜가 옵니다.

이러한 통찰지혜의 출현은 정부 부서의 최고 책임자가 공문서에 서명하는 것과 같을 것입니다. 부서 최고 책임자의 역할은 사실 부하 직원이 행한 많은 업무들을 마무리하는 것입니다. 정신적인 깨달음을

---

23 여기서 말하는 성숙의 의도는 종성(gotrabhū)을 의미하는 것이다. 성인의 반열에 드는 순간의 마음을 의미하는 것으로, 첫 번째 성자의 경지인 수다원도를 얻기 바로 전, 범부의 이름을 버리고 성자의 마음을 얻게 되는 찰나를 말한다.

24 억압에 의한 버림(vikkhambhana-pahāna)이란 삼매의 힘으로 번뇌(kilesa)를 일시적으로 몰아내거나 제압하는 것이다. 『청정도론』에 따르면, 버림은 ① 억압에 의한 버림 ② 반대되는 것으로 대체한 버림 ③ 근절에 의한 버림 등 세 가지가 있다.

추구하는 데 있어 위빠사나 수행의 주요 역할을 무시할 수 없는 것은 공문을 작성한 부서 직원의 공로를 무시할 수 없는 것과 같고, 나무꾼이 톱질을 반복하면 그 누적된 효과로 결국 나무를 뿌리째 단번에 쓰러뜨릴 수 있다는 사실을 무시할 수 없는 것과 같습니다. 『청정도론』의 복주석서에서 말한 바와 같이 "도에 대한 뛰어난 통찰지혜[超越知]는 세간의 위빠사나 통찰지혜를 통해 극복하려고 전력을 다한 번뇌들만을 근절하고 뿌리 뽑게 한다"는 것입니다.

명상수행을 하지 않는 사람들은 지고의 행복과 자아의 실체에 대한 환상을 가진 채 괴로워합니다. 이 환상은 갈애, 업의 생성, 재생 등 윤회에 내재하는 모든 괴로움의 원인이 됩니다.

18

삶의 회전과
과거, 현재, 미래

●

연기의 가르침은 ① 무명無明 ② 행(行. 업의 형성력) ③ 식識 ④ 정신과 물질 [名色] ⑤ 육입六入 ⑥ 접촉[觸] ⑦ 느낌[受] ⑧ 갈애[愛] ⑨ 집착[取] ⑩ 업의 생성[有] ⑪ 태어남[生] ⑫ 늙음과 죽음[老死]의 열두 가지 원인과 결과를 기술하고 있습니다.

연기의 가르침에 의하면 무명과 갈애는 괴로움의 근본 원인입니다. 삶의 회전에는 전반부와 후반부라는 두 개의 바퀴가 있습니다. 전반 부 삶의 회전은 무명을 근본 원인으로 시작해서 느낌으로 끝나며, 후 반부 삶의 회전은 갈애로 시작해서 죽음으로 끝납니다. 전반부 삶의 회전에서는 전생의 무명과 업의 형성력[行]이 재생을 일으키고, 후반 부 삶의 회전에서는 갈애와 집착이 내생의 태어남을 일으킵니다. 이 두 가지 삶의 회전은 사람의 일생이 어떻게 원인과 결과로 연결되어 있는지를 보여주고 있습니다.

또한 연기법을 시간의 척도로 설명한다면 무명과 행은 전생의 두 연 결고리이고, 식에서 업의 생성은 현생과 관련되어 있으며, 태어남, 늙 음, 죽음은 우리에게 닥쳐올 내생의 연결고리입니다. 이렇게 연기법 은 삼세三世를 나타냅니다.

행과 업의 생성을 구별하는 방법

주석서에서는 행sankhāra과 업의 생성kammabhava을 구별하고 있는데, 행은 행위에 앞선 노력이나 계획과 같은 것이고, 업의 생성은 행위를 하는 순간의 의도라고 설명합니다. 그러므로 보시행을 하기에 앞서 돈을 구하고 물건을 사는 일 따위는 행이고, 보시행을 하는 순간의 마음 상태가 업의 생성입니다. 살인을 위해 미리 준비하는 행위는 행이고, 살인하는 순간의 의도는 업의 생성입니다.

행과 업의 생성을 구별하는 또 다른 근거는 속행速行에 있습니다. 살생을 하는 경우나 보시를 하는 경우는 일곱 가지의 속행이 관여한다고 합니다. 처음 여섯 개의 속행은 행이고, 마지막 속행은 업의 생성입니다.

행과 업의 생성을 구별하는 세 번째 방법은 의도를 업의 생성으로, 다른 마음의 작용들을 행으로 설명하는 것입니다. 이 마지막 구분 방법은 우리가 색계 선행이나 무색계 선행을 이야기할 때 도움이 됩니다. 이상 세 가지 구분 방법은 욕계의 선행이나 불선행을 말할 때 모두 적용됩니다. 그래도 잘 알지 못하는 사람들을 이해시키기에는 첫 번째 방법이 가장 좋습니다.

그 외에도 『청정도론』에서는 임종의 순간에 죽어가는 사람이 주의를 기울이는 회상, 표상, 환영이 재생의 원인이 된다고 합니다. 그래서 이 주석서대로라면 업의 생성은 전생에 선행이나 악행을 유발시킨 의도이고, 행은 임종 시의 경험을 조건으로 한 마음의 작용이라고 정의할 수 있습니다.

과거의 다섯 가지 원인

연기의 가르침에서는 무명과 행을 과거의 원인이라고 언급하고 있지만, 사실 무명이 있으면 반드시 갈애와 집착이 따라옵니다. 그리고 행도 항상 업의 생성을 일으킵니다. 그래서 『무애해도』에서는 연기법에 대해 다음과 같은 주석을 붙였습니다.

"무명은 업을 행하는 동안 계속해서 우리를 지배한다. 행이란 하려는 의도가 모아진 것을 의미한다. 갈애는 현생과 그다음 생에서 행의 결과를 얻고자 하는 갈망이다. 집착은 행과 그 과보에 달라붙는 것이다. 업의 생성은 의도다. 이러한 과거의 다섯 가지 요소는 현재 재생의 원인이 된다."

그래서 우리가 과거의 원인을 완전하게 설명하려면 무명, 갈애, 집착, 행, 업의 생성이라는 다섯 가지 연결고리를 모두 숙고해야 합니다. 그 중에서 무명, 갈애, 집착을 '번뇌의 굴레'라고 합니다. 그리고 행, 업의 생성을 '업의 굴레'라고 합니다.

과거의 원인에서 비롯한 현재의 결과

이렇게 과거의 다섯 가지 원인을 구성하고 있는 번뇌의 굴레와 업의
굴레 때문에 정신과 물질, 육입, 접촉, 느낌과 함께 재생연결식이 일
어납니다. 이 다섯 가지 결과를 합쳐서 '과보의 굴레'라고 합니다. 무
명으로 인해 범부들은 모든 감각대상과 마음의 대상을 즐거움이라고
착각합니다. 그래서 갈애를 증폭시키고 그에 따라 또다시 괴로움의
회전을 되풀이하는 원인과 결과의 악순환을 시작합니다.

식, 육입 등은 과거 업의 과보로 일어납니다. 그것은 다른 모든 현상
들처럼 원인과 결과의 문제입니다. 여기에 자아나 신 또는 초월적 존
재가 개입할 여지는 없습니다. 다만 하나 차이점이 있다면 과거에 행
한 선행이나 불선행에 의해서 일어나는 즐겁거나 괴로운 느낌의 속성
에 따라 인과관계를 지배하는 도덕적 법칙이 다르다는 것입니다. 실
제로는 즐겁거나 괴로운 느낌을 갖는 사람도 없고 그러한 느낌을 경
험하도록 하는 존재도 없습니다. 삶이란 무명, 갈애, 집착 등 다섯 가
지 요인에 의해 조건 지어진 식, 접촉, 느낌 등의 연속체일 뿐입니다.

위빠사나 수행에 대한 이해

연기법이나 논장에 대한 피상적인 지식을 가진 사람들은 이 가르침에 대한 이해가 없으면 명상수행이 불가능하다고 말합니다. 그러나 사실 스승의 지도를 받는 수행자는 심오한 불교 철학에 대해 걱정할 필요가 없습니다. 왜냐하면 삶이란 변하는 것이고, 괴로운 것이며, 실체가 없는 특성을 가진 정신과 물질 과정에 불과하다는 것만 알고 있으면 스승의 지도를 따를 수 있기 때문입니다.

이런 간단한 이해만으로도 아라한과를 얻고자 하는 수행자의 지적 요구를 충족시키기에 충분하다는 것이 『맛지마니까야』「애진소경 Cūḷataṇhāsaṅkhaya Sutta」에 나오는 부처님의 말씀입니다. 이 경에서 세존께서는 계속해서 위빠사나 수행에 대해 말씀하십니다. 경전에서는 정신과 물질에 대한 수행자의 이해를 아비쟈나띠[1]라고 하는데, 주석서에서는 이것을 '완전한 이해'라는 뜻으로 말하고, '정신과 물질을 구별하는 지혜'와 '원인과 결과를 구별하는 지혜'라고 합니다.

알아차림을 통해 수행자는 모든 현상을 무상, 고, 무아로 분석해서 압

---

1   '최상의 지혜로 안다'는 의미의 아비쟈나띠(abhijānāti)는 무상·고·무아라고 '아는 것의 통달지(ñāta-pariññā)'를 통해 그렇게 아는 것을 말하고, '철저하게 안다'는 의미의 빠리쟈나띠(parijānāti)'는 조사(調査)의 통달지(tīraṇa-pariññā)를 통해 그렇게 아는 것을 말한다. '꿰뚫어 안다'는 의미의 빤냐(paññā)는 빠리쟈나띠에서 파생된 것으로 통찰지혜라고 한다.

니다. 이것을 '철저하게 안다'는 뜻으로 빠리쟈나띠parijānāti라고 하는데, 이는 '현상을 바로 보는 지혜'와 기타 다른 위빠사나 지혜들을 말합니다.

연기법에 관해서는 존재의 자아를 부정하고 삶의 조건과 인과관계를 이해하는 것만으로도 충분합니다. 연기법의 열두 가지 연결고리나 스무 가지 요소를 다 알 필요는 없습니다. 만약 위빠사나 수행이 그런 포괄적인 지식을 전제조건으로 한다면 쭐라빤타까 장로[2]처럼 총명하지 못한 사람은 수행할 엄두조차 내지 못했을 것입니다. 존자는 기억력이 너무 나빠서 4개월 동안 배운 몇 구절의 게송도 외울 수가 없었습니다. 그럼에도 불구하고 그는 부처님의 지도로 명상수행을 한 지 불과 몇 시간 만에 아라한과를 얻었습니다.

마띠까마따Mātikamātā라는 이름을 가진 여신도는 스승인 비구들보다 먼저 성스러운 도의 세 번째 단계인 아나함과를 얻었습니다. 그녀는

---

2   쭐라빤타까(Cula-panthaka)의 어머니는 라자가하의 부유한 상인의 딸이었으나 하인과 눈이 맞아 집을 떠나 도망가서 살았다. 그는 형인 마하빤타까(Mahā-panthaka)와 함께 길에서 낳았다 해서 빤타까(Panthaka)라는 이름을 얻었다고 한다. 그는 후에 형과 함께 외갓집에 보내져 양육되었는데 형이 먼저 출가하여 아라한이 되었다. 그도 형의 권유로 출가했지만 형이 준 게송을 넉 달이 지나도 외울 수가 없었다. 형이 그를 쫓아내려 하자 부처님께서 그에게 천 조각을 주면서 '먼지 닦기(rajo-harana)'를 반복해서 외우라고 하셨다. 그는 그 방법으로 수행해서 무애해(無碍解)와 육신통(六神通)을 갖춘 아라한이 되었다. 45자모(字母)로 구성된 게송은 『앙굿따라니까야』에 나온다. "마치 향기로운 꼬까나다의 연꽃이 아침에 향내음을 풍기면서 피듯이／ 멀리 빛을 드리우신 부처님을 보라.／ 마치 허공에서 빛나는 태양과 같구나."

논장과 연기법에 대해 많이 알지 못했습니다. 이런 여성이나 쭐라빤타까 장로와 같은 수행자들이 많았습니다. 그러므로 부처님의 심오한 가르침을 통달하지 않더라도 명상을 하면 성스러운 도를 얻을 수 있습니다.

즐거운 느낌이나 괴로운 느낌의 진정한 본성을 알지 못하는 것이 무명입니다. 감각대상을 좋아하는 것이 갈애이며 감각대상을 갈구하는 것이 집착입니다. 바라는 것을 추구하는 것, 현생이나 내생의 행복과 안녕을 위해서 선행이나 악행을 하는 것은 행과 업의 생성입니다. 이 다섯 가지 요소가 현재의 원인이며 죽은 후에는 재생을 일으킵니다.

연기법은 느낌, 갈애, 집착의 세 가지 원인에 대해서만 언급하고 있지만 사실 이 세 가지 요소는 무명과 행이라는 다른 두 가지 원인과 관련이 있습니다. 왜냐하면 이 무명과 행은 각각 갈애와 업의 생성의 근본 원인이기 때문입니다. 그러므로 『무애해도』는 이 다섯 가지 요소 모두를 미래에 일어날 재생의 원인으로 기술하고 있습니다.

현재의 원인을 제거하다

모든 선업이나 악업은 이 다섯 가지의 현재 원인이 완전히 결합한 것을 의미하며, 이런 결합이 일어날 수 있는 기회는 일생 동안에 수천

번은 될 것입니다. 어떤 상황에서는 이 원인으로 두세 번 연달아 재생을 일으키기도 합니다. 모든 존재는 늙음, 근심, 죽음 등을 겪어야 하며, 이러한 괴로움을 피하려면 현재의 원인을 제거해야 합니다.

이를 위해 우리는 모든 물질적 현상들이 일어나는 순간, '봄' '들림' 하며 알아차려야 합니다. 집중이 증장되면 우리는 모든 물질적 현상들이 즉시 사라짐을 알아차리게 되고 그것들이 영원하지 않고, 불만족이며, 의지할 것이 못 된다는 것을 알아차리게 됩니다. 이 알아차림은 갈애, 집착, 업의 생성에 연료를 공급하는 무명과 환상을 극복하는 데 도움이 됩니다. 그렇게 해서 우리는 다섯 가지 현재의 원인이 효력을 잃고 활동하지 못하게 하여 이로 인한 재생과 다음 재생으로 이어지는 괴로움을 방지하게 됩니다.

원인을 제거하는 이런 방법을 일컬어 명상을 통해 일부 번뇌를 극복하는 '일시적 버림'이라고 말합니다. 이 방법으로 수행자는 명상을 통한 '일시적(부분적) 번뇌의 소멸'을 얻습니다. 나중에는 모든 행의 소멸과 열반의 실현을 의미하는 성스러운 도의 통찰지가 생깁니다. 이것이 '근절에 의한 버림'입니다. 그때 번뇌와 업은 일거에 제거됩니다.

수다원과를 얻은 수행자는 악처에 떨어지게 하는 번뇌와 업을 극복하고, 그것이 원인이 되어 일곱 번 이상을 넘기지 않고 선처에 재생할 것입니다. 사다함과를 얻은 수행자는 번뇌와 업을 극복하여 한 번 이상 욕계에 재생하지 않을 것이고, 아나함과를 얻은 수행자는 번뇌와 업을 극복하여 더 이상 욕계에 재생하지 않을 것입니다. 끝으로 아라한과를 얻은 수행자는 남아 있는 번뇌와 업을 모두 제거합니다. 다른 말로 하면 모든 번뇌로부터 완전히 벗어났기 때문에 공양 받아 마땅한 성자인 아라한이 되는 것입니다.

아라한의 인생관

아라한은 감각대상의 본성에 대해 환상을 갖지 않습니다. 아라한은 이것들이 건전하지 못하다는 것을 알고 있습니다. 이는 무명에서 벗어남으로써 괴로움의 진리[苦諦]를 깨달았다는 뜻입니다. 그래서 그 무엇에도 갈애가 없습니다. 어쩔 수 없이 먹고, 잠자는 등의 육신을 위한 생리적 욕구는 채워야 하지만, 이런 것들도 조건 지어진 괴로움[行苦]이라 생각하고 그 무엇도 즐길 것이 못 된다는 것을 압니다.

그렇다면 아라한은 이런 괴로움을 끝내기 위해 빨리 죽기를 원하는지에 대한 의문이 생깁니다. 그러나 빨리 죽거나 육신의 소멸을 바라는 마음은 파괴적인 욕망으로 아라한은 거기서도 벗어났습니다. 그래서 「장로게(長老偈, Theragāthā)」에는 죽음을 바라지도 않고 삶을 바라지도 않는다는 아라한의 말씀이 있습니다.

아라한에게 산다는 것은 크게는 오취온五取蘊의 고유한 특성인 괴로움의 짐을 뜻하는 것이기 때문에 오래 살기를 바라지 않습니다. 오취온은 끊임없이 보살피고 돌보아야 하는 짐이지만 조금도 의지할 만한 것이 못 됩니다. 중년기나 노년기의 사람들에게는 삶은 좌절과 실망과 괴로움에 지나지 않습니다. 삶의 조건은 갈수록 나빠지고 건강도 점점 기울어져 완전한 붕괴와 죽음 외에는 기다리는 것이 없습니다. 그래도 사람들은 무명과 집착 때문에 삶을 즐깁니다. 반면 아라한은 무명에서 벗어났기 때문에 삶을 지루하고 따분하게 여깁니다. 그래서 아라한은 삶을 혐오합니다.

그렇다고 해서 아라한이 죽음을 바라는 것은 아닙니다. 왜냐하면 죽음을 바라는 것은 공격적인 충동으로 아라한은 이미 그것을 극복했기 때문입니다. 그가 바라는 것은 열반涅槃에 드는 것으로 이런 바람은 근로자가 일당이나 월급을 받는 것과 어느 정도 비슷합니다. 근로자는 어려움과 고난을 당하는 것이 싫기 때문에 어쩔 수 없이 생계수단으로 일을 하지만 그렇다고 직장을 잃어버리기 바라는 것은 아닙니다. 그가 원하는 것은 오직 돈으로, 월급날만 기다립니다. 이와 마찬가지로 아라한은 몸도 마음도 남음이 없는 열반의 순간만을 기다립니다.

그래서 아라한은 자신의 수명을 생각할 때면 정신과 물질의 무더기인 오온五蘊의 무거운 짐을 얼마나 더 짊어져야 하는지를 생각합니다.

무명이 사라졌기 때문에 열반에 들면 아라한의 삶의 흐름은 완전히 끊어집니다. 그래서 이를 무여의열반無餘依涅槃[3]이라고 합니다.

열반은 단멸이 아닌 괴로움의 소멸이다

자아나 영혼의 존재를 믿는 사람들은 열반을 존재의 영원한 죽음이라고 비하합니다. 사실 열반이란 정신과 물질 현상이 그 원인인 업과 번뇌와 함께 다시는 재발하지 않음으로써 괴로움이 완전히 소멸하는 것입니다. 그래서 부처님께서는 갈애가 완전 소멸하면 집착이 소멸하고, 집착이 소멸하면 업의 생성이 소멸한다고 하셨습니다. (업의 소멸로) 재생이 일어나지 않으면 늙음, 죽음, 다른 괴로움도 완전히 소멸합니다.

---

3   열반(涅槃)으로 음역한 nibbāna는 '불이 꺼진'이란 의미로 해방, 평화, 적멸, 지복 등의 뜻을 가지고 있다. 경전에서는 탐욕, 성냄, 어리석음의 불이 완전히 꺼진 것이라고 설명한다. 열반은 불교인들이 추구하는 지복이자 최고선으로 출세간이고, 유위법을 완전히 벗어난 무위법이며, 고요함을 특징으로 한다. 열반은 남음(upādi)이 있느냐 없느냐 따라 두 가지로 나뉜다. ① 유여의열반(有餘依涅槃)은 '받은 것이 남아 있는 열반'이라는 뜻으로, 열반에 들었지만 아직 오온을 가지고 살아 있으면서 열반의 상태를 계속해서 경험한다. 특히 더 높은 도과를 얻기 위해서는 지속적으로 열반을 경험한다. 아라한의 경우는 번뇌가 완전히 소멸했지만 과거 집착의 산물인 오온이 아직 남아 있는 상태다. ② 무여의열반(無餘依涅槃)은 '남음이 없는 열반'이라는 뜻이다. 아라한의 수명이 다하고 입멸(入滅)하게 되면 오온까지도 완전히 멸하는데 이를 완전한 열반[般涅槃, parinibbāna]이라고도 한다. 부처나 아라한의 열반은 빠리닙바나다.

사람들은 태어남, 늙음, 죽음은 중생을 괴롭히는 불운이라고 생각합니다. 그러나 사실 이런 불운은 정신과 물질 과정이 있어서 나타나는 특징일 뿐 살아 있는 존재(중생)와는 아무런 관련이 없습니다. 자아나 영혼은 없는 것이기 때문에 재생이나 괴로움의 소멸을 존재의 단멸이라고 이야기하는 것은 아무런 의미가 없습니다.

그래서 열반을 단멸이라고 보는 사람들은 자아의 실체가 있다는 환상에서 벗어나지 못하는 것입니다. 지혜로운 불교도에게 있어 열반은 그저 괴로움의 소멸을 뜻할 뿐입니다. 이는 『상윳따니까야』「야마까경Yamaka Sutta」에 나오는 부처님 당시의 야마까Yamaka 비구 이야기에서 여실히 드러나고 있습니다.

야마까 비구 이야기

야마까 비구는 아라한은 죽으면 단멸한다고 믿고 있었습니다. 다른 비구들이 그 잘못을 지적해주었지만 그는 여전히 자신의 견해를 고집했습니다. 사리뿟따 존자가 그를 불렀습니다. 사리뿟따 장로의 물음에 야마까는 오온은 모두 무상하고 괴로운 것이며 그러한 오온을 자신의 소유나 자아로 여기는 것은 잘못된 것임을 인정했습니다. 사리뿟따는 야마까 장로에게 오온을 있는 그대로 보라고 했습니다. 그렇게 하면 무명에서 벗어나 집착을 여의고 속박에서 벗어날 것이라고 말했습니다.

이 법문을 듣는 동안 야마까는 수다원과를 얻고 그릇된 견해에서 벗어나게 되었습니다. 그러자 사리뿟따는 야마까에게 다시 물었습니다. 장로의 질문에 야마까는 아라한을 육체적인 몸이나 느낌, 인식, 행, 식으로 보지 않는다고 대답했습니다. 또한 아라한은 몸도 없고 느낌도 없으며 다른 오온도 없는 곳에 존재한다는 생각도 하지 않을 것이라고 말했습니다. 그러므로 아라한이라는 실체는 죽기 전에도 오온이 있는 것이 아니기 때문에 완전한 열반[般涅槃]에 들고 난 이후의 단멸을 이야기하는 것은 의미가 없습니다.

야마까는 자신의 그릇된 견해를 시인했습니다. 이제 그는 그릇된 견해에서 벗어나 아라한이 갈 곳에 대해 무엇을 말해야 할지 알았습니다. 만약 누군가가 그에게 "아라한은 죽으면 어떻게 됩니까?"라고 묻는다면 그는 "아라한의 죽음은 무상한 오온의 고유한 속성인 괴로움의 완전 소멸을 의미합니다"라고 대답했을 것입니다.

아라한에 관한 이런 말을 사리뿟따가 인정해주었습니다. 장로는 오온을 친구로 가장한 살인자에 비유하고 오온에 실체가 있다고 말하는 것은 마치 살인자를 환영하는 것과 같다고 했습니다.

처음에 야마까는 아라한이 죽으면 아무것도 남지 않는다고 생각했습니다. 이런 견해는 자아의 실체가 있다는 환상을 전제로 한 것으로 이렇게 단멸론적인 시각으로 열반을 보는 것을 단견[斷見]이라고 합니다.

열반을 성취하면 죽어서 자아가 없어진다는 견해가 단견입니다. 진리를 깨닫고 수다원과를 얻고 난 후 야마까는 아라한의 죽음은 변화하는 오온의 고유한 속성인 괴로움의 완전 소멸을 의미한다고 말했습니다.

괴로움의 소멸에 이르는 길을 요약해보면 보고, 듣는 정신과 물질 현상을 알아차리지 못하면 무명, 갈애, 집착, 업을 짓는 행이 일어나고, 이로써 미래의 태어남, 늙음, 죽음이 있습니다. 모든 현상에 대한 알아차림은 무명 등 현재의 다섯 가지 원인과 괴로움을 포함한 다섯 가지 과보를 미리 차단합니다.

오온의 성질에 관한 와지라 비구니 이야기

괴로움의 소멸에 관해서는 『상윳따니까야』 「와지라 경Vajirā Sutta」에 나오는 와지라 비구니의 유명한 말에서도 강조되고 있습니다. 와지라 비구니가 기원정사 근처의 나무 아래에서 좌선을 하고 있는데 마라가 나타나서 그녀를 겁주고 심란하게 하기 위해 이렇게 물었습니다.
"여보시오, 비구니! 누가 중생을 창조했는가? 그 창조자는 어디에 있는가? 중생은 어떻게 생겨났고, 또 어떻게 끝나는가?"
와지라 비구니가 대답했습니다.
"오, 마라여! 너는 중생이 무엇이라고 생각하는가? 네가 중생에 대해 갖고 있는 믿음은 환상이 아닌가? 네가 중생이라고 알고 있는 것은 행의 무더기[行縕]일 뿐이다. 이 무더기에서 중생이란 것은 어디서도 찾을 수 없다. 이는 단지 몸, 느낌 등 오온의 무더기를 가리키는 용어에 불과하다. 이는 마치 바퀴와 바퀴축이 결합해서 '마차'라고 하는 것과 같다. 중생은 없고 단지 오온이 있을 뿐이다. 이것은 괴로움의 원인이다. 사실상 일어나고 존재하고 소멸하는 것은 단지 괴로움일 뿐이다. 괴로움 이외에 일어나고 사라지는 것은 아무것도 없다."

그러므로 '중생'은 관습적으로 사용되는 용어일 뿐이라고 이해해야합니다. 중생은 절대적인 의미에서는 존재하지 않고, 무명, 갈애, 집착, 업, 업의 생성을 원인으로 해서 식, 정신과 물질, 육입, 접촉, 느낌의 결과로 이루어진 정신과 물질의 진행 과정만이 존재할 뿐입니다. 이러한 결과는 다시 재생과 괴로움을 일으키는 원인이 됩니다.

- 19

네 가지 부분,
세 가지 연결,
스무 가지 요소

●

12연기는 과거의 원인인 첫 번째 부분, 현재의 결과인 두 번째 부분, 현재의 원인인 세 번째 부분, 그리고 미래의 결과인 네 번째 부분 등 인과의 사슬로 연결된 요소 중에서 네 가지 부분을 언급하고 있습니다. 이 네 가지 부분을 빨리어로는 상가하sangaha 또는 상케빠sankhepa 라고 하는데 '무리, 모임, 집합'이라고 번역할 수 있습니다. 이 네 가지 부분에는 세 가지 연결고리가 있습니다.

(1) 과거의 원인과 현재의 결과 사이의 연결고리로서 원인은 행이고 결과는 식입니다.
(2) 현재의 원인과 현재의 결과 사이의 연결고리로서 원인은 느낌이고 결과는 갈애입니다.
(3) 현재의 원인과 미래의 결과 사이의 연결고리로서 원인은 업의 생성이고 결과는 태어남입니다.

그리고 과거의 원인 다섯 가지, 현재의 결과 다섯 가지, 현재와 미래의 결과 다섯 가지를 포함한 스무 가지 요소가 있습니다.

마하시 사야도의 12연기

세 가지 굴레

연기법은 번뇌의 굴레, 업의 굴레, 과보의 굴레라는 세 가지 굴레를 논하고 있습니다.

첫 번째로 번뇌의 굴레는 무명, 갈애, 집착으로 이루어져 있고, 두 번째로 업의 굴레는 행과 업의 생성으로 이루어져 있으며, 세 번째로 과보의 굴레는 식, 정신과 물질, 육입, 접촉, 느낌으로 구성되어 있습니다.

세 번째인 과보의 굴레는 다시 번뇌의 굴레를 일으키고 번뇌의 굴레는 또 업의 굴레를 일으키는 등 세 가지 굴레는 끊임없이 돌면서 악순환을 계속합니다. 이와 같은 세 가지 굴레는 괴로움을 돌리는 윤회입니다. 윤회란 인과관계에 의해서 일어나는 정신과 물질 과정의 연속을 의미합니다.

우리는 괴로운 윤회의 회전에서 벗어나기 위해 선행을 합니다. 그리고 부처님의 가르침인 사성제를 잘 알게 되었습니다. 우리는 보고, 듣는 순간 알아차립니다. 또한 연속적인 정신과 물질 현상에서 끊임없이 일어나고 사라지는 현상을 깨닫습니다. 이 위빠사나의 지혜로 우리는 환상에 휘말리지 않고 재생과 괴로움을 일으키는 갈애와 집착으로부터 벗어나게 됩니다.

『청정도론』에서는 업이 번뇌의 굴레를 돌린다고 설명합니다. 수행자는 업의 굴레와 과보의 굴레에서 어떻게 정신과 물질의 결합체가 나오는지 압니다. 그는 오직 업과 그 결과인 과보만 있다는 것을 깨닫습니다. 과거의 업으로 인해 현재의 정신과 물질이 일어나고 이것이 현생의 업을 만드는 행을 일으킵니다. 이러한 업행業行은 재생을 일으킵니다. 이런 식으로 정신과 물질[存在]의 일어남[生成]이 끊임없이 지속됩니다.

여기서 정신과 물질의 일어남 혹은 생성이라는 것은 보고 듣는 등의 느낌에서 일어나는 현상을 의미합니다. 이런 것들은 이어서 번뇌, 업, 재생을 일으킵니다. 이렇게 정신과 물질 과정은 업의 굴레와 그 결과에 의해 조건 지어집니다.『청정도론』에 의하면 이런 위빠사나의 지혜가 '원인과 결과를 구별하는 지혜'이고, 의심에서 해방되는 청정[度疑清淨][1]입니다.

---

1   『청정도론』에서는 "정신과 물질에 대한 조건을 파악함으로써 과거, 현재, 미래에 대한 의심을 극복하고 확립된 지혜를, 의심을 극복함에 의한 청정이라 한다"고 정의한다. 이는 수행 과정에서 지금의 나를 구성하는 정신과 물질이 우연히 생겼거나 신의 창조에 의한 것이 아니라, 무명과 갈애와 집착과 업에 의해서 생긴 것이라는 연기법을 적용시키고 있으며 이는 과거와 미래에 대해서도 적용된다. 그래서 이런 청정을 원인과 결과, 조건을 아는 지혜라고 한다. 이렇게 해서 모든 의심이 없어지면 그를 작은 수다원이라고 한다.

마하시 사야도의 12연기

연기법의 네 가지 측면

연기법에는 명심해야 할 네 가지 측면이 있습니다.

첫 번째 측면은 과거, 현재, 미래 등 연속적인 삼생을 통해서 일어나는 한 개인의 특성을 정신과 물질 과정으로 다루고 있다는 점입니다. 비록 연기법에서 모든 현상은 조건이라고 강조하고 있지만 무명, 갈애 등의 원인은 한 사람에 관한 것이고 식, 정신과 물질 등의 원인은 다른 사람에 관한 것이며 식, 정신과 물질 등의 결과도 다른 사람의 것이라고 보면 잘못입니다. 왜냐하면 이런 견해는 죽으면 완전히 소멸한다는 뜻을 함축한 것으로 불교에서 부정하는 단멸론이기 때문입니다.

실제로 정신과 물질 과정은 망고나무의 성장 과정과 비슷합니다. 망고의 씨앗이 묘목이 되고, 묘목은 어린 나무가 되며, 어린 나무는 큰 나무로 성장합니다. 여기서 씨와 묘목과 다 자란 나무는 서로 이어져 있고, 원인과 결과인 인과관계에서 끊이지 않은 연장선상에 있기 때문에 엄밀히 말해서 다 자란 나무와 어린 나무를 구별할 수는 없습니다.

마찬가지로 무명, 행, 식 등은 원인과 결과에 의해 끊이지 않고 연속적으로 일어나기 때문에 이런 과정을 거치는 어느 특정한 사람을 이야기한다고 해도 이치에 어긋나는 것은 아닙니다. 예를 들어 승가僧家

를 분열시킨 데와닷따는 지금 지옥에서 고통받고 있는 데와닷따입니다. 선행을 한 자는 아나따삔디까 장자였으며 죽어서 천상에 태어난 자도 바로 그 사람입니다.

사띠 비구의 사견

이렇게 업행을 한 사람과 그 업의 과보를 받는 사람이 동일하다는 것을 확인하면 우리는 단견에서 피할 수 있습니다. 반면에 어떤 사람들은 한 존재가 한 생에서 다른 생으로 그대로 환생한다고 믿고 있습니다. 이런 잘못된 견해가 바로 상견常見으로서 『맛지마니까야』「대애진경Mahātaṇhāsaṅkhaya Sutta」에 의하면 부처님 당시의 사띠Sati 비구가 이런 생각을 갖고 있었습니다.

사띠 비구가 이러한 사견을 갖게 된 것은 『본생경本生經』 때문이었습니다. 그는 이런 탄생을 이끌어간 주인공들이 바로 부처님 자신이라는 이야기를 들었습니다. 그래서 이런 결론을 내렸습니다.

"보살의 육체적인 몸은 죽어서 분해되었기 때문에 보살의 전생에서 물려받은 것은 아무것도 없다. 육체가 분해된 뒤에도 남는 것은 오직 식識이고 이것이 새로운 생을 받을 때마다 보살이라는 인격의 핵심을 이루게 된다. 다른 모든 중생도 마찬가지이다. 육신과는 다르게 식은 분해되지 않고 한 몸에서 다른 몸으로 옮겨가며 영원히 존재한다."

그러나 『본생경』에서는 업을 행한 자와 그 과보를 받는 자라는 말로 오직 원인과 결과, 인과관계의 연속성을 강조하고 있습니다. 식이 환생한다거나 한 생에서 다른 생으로 그 속성이 그대로 옮겨간다는 의미는 아닙니다. 모든 것은 사라지지만 인과의 연속성으로 인해 『본생경』에 나오는 영웅이 마지막으로 싯닷타 태자가 되었다고 추정하지 않으면 안 됩니다. 그래서 부처님은 사띠 비구에게 질문하시고 나서 "식은 조건 지어진 것이며, 그에 상응하는 원인 없이 일어날 수 없다"고 말씀하셨습니다.

부처님께서는 직유법으로 연료에 따라 불의 이름이 다르게 붙여지는 예를 들었습니다. 장작에서 일어난 불은 장작불이고, 건초에서 시작된 불은 건초불 등이라는 것입니다. 이와 마찬가지로 식은 언제나 무언가에 의해 조건 지어지며, 조건 지어진 것에 따라 이름이 붙습니다.

그래서 눈과 형상에서 일어나는 식을 안식이라 하고, 귀와 소리에서 일어나는 식을 이식이라고 합니다. 한마디로 식이란 감각대상과 감각기관이 부딪혀서 일어나는 것에 따라 구체적으로 명시됩니다. 불의 원인이 바뀌면 그 이름도 바뀝니다. 건초불이 관목으로 옮겨 붙으면 관목불이 됩니다. 마찬가지로 식이 의존하는 감각대상과 감각기관에 따라서 이름이 바뀝니다. 같은 감각대상과 같은 감각기관이라도 정신적 현상이 일어나는 매 순간마다 새로 다른 식이 일어납니다. 이와 같이 정신적 현상에 관한 진실을 깨달으면 단견에서 벗어나지만 잘못된 견해를 갖고 있으면 상견을 갖게 됩니다.

각 현상의 분명한 특성

연기법의 두 번째 측면은 인과의 사슬을 이루고 있는 현상들을 따로따로 구별한다는 것입니다. 그래서 무명은 행을 조건 짓는 별개의 현상이며, 행은 재생 등에 이르는 또 다른 현상입니다. 이런 현상을 구분하는 것이 인과관계를 깨닫는 것이며, 이 깨달음은 우리를 상견에 휘말리지 않도록 합니다. 이는 영원하고 변하지 않는 자아가 죽은 뒤에도 남아서 다른 생으로 옮겨간다는 전도된 인식[無明]을 없애는 데 도움을 줍니다.

사실 상견이나 단견은 사람들이 두 삶의 정신 상태를 지나치게 강조해서 연속시키거나 혹은 다른 것으로 구별하는 데서 비롯합니다. 만약 우리가 지혜롭지 못해서 현생의 정신과 물질이 전생의 것과 동일하다고 한다면 상견으로 치우칠 것입니다. 반면에 정신과 물질의 양분법을 지나치게 강조한다면 단견의 덫에 걸리기 쉽습니다.

올바른 태도는 한 생에서 다른 생으로 원인과 결과에 따라 정신과 물질이 끊이지 않고 흐르고 있다는 것을 인정하는 것입니다. 이런 관점에서 보면 정신과 물질의 개별적 특성을 감지하게 되고 그렇게 함으로써 업의 작용을 분명히 알게 됩니다. 그렇다고 이것이 과거의 정신과 물질, 자아가 옮겨온다는 의미는 아닙니다. 과거의 정신과 물질은 소멸하지만, 과거의 업을 근거로 현생에서 새로운 정신과 물질이 일어나는 것이라고 생각하면 됩니다.

이런 견해는 위빠사나 수행에서 아주 중요합니다. 매 순간 일어나는 정신과 물질을 알아차리는 수행자에게는 연기법의 이 두 측면이 명백하게 보입니다. 무명과 갈애, 집착 등으로 이루어진 원인과 결과의 흐름을 알아차리게 됩니다. 수행자는 그 연속성을 알고 정신과 물질 과정이 끊임없이 흐르고 있다는 것을 알기 때문에 단견을 완전하게 배격합니다.

더 나아가 지켜볼 때마다 일어나는 새로운 현상을 알아차리기 때문에 감각대상과 그것을 아는 마음을 구별합니다. 명상을 하면 미세한 느낌, 갈애, 집착, 행, 식 등 단계별 정신 과정이 뚜렷해집니다. 그리고 수행자는 새로운 현상이 일어나는 것을 잘 알기 때문에 상견에서 벗어납니다.

함이 없음(작용하지 않음)

연기법의 세 번째 측면은 '함이 없음'입니다. 무명은 작용하지 않아도 행의 원인이 되고 행은 재생을 일으키기 위해 어떤 작용을 하지 않습니다. 이런 사실을 안다는 것은 보거나 듣는 등의 주인공 혹은 행위자가 존재하지 않는다는 통찰지혜를 의미하며 이런 식으로 유신견에서 벗어나게 됩니다. 그러나 『청정도론』에서 말하는 바와 같이 이것을 자칫 잘못 이해하면 운명론[2]으로 받아들여 도덕적 자유의지를 부정하는 도덕 회의론자가 되기 쉽습니다.

끊임없이 일어나고 사라지는 것을 알아차리는 수행자에게는 조건 지어진 정신과 물질 현상이 내 마음대로 안 된다는 것을 분명히 압니다. 왜냐하면 정신과 물질은 조건 지어진 것이기 때문에 마음과 몸이 원하는 대로 항상 따라주지 않는다는 것을 분명히 깨닫기 때문입니다.

모든 원인에는 관련된 결과만 있다

연기법의 네 번째 측면은 원인과 결과가 일대일로 대응(가르침의 일치)한다

---

2   운명론(niyata-vāda)이란 인간의 행위를 포함해 이 세상에서 일어나는 모든 일은 정해진 때와 장소에서 일어나도록 미리 정해져 있다고 생각하는 숙명론(宿命論)으로, 결정론(決定論)이라고도 한다. 고대 인도에서는 육사외도의 하나인 막칼리 고살라(Makkhali Gosāla)가 이것을 주장했다.

는 것입니다. 모든 원인은 관련된 결과만을 가져오고 관련 없는 결과
는 오지 않습니다. 다른 말로 하면 모든 원인은 상응하는 결과의 필요
충분조건입니다. 이와 같은 사실에 우연론이나 도덕부정론과 같이 업
보를 부정하는 견해가 들어올 틈이 없습니다.

그러나 『청정도론』에서 말하는 바와 같이 이것을 잘못 이해한 사람들
에게는 결정론(운명론)의 근거가 됩니다. 알아차리는 수행자들은 각각의
원인에는 그에 따른 결과가 있다는 것을 분명히 보기 때문에 원인과
결과의 일대일 대응과 도덕적 자유의 실재에 대해 아무런 의심을 하
지 않습니다.

지금까지 연기법에 관한 주목할 만한 사실들을 충분히 상세하게 말
했습니다. 자신의 체험을 기초로 이러한 사실을 숙고하는 수행자에
게는 이런 것들이 분명할 것입니다. 그러나 연기법은 심오하기 때문
에 수행자의 지적 수준을 넘어선 사실들은 파악하지 못할 수도 있습
니다. 물론 모든 것을 완전히 아는 사람은 오직 일체지자一切智者이신
부처님뿐입니다. 수행자는 당연히 자기 사고력의 범위 내에서 최대한
많이 알아야 합니다. 그 목적을 달성하기 위해 수행자는 스승의 법문
을 듣고, 들은 것을 숙고하고, 알아차리는 수행을 통해서 자신이 이해
한 것을 향상시켜야 합니다.

이상 세 가지 방법[3] 중에서는 수행을 해서 얻는 지혜[修慧]가 가장 중

요합니다. 왜냐하면 이 방법으로 통찰지혜를 얻은 수행자는 성스러운 도를 얻어 악처에 떨어질 위험에서 벗어나기 때문입니다.

3   여기서 말하는 세 가지 방법이란 팔정도의 세 번째 도인 통찰지혜[慧, paññā]를 얻기 위한 세 가지 단계를 말한다. 즉, 책을 읽거나 법문을 들어서 아는 문혜(聞慧, suta-maya-ñāṇa), 책을 읽거나 들은 것을 스스로 생각하고 사유해서 생긴 사혜(思慧, cintā-maya-ñāṇa), 읽고 듣고 생각한 것을 실제로 수행을 통해 얻는 수혜(修慧, bhāvanā-maya-ñāṇa)를 말한다.

20

결론

●

이제 우리는 부처님의 주요 특성인 아라한에 대한 설명으로 12연기 법문을 마무리하고자 합니다.

연기법의 공식은 무명을 시작으로 해서 죽음으로 끝나는 열두 가지 연결고리로 이루어져 있습니다. 연기법은 무명과 갈애를 두 가지 근본 원인으로 하고 두 가지 삶의 회전으로 되어 있습니다. 전반부 회전은 무명을 시작으로 해서 느낌으로 끝나고 후반부 회전은 갈애를 시작으로 해서 늙음, 죽음으로 끝납니다. 범천계에서는 걱정과 비탄이 일어나지 않기 때문에 그것이 꼭 태어남의 원인이 되지 않으므로 연기의 연결고리에 넣지 않았습니다.

또한 전반부 회전에서는 무명과 행만을 명시하고 있지만, 무명은 갈애와 집착을 포함하고 행은 업의 생성을 포함하고 있습니다. 그러므로 이 다섯 가지는 모두 과거의 원인을 구성하는 반면에 식, 정신과 물질, 육입, 접촉, 느낌은 현재의 결과를 구성합니다. 이러한 식 등은 선업과 불선업의 과보로 보고, 듣는 등의 순간에 분명하게 경험하는 것들입니다.

후반부 회전은 직접적으로 갈애와 집착, 업의 생성과 관련이 있지만, 이 세 가지 원인은 무명과 행을 포함하고 있으므로 무명, 갈애, 집착,

행, 업의 생성이 미래의 태어남, 늙음, 죽음을 일으키는 현재의 다섯 가지 원인이 됩니다. 이들의 결과는 식, 정신과 물질 등의 결과와 같습니다. 그러므로 현재의 결과처럼 미래의 결과도 모두 다섯 가지입니다.

그래서 모두 과거의 원인 다섯 가지, 현재의 결과 다섯 가지, 현재의 원인 다섯 가지, 미래의 결과 다섯 가지로 구성된 네 가지 부분이 있습니다. 이 부분들은 세 가지 인과관계인 ① 과거의 원인과 현재의 결과와의 관계 ② 현재의 원인과 현재 결과와의 관계 ③ 미래 결과에 대한 현재 원인과의 관계를 나타내고 있습니다. 그리고 조건 또는 요소라고 하는 원인과 결과의 스무 가지 연결고리에는 뛰어난 존재의 조건성이 명시되어 있습니다. 이 연결고리들은 이미 앞에서 설명한 바 있는 번뇌의 굴레, 업의 굴레, 과보의 굴레라고 말할 수 있습니다.

선업을 지은 사람은 인간, 천인, 범천계로 가고 악업을 지은 사람은 악처에 태어납니다. 윤회에 얽매여 있는 중생들은 좋은 스승을 만날 때만 선행을 할 수 있습니다. 그러나 좋은 스승을 만나기가 어렵기 때문에 사람들은 대부분 악행을 저지르기 쉽고, 그 업보를 괴로움으로 받게 되어 있습니다. 그래서 필연적인 결과로 업의 윤회라는 대가를 치를 수밖에 없다고 말하는 것입니다. 일단 성스러운 도에 들어서면 지옥에 떨어지지는 않지만 업보의 회전에 관한 한 부처님이나 아라한도 업에 따른 과보를 면할 수 없습니다.

번뇌의 굴레를 끊어버림

세 가지 굴레를 멈추게 하려면 그 원인인 번뇌의 굴레를 먼저 없애야 합니다. 번뇌는 보고 듣는 과정에서 생기기 때문에 반드시 사념처 수행을 해서 보고 들을 때 번뇌가 일어나지 않도록 해야 합니다. 집중과 알아차림을 하는 수행은 모든 현상의 무상과 실체 없음을 알게 해줍니다. 이는 수행자가 더 이상 환상을 갖지 않고 번뇌, 업, 과보의 굴레에서 벗어났음을 뜻합니다.

지금부터 부처님의 고유한 특성에 대한 언급과 함께 번뇌, 업, 과보의 세 가지 굴레를 완전히 정복하는 방법을 요약하기로 하겠습니다.

아라한과 부처님의 특성

부처님은 아라한이라는 특별한 명칭을 가지고 있는데 이 아라한이라는 말은 다음과 같은 부처님의 고유한 특성을 지적하는 것입니다.

첫 번째, 부처님은 번뇌에서 벗어나셨습니다. 아라한도 번뇌에서 벗어나 정신적인 목표를 달성했지만 지금까지 해오던 습관에서는 벗어나지 못합니다. 이는 『법구경』 주석서에 나오는 삘린다왓차 Pilindavaccha 장로의 이야기에서 확인할 수 있습니다.

삘린다 장로는 천인들이 사랑하고 부처님께서도 칭찬하던 아라한이 었습니다. 하지만 장로는 비구 도반이나 신도들을 다소 무례하게 부르는 버릇이 있었습니다. 몇몇 비구들이 장로의 무례함을 부처님에게 호소했습니다. 부처님께서는 장로의 이 고약한 버릇이 바라문 가문에서 여러 생을 살아온 탓이라고 생각되지만 아라한으로서 장로의 속마음은 청정하고 선하다고 말씀하셨습니다.

부처님의 경우는 위없는 깨달음[正等覺]을 얻으면서 전생에서 넘겨받은 버릇이나 번뇌의 찌꺼기들로부터 완전히 벗어나셨습니다. 우리가 부처님의 특성에 대해 명상하는 불수념[佛隨念]을 할 때는 이런 붓다 아라한으로서의 고유한 특성을 명심해야 합니다. 윤회의 완전 소멸이란 번뇌, 업, 과보의 세 가지 굴레에서 자유로워짐을 뜻합니다.

두 번째, 부처님은 모든 번뇌를 정복하셨기 때문에 아라한[1]이라고 합니다. 사람들은 도둑, 뱀 따위 외부의 적만을 두려워합니다. 그러나 훨씬 더 무서운 내부의 적인 번뇌는 걱정하지 않습니다. 중요한 사실은 자신의 정신과 물질의 무더기인 오온과 번뇌 때문에 괴로움을 겪어야 한다는 것입니다. 그 근본 원인은 번뇌로서 이것이 반복해서 재

---

1   아라한(arahan)은 '대접과 존경을 받을 만한 분'이란 뜻으로 응공(應供)이라고 한다. 아라한은 열 가지 족쇄를 완전히 제거하여 성스러운 도의 마지막 단계에 이르신 분이다. 그래서 주석서에서는 아라한을 번뇌로 이루어진 적(ari)을 부숴버린(hata) 자로 설명한다. 그래서 탐진치가 불타버린 분이라고도 한다. 아라한은 부처님의 열 가지 이름[如來十號] 중 하나이기도 하다.

생과 괴로움을 일으킵니다. 번뇌에는 갈애, 성냄, 무명, 자만, 사견, 의심, 해태, 들뜸, 수치심 없음, 양심 없음 등 모두 열 가지가 있습니다.

세 번째, 부처님은 계청정, 지혜, 깨달음의 면에서 뛰어나기 때문에 존경과 공양 받아 마땅한 분[應供]입니다. 부처님을 공경하고 공양을 올린 사람들은 자신의 소원을 다 이루었습니다.

네 번째, 부처님은 번뇌를 완전히 정복하셨기 때문에 혼자서나 대중 앞에서나 속마음은 늘 청정합니다. 사람들은 대부분 사람이 있을 때는 착한 척하지만 아무도 보고 듣는 사람이 없을 때는 악행을 저지릅니다. 실제로 나쁜 짓을 남모르게 할 수 있는 곳은 어디에도 없습니다. 비록 악행을 범한 사람이 다른 사람이나 천인에게 목격되지 않더라도 양심의 가책까지는 어쩔 수 없습니다. 양심은 자신이 저지른 악행에 대한 가장 확실한 목격자이며 미래의 괴로운 삶을 가리키는 임종 시 표상의 근거가 됩니다. 부처님은 모든 번뇌를 완전히 정복하셨기 때문에 항상 마음이 청정하고 대중 앞에서나 홀로 계시거나 악행을 하고자 하는 욕망이나 의도가 전혀 없습니다.

다섯 번째, 부처님은 아라한의 칼로 윤회의 바퀴살을 부셔버리셨습니다. 여기서 바퀴는 연기법에서 말하는 삶의 회전인 윤회를 의미하고 칼은 아라한의 통찰지혜를 의미합니다. 바퀴의 축은 근본 원인인 무명을 나타냅니다. 바퀴의 테는 늙음과 죽음을 나타내며 바퀴살은 행 등의 중간 연결고리를 나타냅니다. 바퀴살을 제거하면 바퀴가 굴러갈 수 없는 것처럼 조건 지어진 현상의 사슬에서 중간 연결고리가 부서지면 윤회도 끝이라는 뜻입니다.

바까 대범천 이야기

윤회를 끝내기 위해 제일 먼저 해야 할 일은 그 근본 원인인 무명을 없애는 것입니다. 왜냐하면 무명이 있으면 반드시 행, 식 등이 따르고 늙음과 죽음에 이르기 때문입니다. 이는 욕계는 물론 색계 범천에도 적용되는 진리입니다.

한때 바까Baka라는 대범천大梵天2)이 있었습니다. 그는 수많은 겁劫에 걸쳐 살았습니다. 정말 너무 오래 살았기 때문에 결국에는 자신의 전생을 잊어버리고 자기는 늙거나 죽지 않고 영원히 살 것이라는 확신을 갖게 되었습니다. 그러자 부처님께서는 그의 환상을 없애주기 위해 그의 거처로 가셨습니다. 범천은 세존의 방문을 환영하고 자신의 영원한 삶을 자랑했습니다.

---

2   대범천(大梵天)의 원어는 마하브라마(Mahā-brahmā)로, 초선천(初禪天)의 세 번째 천상을 뜻하기도 하고 여기서처럼 유력한 범천을 뜻하기도 한다. 이러한 유력한 범천으로 경에서는 뚜두(Tudu), 나라다(Nārada), 가띠까라(Ghaṭikāra), 바까(Baka), 사낭꾸마라(Sanaṅkumāra), 사함빠띠(Sahampatī) 등을 언급하고, 이 중에는 부처님께 법륜을 굴려주시길 간청한 대범천인 사함빠띠가 많이 등장한다.

부처님께서는 그의 어리석음이 무상과 늙음, 죽음을 부인할 정도로 극에 달했다고 말씀하셨습니다. 부처님은 그가 선행의 공덕으로 범천에서 오랜 수명을 누리고 있지만 이 놀라운 수명 때문에 자신의 전생도 잊고 영원히 살 것이라는 환상을 갖게 된 것이라고 그 진실을 밝혔습니다. 이 말씀을 듣자 바까 범천은 자신의 전능에 대해 다시 한 번 생각해보았습니다. 그럼에도 불구하고 그는 여전히 교만했고 자신의 능력을 과시하기 위해 부처님과 다른 범천들 앞에서 사라지려고 했지만 실패로 돌아갔습니다. 부처님의 신통력으로 그는 여전히 모습을 보이고 있었습니다. 그때 부처님께서는 다음과 같은 게송을 읊으셨습니다.

"나는 어떤 존재도 칭찬하지 않는다.
거기에서 위험을 보기 때문에.
나는 존재에 대한 갈애를 버렸다.
그것의 해악을 알기 때문에."

바까 범천과 다른 범천들은 너무 오래 살기 때문에 자신의 존재와 세계가 영원하다고 생각했습니다. 이와 마찬가지로 건강, 부귀, 명예, 성공 따위의 축복받은 삶을 누리는 사람들은 삶의 괴로움을 알아차리지 못합니다. 그러나 욕계, 색계, 무색계라는 3계의 모든 삶은 다 괴로움을 겪어야 합니다. 색계나 무색계에 있는 선인, 범천들은 여러 겁을 살겠지만 그들도 언젠가는 죽지 않으면 안 됩니다.

정등각자正等覺者

괴로움의 근본 원인인 무명을 소멸시키는 것이 바로 통찰지혜입니다. 부처님의 경우는 이 통찰지혜가 정등각자Sammā-sambuddha의 특성을 가지고 있습니다. 정등각자는 사성제를 바르고, 완전하게, 스스로 아는 분입니다. 여기서 연기의 열두 가지 연결고리를 사성제의 용어로 구별할 수 있습니다. 늙음과 죽음은 첫 번째인 괴로움의 진리[苦諦]를 의미하고, 재생은 괴로움의 일어남의 진리[集諦]를 의미합니다. 이런 원인과 결과의 소멸은 소멸의 진리[滅諦]를 의미하며, 이 소멸의 지혜는 소멸에 이르는 도의 진리[道諦]를 의미합니다.

재생과 업의 원인(생성), 업의 생성과 집착, 집착과 갈애, 갈애와 느낌, 느낌과 접촉, 접촉과 육입, 육입과 명색(정신과 물질), 명색과 식, 식과 행, 행과 무명도 이와 마찬가지라고 할 수 있습니다. 요약하면 바로 직전에 선행하는 연결고리를 원인 즉, 일어남samudaya이라 하고 그 직후에 바로 따라오는 것을 결과, 즉 괴로움의 진리[苦諦]라고 합니다. 만약 우리가 괴로움의 진리를 감각적 욕망, 존재, 사견, 무명 등에 대한 집착의 결과로 본다면 윤회의 근원인 무명도 괴로움의 진리와 같은 뜻이라고 볼 수 있습니다.

여기서 어떤 사람들은 갈애를 괴로움과 동일시하는 것을 받아들이지 못합니다. 그러나 갈애를 포함한 모든 정신과 물질은 영원한 것이 아니기 때문에 괴로움이라는 사실을 기억한다면 이 말이 합당합니다. 주석서에서는 무명을 괴로움이라고 하지 않습니다. 그러나 우리는 무명을 번뇌에서 일어난 괴로움이라고 말할 수 있습니다. 번뇌[3]에는 감각적 욕망의 번뇌[慾漏], 존재의 번뇌[有漏], 사견의 번뇌[見漏], 무명의 번뇌[無明漏]의 네 가지가 있습니다. 문제는 과거의 무명이 또다시 현재의 무명을 일으킨다는 것입니다. 그래서 번뇌를 무명의 원인으로 보게 되는 것입니다.

이렇게 스스로의 바른 깨달음을 통해 사성제를 깨닫고 열반을 증득하신 부처님께서는 정등각자라는 비할 바 없고 영광스러운 칭호를 얻었습니다. 부처님은 연기법이 포괄하는 모든 현상이 진정 괴로움과 괴로움의 원인이라는 것을 아셨습니다. 부처님은 무명에서 깨어났으며, 집착이 없으며, 모든 족쇄[4]로부터 자유를 얻으셨습니다. 그래서 『청정

3 　번뇌[漏]로 옮긴 아사와(āsava)는 '흐르는 것'이라는 뜻이 있는데 이것이 마음속의 해로운 상태나 더러움이 외부로 표출되는 뜻으로 발전되었다. 「아따살리니」에 의하면, 번뇌는 존재하는 것으로는 최고로 높은 세계까지 흘러가고, 법으로는 종성(種姓, gotrabhu)의 영역까지 흘러들기 때문에 흐르는 것이라고 한다. 이런 번뇌에는 ① 감각적 욕망의 번뇌[慾漏, kāmā-āsava] ② 존재의 번뇌[有漏, bhava-āsava] ③ 사견의 번뇌[見漏, diṭṭhi-āsava] ④ 무명의 번뇌[無明漏, avijjā-āsava] 등 네 가지가 있다. 경전과 주석서 등에서는 네 가지 폭류(ogha), 네 가지 속박(yoga)이라고도 한다. 그리고 육신통 중의 하나인 누진통(漏盡通, āsavakkhaya-sutta)은 바로 위빠사나 통찰지혜로 이 모든 번뇌를 부순다고 했다.

4 　족쇄(samyojana)는 범부를 윤회의 바퀴에 붙들어 매놓는 열 가지 족쇄를 말한다. 즉, ① 유신견 ② 회의적 의심 ③ 계율과 의식에 대한 집착 ④ 감각적 욕망 ⑤ 악의 ⑥ 색계에 대한 집착 ⑦ 무색계에 대한 집착 ⑧ 자만 ⑨ 들뜸 ⑩ 무명이다. ①~⑤까지는 다섯 가지 거친 족쇄인 오하분결(五下分結)이라 하고 ⑥~⑩까지는 다섯 가지의 더 미세한 족쇄로 오상분결(五上分結)이라고 한다. 수다원은 ①~③을, 아나함은 ④~⑤를, 아라한은 나머지 ⑥~⑩까지의 족쇄를 완전히 끊어낸다.

　　　　　　　　　　　　　　　마하시 사야도의 12연기

도론』에 따르면 윤회의 모든 바큇살을 완전히 부쉈기 때문에 아라한이라고 부르는 것입니다.

부처님의 명성

부처님의 명성은 전 우주에 널리 퍼졌습니다. 부처님의 명성은 부처님의 법문을 들으러 온 어느 존재의 거주자를 통해서 또는 부처님이 어느 존재계에 직접 가서 설하신 법문을 통해서 또는 부처님의 법문을 듣고 어느 높은 존재계에 태어난 부처님의 옛 제자들에 의해 우주 곳곳에 널리 퍼졌습니다.

부처님의 명성이 두루 퍼지게 된 첫 번째 방법을 자세히 다룰 필요는 없고, 다른 두 가지 방법에 대해 말하면, 보살은 기나긴 윤회의 여정 동안 아나함과를 얻은 성자들만 갈 수 있는 다섯 개의 정거천5)을 제외하고는 모든 존재계에 다 태어나셨습니다. 보살은 통상적으로 마지막 생에 이르러서야 비로소 도의 네 가지 단계를 모두 성취합니다.

---

5 정거천(淨居天)으로 번역되는 숫다와사(suddhāvasā)는 아나함과를 얻은 성자들만 태어나는 곳으로 여기서 태어나 여기서 열반에 든다고 한다. 정거천에는 ① 무번천(無煩天, avihā) ② 무열천(無熱天, atappā) ③ 선현천(善現天, sudassā) ④ 선견천(善見天, sudassī) ⑤ 색구경천(色究竟天, akaniṭṭhā) 등 다섯 개 하늘이 있다.

그래서 부처님은 이전에 정거천에 태어난 적은 없으나[6] 한때 신통력으로 그곳을 방문한 적은 있습니다. 부처님이 정거천에 오시자 수백만 명의 범천들이 부처님께 경배를 드리면서 과거 부처님들에 관한 이야기도 하고, 자기네들은 아나함과의 단계를 성취했기 때문에 정거천에 오게 되었다는 이야기도 했습니다. 이들 중에는 고따마 부처님의 제자로 수행하던 범천도 있었습니다. 부처님께서는 다섯 정거천을 모두 방문하셨습니다. 부처님의 명성이 어떻게 부처님의 제자였던 이들의 거처인 천상계까지 퍼지게 되었는지를 쉽게 알 수 있습니다.

그러나 부처님의 명성이 어떻게 형상이 없는 무색계까지 퍼지게 되었는지는 의문입니다. 무색계 범천은 부처님을 찾아오지 못하고 부처님도 그들을 찾아가지 못합니다. 욕계나 색계에서 불법佛法을 수행해서, 도의 세 번째 단계인 아나함과를 얻은 범천이 무색계 선정의 상태에서 죽으면서 그곳에 태어나기를 원할 경우에 무색계 범천에 태어날 수 있습니다.

이들 성자들은 부처님의 고귀한 덕성을 알고 있었고 사념처 수행을 통해 새로운 통찰지혜를 얻을 가능성이 있다는 것도 알았습니다. 그래서 그들은 모든 정신적 현상을 알아차림으로써 마침내 아라한이 되었

---

6   『맛지마니까야』「긴 사자후경(Mahāsihanāda Sutta)」에서 언급하듯이 만일 부처님께서 정거천에 태어나셨다면 이 세상에 다시 오지 않았을 것이다. 왜냐하면 정거천은 다시는 이 세상에 오지 않는 아나함과를 이룬 성자들이 머무는 곳이기 때문이다.

고, 식무변처천識無邊處天이나 무소유처천無所有處天 혹은 더 높은 비상비
비상처천非想非非想處天을 벗어났습니다. 이렇게 부처님의 명성은 우주
전역에 두루 미치게 되었습니다.

사성제의 개요

우리는 정등각자의 고유한 특성과 비교하면서 사성제에 관한 부처님
의 지혜를 자세히 다루었습니다. 이제 우리는 사성제의 요점을 다시
한 번 간단히 설명하겠습니다. 경전에 의하면 오직 갈애뿐인 욕계, 색
계, 무색계의 모든 정신과 물질은 괴로움입니다. 이것이 첫 번째 진
리인 고제苦諦입니다. 괴로움의 원인인 갈애는 두 번째 진리인 집제集
諦입니다. 괴로움의 소멸인 열반은 세 번째 진리인 멸제滅諦이며, 소멸
에 이르는 길인 성스러운 도는 네 번째 진리인 도제道諦입니다.

이 사성제四聖諦는 위빠사나 수행을 통한 수행자의 경험으로 깨닫습니
다. 수행자는 일어나고 사라지는 모든 것은 괴로움이며, 이것에 대한
집착이 그 원인이며, 괴로움과 그 원인이 모두 소멸하는 것이 열반이
고, 그 열반을 성취하는 것이 도라는 것을 경험으로 압니다.

부처님과 정득각자

붓다Buddha와 삼마삼붓다Sammā-sambuddha[7])라는 두 용어는 전지全知 혹은 일체지一切智라는 뜻을 가지고 있습니다. 그렇다면 이 두 용어는 어떤 면에서 다른 특성이 있는지 궁금해집니다.

우리는 삼마삼붓다의 특성이라고 하면 보살이 독자적으로 혼자 숙고하고 노력해서 붓다가 되셨고, 아라한 도의 통찰지혜를 통해 사성제를 깨닫는 것으로 이해하고 있습니다. 그리고 붓다는 부처님만이 가진 일체지와 같은 고유한 특성을 근거로 모든 '조건 지어진 법[有爲法]'과 '조건 지어지지 않은 법[無爲法]'[8])에 대한 완전하고 위없는 지혜를 의미합니다.

이와 같은 붓다의 고유한 특성은 사성제에 관한 지혜, 사무애해의 지혜,[9]) 그리고 제자들에게는 없는 여섯 가지 불공의 지혜[10])로 되어 있습니다. 여섯 가지 불공의 지혜는 다음과 같습니다.

---

7   삼마삼붓다는 '바르게 깨달은 분'이라는 의미로, 정변지(正遍知) 혹은 정등각자(正等覺者)라고 한다.

8   조건 지어진 법, 형성된 법, 유위법(有爲法)으로 번역되는 상카따담마(saṅkhata-dhamma)는 무상·고·무아를 벗어나지 못하는 마음[心], 마음의 작용[心所], 물질[色] 등이 여기에 해당한다. 그리고 조건 지어지지 않은 법, 형성되지 않은 법, 무위법(無爲法)으로 번역되는 아상카따담마(asaṅkhata-dhamma)는 열반(涅槃)이 이에 해당된다.

(1) 중생들의 각기 다른 도덕적 · 정신적 수준을 아는 지혜

(2) 중생들의 욕망, 경향, 잠재성향을 아는 지혜

(3) 쌍신변[11] 지혜

(4) 모든 중생에 대한 무한한 연민[大慈大悲]

(5) 일체를 아는 지혜

(6) 부처님께서 알기 원하시는 것, 그리고 부처님께서 주의를 기울이
    시는 것은 무엇이든 장애나 방해를 받지 않고 아는 지혜

이제 '조건 지어진 법'과 '조건 지어지지 않은 법'에 대해 몇 마디 해
야겠습니다. 조건 지어진 법, 즉 유위법이란 정신과 물질을 말하는 것
으로 관련 요소들의 조화로운 결합에 의해 일어난 오온입니다. 다른

---

9   사무애해(四無礙解, paṭismbhidā)는 자유자재하여 거리낌 없는 이해능력 및 언어적 표현능력
을 말하고 여기에는 다음의 네 가지가 있다. ① 의무애해(義無礙解)는 의미를 통달한 분석지로서 세존
의 모든 가르침의 의미와 목적, 결과와 기능적 필요성을 이해하는 것. ② 법무애해(法無礙解)는 법에
대한 분석지로서 모든 결과에는 원인이 있다는 인과법과 연기법, 고귀한 팔정도, 설해진 법, 법과 관련
된 범위 내에 있는 모든 지식을 이해하는 것. ③ 사무애해(詞無礙解)는 언어에 대한 분석지로서 실재를
표현하는 언어에 관한 지식으로서 언어로 표현하는 데 걸림이 없는 것. ④ 변무애해(辯無礙解)는 언어
구사력에 대한 분석지, 임기응변에 능한 분석지로서 법의 의미에 대해 미사여구를 자유자재로 사용해
누구나 쉽게 알아듣도록 설명하는 능력.

10   불공의 지혜(不共智, asādhāraṇa-ñāṇa)란 범부는 말할 것도 없고 아라한이나 벽지불, 보살도
따를 수 없는 부처님만이 가진 뛰어난 공덕과 자질이다.

11   쌍신변(雙神變)의 원어는 야마까빠따리야(yamaka-pāṭhāriya)로 부처님이 외도(外道)를 조복
하기 위해 보인 신통의 하나이다. 일련의 대우(對偶) 신통으로 상체에서 물줄기를 내뿜는 동시에 하체에
서는 불꽃을 내뿜고 그 반대로 나타내기도 하며, 한쪽으로는 불을, 다른 쪽으로는 물을 내뿜기도 하고,
전신의 구멍에서 여섯 가지 광채를 발하며 위로는 범천을, 아래로는 철위산(鐵圍山) 끝까지 비추는 등
부처님만이 보일 수 있는 신통이다.

말로 하면 적합한 환경에서 조성된 현상입니다. 막대기나 철봉과 같은 두 개의 단단한 물체가 서로 충돌하는 경우 소리가 일어납니다. 이때의 소리는 조건 지어진 것입니다. 조건 지어진 것의 반대는 조건 지어지지 않은 것으로 원인이 없는 것입니다. 조건 지어지지 않은 무위법으로서의 궁극적 실재pramattha는 오직 열반뿐입니다. 궁극적 실재가 아닌 유위법으로서는 형상, 모양, 명칭과 같은 많은 종류의 개념이 있습니다.

부처님의 삼마삼붓다는 유위법과 무위법의 범위를 다 포함하고 있기 때문에 일체지입니다. 일체지는 또한 다섯 가지 함축적인 법[12]으로도 설명하는데 이는 유위법, 구체적인 변화의 물질, 정신과 물질의 조건 지어진 특성, 열반, 명칭과 같은 것입니다. 중생들의 각기 다른 정신 수준과 경향, 잠재성향을 아는 부처님의 고유한 지혜 중에서 앞의 두 가지를 붓다의 눈[佛眼, buddha-cakkhu]이라고 합니다. 불안은 모든 것을 아는 눈으로 부처님께서는 깨달을 때가 된 중생들을 선택해 적절

12　함축적인 법(neyyatha-dhamma)이란, 그 뜻이 확정된 명확한 법(nītattha-dhamma)과 대비되는 것으로 그 의미가 함축적이어서 숨은 뜻을 알아내야 하는 법이다. 『앙굿따라니까야』 주석서에는 "예를 들면 '비구들이여, 한 사람, 두 사람, 세 사람, 네 사람이 있다'라는 가르침은 '그 숨은 뜻을 알아야 하는 가르침'이다. 왜냐하면 비록 정등각자께서 '한 사람이 있다'라는 식으로 말씀하셨더라도 '궁극적인 의미에서는 사람(puggala)이라는 것(개념)은 존재하지 않는다'라고 그 숨은 뜻을 알아야 하기 때문이다. 그러나 어리석은 자는 이런 가르침을 두고 '이미 그 뜻이 확정된 가르침'이라고 우긴다. 만약 궁극적인 의미에서 사람이라는 것이 존재하지 않는다면 세존께서 '비구들이여, 한 사람이 있다'라는 식으로 설하지 않으셨을 것이다. 그런데 그 숨은 뜻을 이해하지 못하고 이미 세존께서 그렇게 설하셨기 때문에 궁극적인 의미에서 사람이라는 것이 존재한다'고 잘못 이해하면서 이미 그 뜻이 확정된 경이라고 우긴다."

한 순간에 근기에 맞는 법을 설하셨습니다.

우리는 독자들로 하여금 세존에 대한 믿음을 고취시키기 위해 부처님(아라한)의 특성을 이야기하면서 연기에 대한 법문을 마무리할 것입니다. 우리는 독자들이 공양 받아 마땅한 분[應供]의 특성을 가진 아라한에게서 영감을 얻기 바랍니다. 아라한은 모든 번뇌에서 완전히 벗어났으며 윤회의 바퀴 틀을 부쉈습니다. 아라한은 남몰래 악행을 저지르지 않기 때문에 공양 받아 마땅한 분입니다. 이는 아라한의 고유한 특성으로서 부처님이 갖추신 최고의 특성만큼은 못하지만 보통의 아라한들도 이와 같은 고유한 특성을 가집니다.

그렇기 때문에 여러분도 언젠가 아라한이라는 영광스러운 칭호를 얻게 될 날을 위해 감각의 육문六門에서 일어나는 정신과 물질 과정을 알아차려서 번뇌를 극복하고, 삶의 수레바퀴 살을 깨부수고, 항상 마음을 청정하게 유지하려고 힘써야 합니다.

요약

12연기는 고성제와 집성제에서 언급하는 두 가지 근본 원인으로부터, 네 가지 부분, 세 가지 굴레, 세 가지 연결, 열두 가지 연결고리인 요소[12覺支], 세 가지 시간[三世], 스무 가지 전체 요소, 다섯 가지 정신과 물질 과정이 있습니다. 현재 일어난 결과인 이런 과정들을 효율적으로 지켜보는 사람은 느낌에서 비롯한 갈애를 갖지 않고 윤회를 완전히 끝낼 것입니다. 다른 말로 하면 수행자는 육입에서 일어나는 모든 정신적·물질적 행위를 영원하지 않고, 불만족이며, 자아가 없는 것으로 지켜봅니다.

이런 효과적인 사념처 수행을 통해 수행자는 형상, 소리 등 감각대상의 성품을 꿰뚫어보는 통찰지혜를 얻게 되고, 갈애의 '반대되는 것 tadaṅga'에 의해서 집착을 극복합니다. 다시 말하면 그 뿌리를 잘라내는 지혜로 갈애와 대립시킴으로써 그것을 극복하는 것입니다. 갈애의 소멸은 집착, 업의 생성, 태어남과 같은 다른 현상이 일어나지 못하게 합니다. 이렇게 위빠사나 지혜를 통해 소멸시키고 난 후, 수행자가 성스러운 도의 지혜를 얻을 때, 근절samuccheda을 통해 잠재된 갈애를 완전히 극복합니다. 이 순간에 집착 등의 다른 현상도 완전히 소멸합니다.

느낌이 소멸하면 갈애도 존재하기를 멈춘다는 가르침은 없습니다. 아라한이라도 육문과의 부딪힘에서 일어나는 느낌을 제어하지 못하는 경우는 있을 수 있습니다. 만약 수행자가 갈애 등 현재의 원인과 미래의 결과를 제거하여 괴로움의 회전을 끝내고자 한다면 다음과 같은 정신과 물질 현상을 있는 그대로인 무상, 고, 무아로 지켜보고 주시해야 합니다. 이 현상을 빨리어와 함께 설명하면 다음과 같습니다.

(1) 식(識. viññāṇa): 대상을 아는 마음으로 안식眼識, 이식耳識, 비식鼻識, 설식舌識), 신식身識, 의식意識의 여섯 가지가 있습니다.

(2) 정신[名. nāma]: 식識과 함께 일어나는 마음의 작용cetasika입니다.

물질[色. rūpa]: 식과 함께 일어나는 물질 현상입니다.

정신과 물질[名色. nāma-rūpa]: 정신과 물질이라고 옮길 수 있습니다.

(3) 육입(六入. salāyatana): 마음이 활동하는 여섯 가지 장소로서 눈[眼], 귀[耳], 코[鼻], 혀[舌], 몸[身]의 다섯 가지 물질적 감각기관과 마음[意]으로 된 여섯 가지 내부 장소[內六處]와 형상[色], 소리[聲], 냄새[香], 맛[味], 접촉[觸], 마음의 대상[法]으로 된 여섯 가지 외부 장소[外六處]로 구성되어 있습니다.

(4) 접촉[觸. phassa]: 접촉 혹은 감촉을 말하는 것으로, 보는 감촉[眼觸], 듣는 감촉[耳觸], 냄새의 감촉[鼻觸], 맛의 감촉[舌觸], 몸의 감촉[身觸], 마음의 감촉[意觸] 등 여섯 가지가 있습니다.

(5) 느낌[受. vedanā]: 즐거운 느낌[樂受], 괴로운 느낌[苦受], 덤덤한 느낌[不苦不樂受] 등 세 가지가 있습니다. 또한 봄, 들음, 냄새 맡음, 맛봄, 몸의 느낌, 마음의 느낌 등 여섯 가지 느낌으로 구분할 수 있습니다.

후기

●

본문에서도 지적하였듯이 연기법은 어렵고도 어려운 법입니다. 그래서 지금까지 연기법은 단지 책장 위에 꽂혀진 장식에 불과하다는 말까지 있을 정도였습니다. 그런데 경장, 율장, 논장 이 삼장은 물론 역대의 주석서까지도 두루 통달하신 『마하시 사야도의 12연기』 법문집을 읽고 나니 마치 투명한 보석을 꿰뚫어보듯이 연기법에 대한 이해와 믿음이 더 깊고 확연해졌습니다.

더구나 교학에서뿐만 아니라 수행을 겸비한 스승의 지혜와 따스한 배려가 곳곳에서 느껴지는 이 책의 교정을 맡으면서 부디 다른 수행자들도 같은 혜택을 누렸으면 하는 욕심이 일어났습니다. 그래서 원번역자의 번역문을 수행자의 입장에서 쉽게 이해할 수 있도록 문장과 용어를 약간 바꾸어서 번역하였습니다.

편집자가 접한 책은 미얀마어로 된 사야도의 법문을 영어로 옮긴 것입니다. 영어로 옮기는 과정에서도 그랬겠지만 다시 영어를 우리말로 옮기는 과정에서도 사야도의 법문에 흠집이 가지 않도록 노력한다고 하지만 미흡한 점이 많을 것입니다. 아무리 최선을 다하여도 용어가 가진 한계와 지혜의 부족으로 스승의 뜻을 다 전하지 못한 부분도 있겠지만 이 또한 받아들일 수밖에 없습니다.

그럼에도 불구하고 이런 소중한 책자가 우리 앞에 놓여 있음을 감사하면서 많은 수행자가 이 책을 읽고 스승들의 가르침인 연기법과 한층 더 가까워졌으면 하는 바람입니다. 나아가 연기법에 대한 이해를 기반으로 위빠사나 수행에 매진해서 성스러운 도인 열반을 성취하시기를 기원합니다.

·

부록

●

연기의 분류표

(1) 두 가지 근본 원인: 무명과 갈애

(2) 두 가지 진리: 일어남의 진리[集聖諦]와 괴로움의 진리[苦聖諦]

(3) 네 가지 부분:

   ① 과거의 원인: 무명, 행, 갈애, 집착, 업의 생성

   ② 현재 결과: 식, 정신과 물질의 무더기, 육입, 접촉, 느낌

   ③ 현재 원인: 갈애, 집착, 업의 생성, 무명, 행

   ④ 미래의 결과: 태어남, 늙음과 죽음, 식

(4) 세 가지 굴레:

   ① 번뇌의 굴레: 무명, 갈애, 집착

   ② 업의 굴레: 행, 업의 생성

   ③ 과보의 굴레: 식, 정신과 물질, 육입, 접촉, 느낌, 태어남, 늙음
       과 죽음

(5) 세 가지 연결

   ① 과거의 원인인 행과 현재의 결과인 식과의 연결

   ② 현재의 결과인 느낌과 현재의 원인인 갈애와의 연결

   ③ 현재의 원인인 업의 생성과 미래의 결과인 태어남과의 연결

(6) 열두 가지 요소(연결고리)

   ① 무명無明

마하시 사야도의 12연기

② 행行

③ 식識

④ 정신과 물질[名色]

⑤ 육입六入

⑥ 접촉[觸]

⑦ 느낌[受]

⑧ 갈애[愛]

⑨ 집착[取]

⑩ 업의 생성[有]

⑪ 태어남[生]

⑫ 늙음과 죽음[老死]

(7) 세 가지 시간[三世]

　① 무한한 과거: 무명과 행

　② 무한한 현재: 식, 마음과 몸의 무더기, 육입, 접촉, 느낌, 갈애,

　　　　　　　　집착, 업의 과정

　③ 무한한 미래: 태어남, 늙음과 죽음

(8) 스무 가지 전체 요소

　① 과거 생의 원인이 되는 과정인 다섯 가지 요소

　② 현재 생의 결과가 되는 과정인 다섯 가지 요소

　③ 현재 생의 원인이 되는 과정인 다섯 가지 요소

　④ 미래 생의 결과가 되는 과정인 다섯 가지 요소

●

도표

〈표-1〉 89가지 마음/121가지 마음

세간적인 마음 – 81		
욕계 마음 – 54		
해로운 마음 – 12	(1)~(8) 탐욕에 뿌리박은 마음 – 8	
	(9)~(10) 성냄에 뿌리박은 마음 – 2	
	(11)~(12) 어리석음에 뿌리박은 마음 – 2	
원인 없는 마음 – 18	(13)~(19) 해로운 과보의 마음 – 7	
	(20)~(27) 유익한 과보의 마음 – 8	
	(28)~(30) 원인 없는 작용만 하는 마음 – 3	
욕계의 아름다운 마음 – 24	(31)~(38) 욕계 유익한 마음 – 8	
	(39)~(46) 욕계 과보의 마음 – 8	
	(47)~(54) 욕계 작용만 하는 마음 – 8	
색계 마음 – 15		
	(55)~(59) 색계 유익한 마음 – 5	
	(60)~(64) 색계 과보의 마음 – 5	
	(65)~(69) 색계 작용만 하는 마음 – 5	

무색계 마음 – 12	
	(70)~(73) 무색계 유익한 마음 – 4
	(74)~(77) 무색계 과보의 마음 – 4
	(78)~(81) 무색계 작용만 하는 마음 – 4
출세간 마음 – 8/40	
출세간 유익한 마음 – 4/20	(82)~(86) 수다원도의 마음 – 1/5
	(87)~(91) 사다함도의 마음 – 1/5
	(92)~(96) 아나함도의 마음 – 1/5
	(97)~(101) 아라한도의 마음 – 1/5
출세간 과보의 마음 – 4/20	(102)~(106) 수다원과의 마음 – 1/5
	(107)~(111) 사다함과의 마음 – 1/5
	(112)~(116) 아나함과의 마음 – 1/5
	(117)~(121) 아라한과의 마음 – 1/5

〈표-2〉 52가지 마음의 작용

다른 것과 연관된 마음의 작용 (aññasamāna) – 13	(14) 어리석음(痴, moha)
모든 마음에 공통되는 것 (sabba-citta-sādhāraṇa) – 7	(15) 양심 없음(無慚, ahirika)
(1) 접촉(觸, phassa)	(16) 수치심 없음(無愧, anottappa)
(2) 느낌(受, vedanā)	
(3) 인식(想, saññā)	(17) 들뜸(掉擧, uddhacca)
(4) 의도(思, cetanā)	
(5) 집중(心一境, ekaggatā)	**다양하게 결합하는 선하지 못한 것 (sabba-akusala-pakiṇṇka) – 10**
(6) 생명 기능(命根, jīvita-indriya)	
(7) 숙고(作意, manasikāra)	탐욕에 관계된 세 가지 · (18) 탐욕 (貪, lobha)
다양하게 결합하는 것(pakiṇṇka) – 6	탐욕에 관계된 세 가지 · (19) 사견 (邪見, diṭṭhi)
(8) 겨냥(尋, vitakka)	탐욕에 관계된 세 가지 · (20) 자만 (慢, māna)
(9) 고찰(伺, vicāra)	성냄과 관계된 네 가지 · (21) 성냄 (嗔, dosa)
(10) 결심(信解, adhimokkha)	성냄과 관계된 네 가지 · (22) 질투 (嫉, issā)
(11) 정진(精進, viriya)	성냄과 관계된 네 가지 · (23) 인색 (吝, macchariya)
(12) 희열(喜悅, pīti)	성냄과 관계된 네 가지 · (24) 후회 (惡作, kukucca)
(13) 열의(欲, chanda)	(27) 의심(疑, vicikicchā)
선하지 못한 마음의 작용 (akusala-cetasika) – 14	
항상 함께 일어나는 선하지 못한 것 (sabba-akusala-sadhārana) – 4	

마하시 사야도의 12연기

깨끗한 마음의 작용 (sobhana-cetasika) – 25	(43) 마음의 능숙함 (心能熟性, cittapāguññatā)
깨끗한 마음과 연관된 것 (sobhana-sādhāraṇā) – 19	(44) 감관의 바름 (身律儀, kāyaujukatā)
(28) 믿음(信, saddhā)	(45) 마음의 바름 (心律儀, cittaujukatā)
(29) 알아차림(念, sati)	
(30) 양심(慚, hiri)	절제(virati) – 3
(31) 수치심(愧, ottappa)	(47) 바른 말 (正語, samā-vācā)
(32) 탐욕 없음(不貪, alobha)	(48) 바른 행위 (正業, samā-kammanta)
(33) 성냄 없음(不嗔, adosa)	(49) 바른 생계 (正命, samā-ājīva)
(34) 중립(tatramajjhattatā)	
(35) 감관의 평온 (身輕安, kāyapassaddhi)	무량(無量, appamaññā) – 2
(36) 마음의 평온 (心輕安, cittapassaddhi)	(50) 연민(悲, karuṇā)
(37) 감관의 경쾌함 (身輕性, kāyalahutā)	
(38) 마음의 경쾌함 (心輕性, cittalahutā)	(51) 같이 기뻐함(喜, muditā)
(39) 감관의 부드러움 (身柔軟性, kāyamudutā)	어리석지 않음 (不痴, amoha) – 1
(39) 마음의 부드러움 (心柔軟性, kcittamudutā)	(52) 통찰지의 기능 (慧根, paññindriya)
(40) 감관의 적당함 (身適應性, kāyakammaññatā)	
(41) 마음의 적당함 (心適應性, cittakammaññatā)	
(42) 감관의 능숙함 (身能熟性, kāyapāguññatā)	• 『대념처경 주석서』 2 '심념처' 참조

〈표-3〉 욕계의 선한 마음

	느낌	지혜	자극	유익	과보	작용
1	기쁨(somanassa)	있음	없음	(31)	(39)	(47)
2	기쁨(somanassa)	있음	있음	(32)	(40)	(48)
3	기쁨(somanassa)	없음	없음	(33)	(41)	(49)
4	기쁨(somanassa)	없음	있음	(34)	(42)	(50)
5	평온(upekkhā)	있음	없음	(35)	(43)	(51)
6	평온(upekkhā)	있음	있음	(36)	(44)	(52)
7	평온(upekkhā)	없음	없음	(37)	(45)	(53)
8	평온(upekkhā)	없음	있음	(38)	(46)	(54)

〈표-4〉 불선한 마음

	뿌리	느낌	함께(결부된)	없음	자극
1		기쁨(somanassa)	사견(diṭṭhi)	…	없음
2		기쁨(somanassa)	사견(diṭṭhi)	…	있음
3		기쁨(somanassa)	…	사견	없음
4	탐욕	기쁨(somanassa)	…	사견	있음
5	(lobha)	평온(upekkhā)	사견(diṭṭhi)	…	없음
6		평온(upekkhā)	사견(diṭṭhi)	…	있음
7		평온(upekkhā)	…	사견	없음
8		평온(upekkhā)	…	사견	있음
9	성냄	불만족(domanassa)	반감(paṭigha)	…	없음
10	(dosa)	불만족(domanassa)	반감(paṭigha)	…	있음
11	어리석음	평온(upekkhā)	의심(vicikicchā)	…	…
12	(moha)		들뜸(uddhacca)	…	…

<표-5> 89가지 마음과 선 · 불선 · 무기

	불선(不善)	선(善)	무기(無記)	
			과보	작용
욕계	12	8	23	11
색계	…	5	5	5
무색계	…	4	4	4
출세간	…	4	4	…
	12	21	36	20

<표-6> 89가지 마음의 세계

세간의 마음 – 81					출세간의 마음 – 8
욕계의 마음 – 54			고귀한 마음 – 27		
선한 마음 – 12	원인 없는 마음 – 18	아름다운 마음 – 24	색계의 마음 – 15	무색계의 마음 – 12	출세간의 마음 – 8
탐욕에 뿌리한 마음-8 / 성냄에 뿌리한 마음-2 / 어리석음에 뿌리한 마음-2	불선한 과보-7 / 선한 과보-8 / 작용만 하는 과보-3	선한 마음-8 / 과보로 나타난 마음-8 / 작용만 하는 마음-8	선한 마음-5 / 과보로 나타난 마음-5 / 작용만 하는 마음-5	선한 마음-4 / 과보로 나타난 마음-4 / 작용만 하는 마음-4	도-4 / 과-4

〈표-7〉 물질의 개요

구체적인 물질(nipphannarūpa) – 18	
근본 물질 (bhūta-rūpa)	(1) 땅의 요소(地界, paṭhavī-dhātu)
	(2) 물의 요소(水界, āpo-dhātu)
	(3) 불의 요소(火界, tejo-dhātu)
	(4) 바람의 요소(風界, vāyo-dhātu)
감성의 물질 (pasāda-rūpa)	(5) 눈의 감성(cakkhu-pasāda)
	(6) 귀의 감성(sota-pasāda)
	(7) 코의 감성(ghāna-pasāda)
	(8) 혀의 감성(jivhā-pasāda)
	(9) 몸의 감성(kāya-pasāda)
대상의 물질 (gocara-rūpa)	(10) 색(色, rūpa)
	(11) 소리(聲, sadda)
	(12) 냄새(香, gandha)
	(13) 맛(味, rasa)
	* 감촉은 땅, 물, 바람의 3대임
성의 물질(bhāva-rūpa)	(14) 여성(itthibhāva 혹은 itthatta)
	(15) 남성(pumbhāva 혹은 purisatta)
심장의 물질(hadaya-rūpa)	(16) 심장 토대(hadaya-vatthu)
생명의 물질(jīvita-rūpa)	(17) 생명 기능(命根, jīvita-indriya)
음식의 물질(āhāra-rūpa)	(18) 영양소(ojā)

마하시 사야도의 12연기

추상적인 물질(anipphanna-rūpa) – 10	
한정하는 물질(pariccheda-rūpa)	(19) 허공의 요소 (空界, ākāsa-dhātu)
암시의 물질(viññatti-rūpa)	(20) 몸의 암시 (kāya-viññatti)
	(21) 말의 암시 (vacī-viññatti)
변화의 물질(vikāra-rūpa)	(22) 물질의 가벼움 (rūpassa-lahutā)
	(23) 물질의 부드러움 (rūpassa-mudutā)
	(24) 물질의 적합함 (rūpassa-kammaññatā)
특징의 물질(lakkhaṇa-rūpa)	(25) 생성(upacaya)
	(26) 상속(santati)
	(27) 쇠퇴(jaratā)
	(28) 무상함(aniccatā)

〈표-8〉 오문전향의 인식 과정의 등급

(1) 매우 큰 것
1 B [A C U P E Sp St V J J J J J J J T T] B

(2) 큰 것
2 B [A A C U P E Sp St V J J J J J J B] B
3 B [A A A C U P E Sp St V J J J J J J] B

(3) 작은 것
4 B [A A A A C U P E Sp St V V V B B B B] B
5 B [A A A A A C U P E Sp St V V V B B B] B
6 B [A A A A A A C U P E Sp St V V V B B] B
7 B [A A A A A A A C U P E Sp St V V V B] B
8 B [A A A A A A A A C U P E Sp St V V V] B
9 B [A A A A A A A A A C U P E Sp St V V] B

(4) 매우 작은 것
10 B [A A A A A A A A A A C C B B B B B] B
11 B [A A A A A A A A A A A C C B B B B] B
12 B [A A A A A A A A A A A A C C B B B] B
13 B [A A A A A A A A A A A A A C C B B] B

14 B [A A A A A A A A A A A A A C C B] B

15 B [A A A A A A A A A A A A A A C C] B

●

B: Bhavaṅga(잠재의식)

A: Atīta-bhavaṅga(지나간 잠재의식)

C: Bhavaṅga-calanda(잠재의식의 동요)

U: Bhavaṅga-uccheda(잠재의식의 끊어짐)

P: Pañca-dvāra-āvajjana(오문전향)

E: 안식(眼識)

Sp: Sampaṭichana(받아들임)

St: Santīraṇa(조사)

V: Votthapana-citta(결정)

J: Javana(속행)

T: Tadārammaṇa(등록)

〈표-9〉 눈의 문[眼門]에서의 인식 과정

	1	2	3	4	5	6	7	8	9	10	11	12	13	14	15	16	17	
·	·	·	·	·	·	·	·	·	·	·	·	·	·	·	·	·	·	·
·	·	·	·	·	·	·	·	·	·	·	·	·	·	·	·	·	·	·
·	·	·	·	·	·	·	·	·	·	·	·	·	·	·	·	·	·	·
잠재의식의 흐름	지나간 잠재의식	잠재의식의 동요	잠재의식의 끊어짐	오문전향	안식	받아들임	조사	결정		← 속 행 →						등록	등록	잠재의식의 흐름

* 귀[耳]·코[鼻]·혀[舌]·몸[身]의 문에서의 인식 과정도 이와 동일함.

〈표-10〉의문 인식 과정의 제한된 속행 과정

(1) 선명한 것
B {C U M J J J J J J T T} B

(2)희미한 것
B {C U M J J J J J J} B

●

B: 잠재의식(bhavaṅga-citta)–과보의 마음
C: 잠재의식의 동요(bhavaṅga-upaccheda)–과보의 마음
U: 잠재의식의 끊어짐(bhavaṅga-avajjana-citta)–단지 작용만
   하는 마음
M: 의문전향식(manodvāra-avajjana-citta)–단지 작용만 하는 마음
J: 속행의 마음(javana-citta)–아라한이 아닌 경우에는 선하거나
   불선한 마음
T: 등록하는 마음(tadārammaṇa-citta)–과보의 마음

〈표-11〉 24가지 조건

1	원인의 조건(因緣, hetu-paccaya)
2	대상의 조건(所緣緣, rammaṇa-paccaya)
3	지배의 조건(增上緣, adhipati-paccaya)
	(1) 대상으로서 지배하는 조건
	(2) 함께 생긴 것으로서 지배하는 조건
4	틈 없이 뒤따르는 조건(無間緣, anantara-paccaya)
5	더욱 틈 없이 뒤따르는 조건(等無間緣, samanantara-paccaya)
6	함께 생긴 조건(俱生緣, sahajāta-paccaya)
7	서로 지탱하는 조건(相互緣, aññamañña-paccaya)
8	의지하는 조건(依止緣, nissaya-paccaya)
	(1) 함께 생긴 것으로 의지하는 조건 (2) 먼저 생긴 것으로 의지하는 조건 　　① 토대가 먼저 생긴 것으로 의지하는 조건 　　② 토대와 대상이 먼저 생긴 것으로 의지하는 조건
9	강하게 의지하는 조건(親依止緣, upanissāya-paccaya)
	(1) 대상으로서 강하게 의지하는 조건 (2) 틈 없이 뒤따르는 것으로서 강하게 의지하는 조건 (3) 자연적으로 강하게 의지하는 조건
10	먼저 생긴 조건(前生緣, purejāta-paccaya)
	(1) 토대로서 먼저 생긴 조건 (2) 대상으로서 먼저 생긴 조건
11	뒤에 생긴 조건(後生緣, pacchājāta-paccaya)
12	반복하는 조건(數數修習緣, āsevana-paccaya)
13	업의 조건(業緣, kamma-paccaya)
	(1) 함께 생긴 업의 조건(sahajāta-kamma-paccaya) (2) 함께 생기지 않은 업의 조건, 또는 다른 순간에 생긴 　　업의 조건(nānākkhaṇika-kammapaccaya)

14	과보의 조건(異熟緣, vipāka-paccaya)
15	음식의 조건(食緣, āhāra-paccaya)
	(1) 물질의 음식의 조건(rūpa-āhāra-paccaya) (2) 정신의 음식의 조건(nāma-āhāra-paccaya)
16	기능의 조건(根緣, indriya-paccaya)
	(1) 미리 생긴 기능의 조건 (2) 물질의 생명 기능[命根]의 조건 (3) 함께 생긴 기능의 조건
17	선의 조건(禪緣, jhāna-paccaya)
18	도의 조건(道緣, magga-paccaya)
19	서로 관련된 조건(相應緣, sampayutta-paccaya)
20	서로 관련되지 않은 조건(不相應緣, vippayutta-paccaya)
	(1) 함께 생긴 관련되지 않은 조건 (2) 먼저 생긴 관련되지 않은 조건 (3) 뒤에 생긴 관련되지 않은 조건
21	존재하는 조건(有緣, atthi-paccaya)
	(1) 함께 생긴 존재하는 조건 (2) 미리 생긴 존재하는 조건 (3) 뒤에 생긴 존재하는 조건 (4) 음식으로 존재하는 조건 (5) 기능으로 존재하는 조건
22	존재하지 않는 조건(非有緣, natthi-paccaya)
23	떠나가 버린 조건(離去緣, vigata-paccaya)
24	떠나가 버리지 않은 조건(不離去緣, avigata-paccaya)

〈표-12〉업의 개요

1	기능에 따라
	(1) 생산업(janaka-kamma) (2) 돕는 업(upatthambhaka-kamma) (3) 방해업(upapīlka-kamma) (4) 파괴업(upaghātaka-kamma)
2	성숙하는 순서에 따라
	(1) 무거운 업(garuka-kamma) (2) 임종 시에 지은 업(āsanna-kamma) (3) 습관적인 업(ācinna-kamma) (4) 이미 지은 업(katattā-kamma)
3	성숙하는 시간에 따라
	(1) 금생에 받는 업(ditthadhammavedanīya-kamma) (2) 다음 생에 받는 업(upapajjavedanīya-kamma) (3) [세 번째 생부터] 끊임없이 받는 업 　　(aparāpariyavedanīya-kamma) (4) 효력이 없는 업(ahosikamma-kamma)
4	성숙하는 장소에 따라
	(1) 불선업(akusala-kamma) (2) 욕계 선업(kāmāvacara-kusala-kamma) (3) 색계 선업(rūpāvacara-kusala-kamma) (4) 무색계 선업(arūpāvacara-kusala-kamma)

<표-13> 4가지 색계선과 5가지 색계선

경장에서 말하는 네 가지 색계선[四種禪]	
초선 (初禪)	일으킨 생각(尋, vitakka), 지속적 고찰(伺, vicāra), 희열(喜, pīti), 행복(樂, sukha), 삼매(定, samādhi)
이선 (二禪)	희열(喜, pīti), 행복(樂, sukha), 삼매(定, samādhi)
삼선 (三禪)	행복(樂, sukha), 삼매(定, samādhi)
사선 (四禪)	평온(捨, upekkhā), 삼매(定, samādhi)
논장에서 말하는 다섯 가지 색계선[五種禪]	
초선 (初禪)	일으킨 생각(尋, vitakka), 지속적 고찰(伺, vicāra), 희열(喜, pīti), 행복(樂, sukha), 삼매(定, samādhi)
이선 (二禪)	지속적 고찰(伺, vicāra), 희열(喜, pīti), 행복(樂, sukha), 삼매(定, samādhi)
삼선 (三禪)	희열(喜, pīti), 행복(樂, sukha), 삼매(定, samādhi)
사선 (四禪)	행복(樂, sukha), 삼매(定, samādhi)
오선 (五禪)	평온(捨, upekkhā), 삼매(定, samādhi)